Marya Grathwohl, OFS
VIELE STEINE BILDEN EINEN WEG

MARYA GRATHWOHL

VIELE STEINE BILDEN EINEN WEG

Eine Franziskanerin
entdeckt die verbindende Kraft
des indigenen Glaubens

Aus dem Englischen von Judith Elze

 KÖSEL

Penguin Random House Verlagsgruppe FSC® N001967

Copyright © 2024 Kösel-Verlag, München,
in der Penguin Random House Verlagsgruppe GmbH,
Neumarkter Str. 28, 81673 München
Umschlaggestaltung: zero-media.net, München
Umschlagmotiv: FinePic®, München
Satz: Satzwerk Huber, Germering
Druck und Bindung: GGP Media GmH, Pößneck
Printed in Germany
ISBN 978-3-466-37328-4

www.koesel.de

Für die Zukunft der Erde:
den Kindern auf der ganzen Welt,
den Kindern aller Gattungen und Arten.

INHALT

VORWORT

Die 1200 Meter bergauf auf dem Wyoming State Highway vom Tongue River Valley bis zum ersten Gipfel der Bighorn Mountains sind eine Reise in die Vergangenheit. Am Straßenrand erzählen große braune Schilder Geschichten, die in den übereinanderliegenden Felsschichten festgeschrieben sind. Ich greife nach dem einzigen Stück Papier im Auto, einer Landkarte von Wyoming, und kritzle mir Notizen an den Rand, während meine langjährige Freundin Dorie Green auf den steilen Serpentinen das Tempo drosselt. Ich lese »PERM und TRIAS, 199–299 MILLIONEN JAHRE ALT«, rasch gefolgt von »PENN-SYLVANIUM«, »MISSISSIPPIUM«, »DEVON, 359–416 MILLIONEN JAHRE ALT« und »ORDOVIZIUM, 443–488 MILLIONEN JAHRE ALT«. An jeder Kurve eröffnet sich ein neuer atemberaubender Blick auf das unter uns gelegene Tal.

Dorie und ich unterhalten uns lebhaft über die Lebensformen, die in diesen Zeitaltern entstanden und in der Vorstellung fast ebenso atemberaubend sind wie der immer wieder spektakuläre Blick. Obwohl Dorie sich von der Religion als Institution distanziert hat, ist sie es, die den Begriff »Felsenrosenkranz« erfindet, als Ausdruck für die Abfolge der Lebensmysterien, die in den Felsschichten festgehalten sind: der Reptilien, Wälder, Amphibien, Fische, Körper aus zusammenhängenden Zellen, der Fotosynthese.

Während der Berg die wunderbare Evolution des Lebens enthüllt, taucht in mir die Frage auf: »Wer sind wir Menschen? Welche Rolle spielen wir in dieser Vielfalt von Lebensformen, was ist unser Geschenk an die Erde?« Diese großen Fragen verlangen nach einem Universum oder einer Religion. Vielleicht könnte mir aber ein Berg bei einer kleineren Frage helfen, die mich quält und der ich hier nachgehe.

Als wir in der Nähe des Gipfels einen Felsvorsprung umrunden, steht dort ein weiteres Schild:»PRÄKAMBRIUM, 2,9 MILLIARDEN JAHRE ALT. GRANIT.« Mich überkommt die blanke Ehrfurcht.

Vor etwa 4,6 Milliarden Jahren begann die Erde zu entstehen. An diesem Felsvorsprung befinden wir uns in der Gegenwart von einigen der ältesten freiliegenden Felsen des gesamten Planeten. Als diese massiven Steinplatten langsam tief in der Erde abkühlten, hatte sich auf rätselhafte, vielleicht ganz einfache Weise bereits eine Milliarde Jahre lang raunend Leben entwickelt.

Wir finden eine Haltebucht. Ich laufe schnell zurück und hebe neben dem Schild etwas Kleines auf. Aus dem Stein, schwer im Vergleich zu seiner Größe, glitzert der Quarz. Ich halte ihn mir an die Lippen.

»Du bist Zeuge der Urschöpferkraft des Lebens, der Erschaffung der Fotosynthese«, murmele ich.

Ich schweige und horche. Die Zeit steht still.

In den Händen halte ich eine alte Schrift, einen Stein, der schreit. Ich erinnere mich, dass Jesus vor erst zweitausend Jahren gesagt hat:»Wenn (die Menschen) schweigen, werden die Steine schreien.«

Die Erde, ein Felsenplanet, schreit. Die Erde schreit auf gegen das massenhafte globale Artensterben, gegen die Zerstörung durch den menschengemachten Klimawandel und gegen die militarisierte, industrialisierte Menschheit mit ihrer »Heldentat«, Boden, Luft und Wasser – die Lebensgrundlagen der Erde – zu zerstören. Die Erde schreit auf gegen das Leid, das wir Menschen einander bereiten.

Hier meine Frage an den Berg: Wie können wir lernen, unseren Beitrag zum Festzug des Lebens zu leisten, zu dieser nie endenden Geschichte einer Gemeinschaft der Arten als eigenständiger Subjekte?

Ist die Erde wirklich eine Gemeinschaft von Subjekten, die jeweils mit Demut zu achten sind, oder eher eine Ansammlung von Objekten, die für den ökonomischen Profit und die Macht des Menschen ausgebeutet werden dürfen? Wenn wir auf dem Urgranit stehen und ihn in unserer Menschenhand nah ans Ohr und ans Herz halten, hören wir die Stimme der frühen Lebensahnen.

Mikroskopische Wesen fanden Wege, um Energie aufzunehmen und sich zu vermehren.

Könnten wir uns Milliarden von Jahren später trauen, Wege zu finden, an der Energie der Gemeinschaft des Lebens teilzuhaben und blühende menschliche Gemeinschaften zu erfinden, die die gesamte Erdgemeinschaft und vor allem unseren Planeten fördern?

Zusammen mit anderen Mitgliedern der Sisters of Saint Francis, Oldenburg (Indiana), fordere ich dazu auf, »ein Wort der Hoffnung zu sprechen«. Mein Leben lang habe ich die Schreie der leidenden Erde gehört. Es fing an, als ich mit meinen Eltern das Grab der ausgestorbenen Wandertaube im Zoo von Cincinnati besuchte. Als wir es verließen, war ich traurig. Als junge Erwachsene nahm ich die Schreie der schadstoffbelasteten Luft und des verschmutzten Wassers wahr. Das machte mich noch trauriger. Nach und nach fand ich den Weg zu den Ältesten und Kindern der Crow und Northern Cheyenne, zu Uniprofessoren und Wissenschaftlern, zu Geologen und Schriftgelehrten sowie Umwelt-aktivisten, zu all den Frauen und Männern, die mich lehrten, dem Leiden der Erde und der Menschen zuzuhören und Hoffnung zu spenden, indem ich mich für eine Neuerfindung dessen einsetzte, was es bedeutet, Mensch zu sein. In der heutigen Zeit extremer Zerstörung wage ich es, dieses Buch als Wort der Hoffnung und als Einladung zu transformierendem Handeln anzubieten.

TEIL I
DER WEG
NACH PRYOR,
MONTANA

1

VORAHNUNGEN

Dein Wirken werde sichtbar an deinen Knechten
und deine Pracht an ihren Kindern.

PSALM 90:16

Es waren Vorahnungen, so viel ist mir heute klar. Sie schwebten durch die materielle Welt und kamen flüsternd zu mir. Ich glaube, sie waren gottgesandt. Es waren Botschaften, die sich in meiner Seele und in meinem Geist niederließen, ebenso hartnäckig wie ein Verlust oder eine Erinnerung an etwas Schönes. Sie hatten das Potenzial, meine Zukunft zu formen.

Als Erstes war da meine Mutter. Mary Jane Seiler Grathwohl ging oft mit mir auf dem Arm in ihrem Garten umher. Sie hielt inne, um die hohen weißen Lilien zu bewundern, ließ mich an ihren weißen Gesichtern riechen und wischte mir den gelben Blütenstaub von der Nase.

Frisch verheiratet kauften Jane und Larry Grathwohl in Norwood, Ohio, ein Haus am Ende einer Sackgasse, der Laura Lane. Abends gingen sie häufig spazieren, um in der Nähe Parks ausfindig zu machen, in die sie ihre künftigen Kinder würden mitnehmen können. Zwanzig Fußminuten von zu Hause entfernt entdeckten sie einen heiligen Hügel. Zwei verschiedene indigene

14

Völker, die von Archäologen als Adena-Kultur (von 800 v. u. Z. bis 100 n. u. Z.) und Hopewell-Kultur (von 100 bis 500 n. u. Z.) bezeichnet wurden, hatten im Ohio Country Hunderte von Grabhügeln und zeremoniellen Stätten gebaut. Wie sich diese Völker selbst nannten, ist nicht überliefert. Allerdings konnten Jane und Larry nicht wissen, wie dieser Hügel, der sogenannte »Mound«, meine Zukunft beeinflussen würde. Für mich war die Laura Lane jedenfalls keine Sackgasse.

Der Mound bildete die höchste Erhebung in unserer Nachbarschaft. Als kleiner Park eingezäunt, war er einer der wenigen unberührt gebliebenen heiligen Hügel. Dahinter hatte Norwood die beiden städtischen Wassertürme gebaut.

Wann immer ich entscheiden durfte, wohin einer unserer häufigen Familienspaziergänge führen sollte, schlug ich den Mound vor. Der kegelförmige Grashügel war fast so hoch wie ein einstöckiges Haus. Ahornbäume und Eichen hatten darauf Fuß gefasst. Selbst in der feuchten Sommerzeit war es dort still und frisch. Wenn wir um den Mound herumliefen, ermahnte uns unsere Mutter, nicht hochzuklettern, weil er etwas ganz Besonderes sei. Meine beiden Schwestern Regina und Susan und ich standen dann dicht neben ihr und sprachen das katholische Totengebet: »Herr, gib ihnen die ewige Ruhe, und das ewige Licht leuchte ihnen. Lass sie ruhen in Frieden. Amen.« Das Gebet konnten wir auswendig, weil wir es vor jeder Mahlzeit beteten, wenn Mom und Dad ihrer Eltern und ihrer sechs Brüder und Schwestern gedachten, die alle schon verstorben waren. Die Ehrerbietung, die wir unseren Familienmitgliedern entgegenbrachten, übertrugen wir auch auf diese unbekannten Toten.

Heute ist mir klar, dass meine Eltern dadurch, dass sie uns die Achtung vor dem Mound beibrachten, bei mir auch die Gabe des Staunens förderten. Ich lernte, dass ein *Mysterium* in Verbindung mit Stille und Schönheit ein Gefühl für das Heilige hervorrief. Dieser Ort war beim besten Willen keine »Kirche«, aber hier in der Natur und angesichts des antiken menschlichen Brauchs gab es eine Art heilige Präsenz und Kraft, die mich vielleicht noch mehr beeindruckte als die Kirche.

Der Mound entfachte meine Vorstellungskraft. Ich fühlte mich mit den Menschen verbunden, die ihn erbaut hatten und in unserer jetzigen Nachbarschaft gewohnt haben mussten. Wenn ich zurück in der Laura Lane war, zur Schule ging und an den Häusern meiner Freundinnen vorbeilief, sah ich die Kinder der Menschen vom Mound vor mir, wie sie in den Gärten unter den Bäumen spielten oder hinter den Hecken hervorlugten, die vor Straßeneinblicken schützten.

Außerdem rückten der Mound und seine Menschen meinen Geschichtssinn zurecht, denn *hier* wurde mir eine Geschichte von Menschen geschenkt, die älter war als unsere Familiengeschichten über die Großeltern, die aus Deutschland und dem Elsass ins Ohio-Tal übergesiedelt waren. Diese Geschichte war älter als Amerika, älter als Kolumbus und dichter an unserem Zuhause gelegen als die Erzählungen über das erste Thanksgiving und Pocahontas.

Es war nur das begrenzte Bewusstsein eines Kindes, doch es schenkte mir Achtung und Ehrfurcht gegenüber den Ureinwohnern dieses Kontinents. Es wies auf das Heilige in der Natur und sollte mir später im Leben bei meiner Arbeit mit den Crow und Northern Cheyenne in deren angestammtem Heimatland, das wir Montana nennen, von Nutzen sein.

Mein Großvater mütterlicherseits lebte ebenfalls bei uns im Haus an der Laura Lane. Er hatte bei einem Arbeitsunfall ein Bein verloren. Mit Stock und Beinprothese steuerte er vorsichtig durchs Haus und saß häufig draußen auf der Veranda. Er besaß endlose Erdnussvorräte für das Eichhörnchen, das auf der hohen Eiche nur ein paar Meter von den Verandastufen entfernt lebte. Meine Schwestern und ich saßen auf den Stufen und legten auf Anweisung unseres Grandpas eine Erdnuss an den Fuß des dicken Baumstamms. Sie verschwand im Nu. Die nächste Erdnuss wurde einen Meter vom Stamm entfernt platziert. Auch sie verschwand schnell. Die nächste noch etwas näher an den Stufen. Weg war sie. Dann legte ich mir eine Erdnuss auf die Schuhspitze. Still saßen wir da, ohne uns zu rühren. Plötzlich kam das Eichhörnchen vom Baum auf meinen Schuh gesprungen, schnappte sich die Erdnuss, sprang mir aufs Knie, dann auf die Schulter, lief über meine Schultern zum anderen Knie und dann zurück zum Baum. Mit weit aufgerissenen Augen wandte ich mich atemlos und aufgeregt meinem Grandpa zu.

»Das Eichhörnchen ist über mich rübergelaufen«, rief ich und rannte ins Haus, um es meiner Mom zu erzählen. Heute ist mir klar, dass das Eichhörnchen seinen Fußabdruck nicht nur auf meinen Schultern, sondern in meinem ganzen Sein hinterlassen hatte. Das Spüren von lebendiger Natur, von Eichhörnchen wurde ein Teil von mir. Und ich fühlte mich so beschenkt. Es war meine erste Lektion darüber, wie ich Eingang in die Welt von Wesen finden konnte, die sich unserer Kontrolle entziehen.

Jeden Sommer kratzten Mom und Dad Geld zusammen, um mit uns in den Cincinnati Zoo zu gehen. Mit den Jahren hatte sich der Zoo ein wenig gemausert: von stinkenden Gebäuden mit in Käfige eingesperrten Tieren zu großzügigeren Schauplätzen, manchmal auch unter freiem Himmel, die das natürliche Habitat der Tiere imitieren sollten. Die Affeninsel, die von einem tiefen Graben umgeben war, sah aus wie ein Spielplatz und war mit Hügeln, einem Labyrinth aus Tunneln, Bäumen und Schaukeln aus herabhängenden Lianen versehen. In großen, dicht bepflanzten

Räumen flogen tropische Vögel umher. In einem miniaturartigen Sumpf lag faul ein Alligator herum.

Ein Steinbau passte nicht ins Schema. Er war klein, hatte ein orangefarbenes, pagodenähnliches Dach und eine schwere Holztür, die wir langsam aufstießen. Drinnen war es kühl und still. Licht drang durch kleine Fenster hinein. Es fühlte sich fast an wie in einer Kirche.

Vor uns sahen wir zwei Vogelausstellungen, und die ausgestellten Vögel waren allesamt tot – ausgestopft und aufgestellt wie in einem Naturkundemuseum, nicht wie in einem Zoo.

Dad und ich schauten uns gemeinsam drei große, wunderschöne Vögel an. In ihrem sanften Blau-Grau mit der rosigen Brust, den langen, spitz zulaufenden Flügeln und dem anmutigen Schwanz sahen sie aus wie Carolinatauben. Dad erklärte mir, es seien keine normalen Tauben, sondern Wandertauben, von denen das letzte Exemplar namens Martha eben hier in diesem Zoo am 1. September 1914 gestorben sei. Er zeigte auf ein Gemälde.

»Das ist Martha«, sagte er.

Er erklärte mir, einst habe es mehr Wandertauben gegeben als sonst irgendeine Landvogelart auf der ganzen Welt. Es waren Milliarden von Vögeln gewesen. Sie hatten in den Wäldern im Osten Nordamerikas gelebt und waren in so großen Schwärmen durchs Land gezogen, dass sie wie bei einer Sonnenfinsternis die Sonne verdeckten.

Unter Milliarden konnte ich mir nichts vorstellen, wohl aber unter riesigen Wolken von Vögeln, die die Sonne verdunkelten. Ich sah sie vor mir, auch wenn es nur eine Vorstellung war. Und ich begriff, dass es sie nicht mehr gab. Nicht einen einzigen von ihnen.

Ich bestaunte noch mehr tote, ausgestopfte Vögel. Unter ihnen befand sich Incas, der letzte Karolinasittich, der am 21. Februar 1918 in demselben Käfig starb, in dem auch Martha verstorben war. Auch von diesen leuchtend grün-gelb-orangenfarbenen Vögeln hatte es einst Millionen gegeben. Ich versuchte zu begreifen, was der Verlust zweier ganzer Arten bedeutete. Vor allem der der Wandertauben. Nirgendwo mehr Wandertauben. Wie hatte das passieren können, wenn es doch so viele gewesen waren?

Der Vater der amerikanischen Ornithologie Alexander Wilson besuchte 1806 ein Brutgebiet der Wandertauben in der Nähe von Shelbyville, Kentucky. Er dokumentierte, dass es einige Meilen breit sei und sich über 40 Meilen durch ein Waldgebiet erstreckte. Allein in einem Baum zählte er mehr als einhundert Nester. Laut Bericht der Bewohner der Region klang ihr Lied, das durch die Bäume drang, wie Hunderte von Schlittenschellen. 1813 dokumentierte James Audubon einen den Himmel ausfüllenden Wanderschwarm, der so groß war, dass er drei volle Tage ohne Unterlass über seinen Kopf dahinflog.

Die indigenen Völker Kanadas weigerten sich, nistende Wandertauben zu jagen, solange ihre Jungen noch nicht fliegen konnten. Sie versuchten, die europäischen Siedler davon abzuhalten, die Schwärme zu stören, denen man sich in der Brutzeit leicht nähern konnte. Doch die Europäer bewaffneten sich mit Gewehren, Knüppeln, Steinen und Stangen, um die Vögel zu töten. Weil die Siedler die Kiefern-, Buchen- und Hemlocktannenwälder im Osten des Kontinents gerodet hatten, waren die Vögel ihrer natürlichen Nahrungsgrundlage beraubt worden und dazu übergegangen, die Erbsen und den Hafer der Bauern zu fressen.

Schließlich entdeckte man die Tauben als Delikatesse, und die Nachfrage am Markt führte dazu, dass die Vögel unentwegt abgeschlachtet wurden. In den 1870er-Jahren wurden sie von den Brutstätten in den Catskill Mountains nach New York City gebracht, tonnenweise und eisgekühlt. Das Dutzend wurde zu etwa fünfzig Cent verkauft.

Vogelfänger, die Köder verwendeten, schafften es, bis zu 250 Dutzend Vögel auf einen Schlag zu fangen. Indem sie Töpfe mit brennendem Schwefel unterhalb der Schlafbäume platzierten, betäubten sie die Vögel, sodass sie zu Boden fielen. Hunderte von Taubenjägern erhielten telegraphisch Informationen über die Standorte und reisten den Taubenschwärmen bis zu tausend Meilen im Zug nach. An einer Niststätte in Michigan in der Nähe von Petoskey wurden über fünf Monate lang bis zu 50 000 Tauben pro Tag mit Netzen gefangen, geschossen und mit Knüppeln erschlagen. Abends kehrten die Taubenjäger heim, zogen sich die blutigen, federbehangenen Kleider aus und setzten sich zum Abendessen mit ihren Familien an den Tisch. An manchen Orten wurden bis zu 180 000 Vögel an einem einzigen Tag getötet.

Am 11. Mai 1947 errichtete die Winsconsin Society for Ornithology der Wandertaube auf einem Felsvorsprung am Mississippi ein steinernes Denkmal mit Blick über den Fluss und auf eine ihrer früheren Flugrouten. Auf einer Bronzetafel unter dem Bild des Vogels steht: GEIZ UND UNÜBERLEGTHEIT DES MENSCHEN HABEN DIESE ART ZUM AUSSTERBEN GEBRACHT. Und vielleicht Verzweiflung. Denn für die Bauernfamilien, die sich kaum selbst zu ernähren vermochten, stellten die Vogelschwärme eine weitere Bedrohung dar, die womöglich gar an die biblischen Plagen erinnerte.

Vielleicht war es auch unvorstellbar, dass eine so große Menge von Vögeln jemals ganz verschwinden würde. Doch um 1880 beschleunigte sich ihr Niedergang kontinuierlich. In den 1890ern sichtete man noch immer Schwärme von einigen Hundert Vögeln, fing sie in Netzen oder schoss sie direkt. Versuche, kleine Schwärme in Gefangenschaft zu züchten, scheiterten. Der letzte gemeldete Wildvogel in Wisconsin wurde im September 1899 geschossen. Der letzte auf dem gesamten Kontinent dokumentierte wurde am 24. März 1900 auf einer Farm in der Nähe von Sargents in Ohio von einem vierzehnjährigen Jungen geschossen. Martha starb gegen 12:30 Uhr allein in ihrem Käfig in Cincinnati, Ohio. Sie war neunundzwanzig Jahre alt. Die Schlittenschellensinfonie war für immer auf dem Kontinent verstummt.

Die Nachricht von Marthas Tod schockierte die Nation. Der Vogel wurde in einem Eisblock eingefroren und im Zug zur Smithsonion Institution transportiert, wo er ausgestopft wurde und bis heute aufbewahrt wird. Es war das erste Mal, dass die Amerikaner die Endgültigkeit des Aussterbens einer Art erlebten. Die Menschen begannen zu verstehen, wie wichtig Bemühungen um den Erhalt der Tierwelt sind. Das Land erkannte aus erster Hand die Notwendigkeit von Strategien und Gesetzen zur Erhaltung von Lebensraum und zur Verhinderung eines räuberischen Tötens von Wildtieren zu sportlichen Zwecken oder zum Verzehr.

Als Kind wusste ich noch nicht viel über diese historischen Hintergründe, doch das Aussterben der Wandertaube ging mir seltsamerweise sehr ans Herz. In der Schule erfuhren wir vom Aussterben auch anderer Vögel und Tiere wie zum Beispiel des flugunfähigen, freundlichen Dodos. Das machte mich traurig, auch wenn man uns sagte, er sei dumm – fast so, als hätte er es deshalb verdient auszusterben.

Heute machen uns die meisten Wissenschaftler darauf aufmerksam, dass wir uns in der Phase des sechsten Massenaussterbens befinden, das fast ausschließlich durch menschliches Handeln verursacht wird: durch die Zerstörung von Lebensräumen, wirtschaftlichen Druck, Überfischung, Wilderei und den Klimawandel. Wir leben inmitten eines Crescendos an Aussterbeereignissen. In diesem Wissen verfolgen mich der Anblick von Martha und ihre Geschichte heute wieder. Sie war und bleibt der greifbare

Schrecken, Verlust und Schaden einer vom Menschen verursachten Vernichtung, die uns direkt ins Gesicht starrt.

Als ich zwölf war, zogen wir von der Laura Lane fort in ein einfaches Holzhaus. Es lag auf einem etwa 1000 Quadratmeter großen Stück Land in der Blue Rock Road in White Oak, einem anderen Stadtteil von Cincinnati. Mom liebte das Haus. Dad genoss die Größe des Gartens und begann sofort damit, Wein anzubauen und einen großen Biogarten anzulegen.

Eines Abends rüttelte mich Mom in unserem neuen Haus aus tiefem Schlaf wach. »Judy«, rief sie mich bei meinem Vornamen, »komm. Ich muss dir etwas zeigen.« Verwirrt und missmutig stolperte ich ihr hinterher ins Bad. Sie zog die von ihr aus Handtüchern gefertigten Vorhänge am Fenster auf. Sie waren weiß mit großen gelben Schmetterlingen, sie hatte sie selbst gestaltet, weil richtige Vorhänge zu teuer gewesen wären.

»Schau mal.«

Wir lehnten uns über den weißen Wäschekorb und guckten aus dem Fenster. Draußen strahlte, hell vor dem Nachthimmel, der Vollmond, als wäre er von innen heraus erleuchtet, wie eine riesige Laterne. Unser teerglattes Garagendach, die langen Nadeln der Kiefer, die Metallstreben von Dads Reben und das taufrische Gras schimmerten im Mondlicht. Alles glitzerte und war von Licht durchflutet. Auch meine Mom und ich.

»Ich wollte bloß, dass du diese Schönheit nicht verpasst«, flüsterte sie. »Jetzt können wir weiterschlafen.«

Sie und mein Dad waren meine Lehrer fürs Leben. Nachdem ich nun seit fast fünfzig Jahren Franziskanerin bin, weiß ich, dass *Schönheit* für franziskanische Theologen und Philosophen das höchste und intimste Wissen um Gott bedeutet und ein anderer Name für Gott, ja, *der* Name für Gott ist. Der heilige Bonaventura und der selige Johannes Duns Scotus lehren, dass die Schönheit und Vielfalt der Schöpfung uns im Leiden und im Verlust nähren. Wenn wir nicht mehr wissen, wozu wir leben, wenn uns Kriegserinnerungen krank machen, wenn die Erde mit beispielloser Grausamkeit angegriffen wird, um Kohle, Gas, Öl, Holz und Profit aus ihr herauszuschlagen, wenn Armut um sich greift und sich extremer Reichtum bei wenigen ansammelt, wenn Freunde uns verraten und alle, die wir lieben, weit weg uns von leben …, dann bleibt uns noch immer die *Schönheit* erhalten und hilft uns zu überleben. Und Gott.

Meine Mutter Mary Jane Grathwohl war die Erste, die mich dies lehrte. Sie schenkte mir eine Methode, nach der ich im Wissen um Gott zu wachsen vermochte: Du weißt, was du zu tun hast. Wach auf. Steh auf. Zieh die Vorhänge auf. Und *steh einfach still* in der Dunkelheit, in der Schönheit.

Im darauffolgenden Winter stürmte ich eines Tages in die Küche, als hätten mich die letzten Winde des Schneesturms hergetrieben, der den Nachmittag verschluckt hatte. Ich sah Dad an seinem kleinen selbst gebauten Schreibtisch in der Ecke des Esszimmers gegenüber der Küchentür sitzen und blieb an der Tür stehen. Der Schnee tropfte von meinen Stiefeln auf das gelb-blau gemusterte Linoleum.

»Dad!«, setzte ich an.

»Wie war es heute in der Schule, Judy?«, fragte er und blickte von seinen Papieren auf.

»Es geht nicht um die Schule, Dad, sondern um die Schafgarben draußen auf Freys Weide am Hang. Du weißt schon, die Blumen gleich hinter dem neuen Wohnhaus.«

Er nickte.

»Dad, diese ganzen wintertoten Blumen mit dem Schnee obendrauf. Ich will nicht vergessen, wie schön das aussieht. Aber wie geht das?«

Ich sagte ihm das einfach nur, weil er da war. Und auch, weil er noch so viele Details von seinen drei Reisen in die National-parks im Westen wusste und beschreiben konnte, obwohl seit den 1930er-Jahren, als er dort gewesen war, schon mehr als fünf-undzwanzig Jahre vergangen waren. Wann immer wir ihn frag-ten, erzählte er uns vom Angeln bei Sonnenaufgang am Ufer des Lake McDonald in Glacier, vom Schweiß und den Gefahren einer ganztägigen Wanderung hinunter in den Grand Canyon, vom Old Faithful-Geysir, der genau im richtigen Moment ausgebrochen war. Aber wie kam es, dass er sich so gut erinnern konnte? Ich wartete.

»Das geht so, Liebes. Es ist eigentlich ganz leicht. Geh einfach raus auf den Hügel und stell dich mitten in die verschneiten Blu-men. Bleib dort stehen, bis du sie ganz tief in deinem Herzen spü-ren kannst. Dann wirst du sie nie mehr vergessen.«

Ich weiß nicht, ob ich ihre Schönheit tatsächlich im Herzen *spürte*, als der Sturm vorübergezogen war und der Himmel wie-der alle Sterne zeigte. Aber immer, wenn ich an jenen Abend zu-rückdenke, steigt die Erinnerung in mir auf. Damals jedoch ging ich im Dunkeln einfach wieder heim, den Hügel hinunter, dem Licht aus unserem Küchenfenster entgegen.

Das war meine erste Lektion im kontemplativen Gebet. Es ist immer die gleiche Übung, egal, ob auf einer Bergwiese, in einem Krankenhauszimmer oder einer Klosterkapelle. Es geht darum, sich Zeit zu nehmen und die Schönheit im Herzen zu spüren.

Diese unterschiedlichen Vorahnungen verwoben sich über die Jahre mit den Fasern meines Seins. Wir können nicht wissen, auf welche Weise sie unser Schicksal mitgestalten und uns in eine unerwartete Zukunft führen werden. Sie tragen dazu bei, uns zu dem Menschen zu formen, der wir sind. Sie beeinflussen, wie wir die Welt wahrnehmen und welche Entscheidungen wir treffen.

Ihre Wirkkraft entdecken wir dann womöglich erst im Nachhinein.

Später ließ ich mich immer wieder von den Geheimnissen und der Schönheit der Erde faszinieren und trauerte um die Zerstörung unserer Heimat durch den Menschen, eine Zerstörung, die so unsägliches Leid über die Erde, die Menschen, die Tiere und Pflanzen bringt. Und schließlich motivierte mich die Liebe, für den Schutz und die Erneuerung der Erde zu arbeiten. Ich kämpfte darum herauszufinden, wo Gott in diesem Ruf war, den ich so stark vernahm. Es war nicht der typische Dienst einer katholischen Ordensschwester. Gab es überhaupt im Rahmen des Glaubens eine Möglichkeit, Gott und die Natur zu lieben, wenn ich mich entschied, der Natur zu dienen? Es sollte kein klarer, fest umrissener Weg werden.

2

EIN RUF

Er sagte zu ihnen: Kommt und seht!
Da kamen sie mit und sahen (…).

JOHANNES 1:39

In den 1930er-Jahren träumte Larry Grathwohl als junger Mann, noch bevor er meine Mutter kennenlernte, davon, alle Nationalparks westlich des Mississippi zu besuchen. Als jüngster Sohn deutscher Immigranten, die als Teenager in den 1890er-Jahren vor Krieg und Armut geflohen waren, machte er sich im Alter von dreiundzwanzig Jahren in den wilden Weiten Amerikas auf die Suche nach Schönheit und Abenteuer. Seine erste Wahl fiel auf den Yellowstone Nationalpark.

Sein Bruder Al und der gemeinsame Freund Harry Scholle kamen auch mit. Mein Vater führte als ausgebildeter Buchhalter täglich Buch über ihre Ausgaben. Er hatte sich dafür eigens aus Linienpapier zehn Zentimeter lange Streifen zurechtgeschnitten, für jeden Reisetag zwei Seiten eingeplant und daraus ein Tagebuch zusammengebastelt. Jeweils in die obere Ecke des zugeschnittenen Papiers hatte er Löcher zum Binden eingestanzt und auf jede zweite Seite unten kleine braune Etiketten geklebt, auf denen er das jeweilige Datum eintrug.

Am Sonntag, dem 14. Juli 1935, verließen sie um 3:20 Uhr morgens Harrys Zuhause in der Heywood Street in Cincinnati und fuhren am selben Tag 1105 Kilometer bis nach Mason City, Iowa, wo sie um 20:00 Uhr ankamen. Tagesgesamtkosten für Benzin, Essen, Brückenzoll und Übernachtung: 14,29 Dollar. Zwei Wochen und 4362 Meilen später kamen sie wieder in die Heywood Street zurück.

Auf der zweiten Tagebuchseite jedes Tages notierte mein Dad das Wetter. Und was ihm sonst noch in den Sinn kam. Über die Badlands schrieb er: »Erde und Farben, zu eindrucksvollen Mustern geformt«. Über die Black Hills: »Szenen, die einen irgendwie mit Frieden erfüllten«. Über die Überquerung der Bighorn Mountains: »Bei klarer Kälte fuhren wir auf einer schlammigen, unbefestigten Straße über das Gebirgsplateau. Dann auf einer ähnlichen Straße auf der anderen Seite bergab durch den Shell Canyon, eine wunderbare, landschaftlich großartige, aber gefährliche Fahrt. Die Straße ist so schmal, dass kaum zwei Autos aneinander vorbei passen, sie hat tiefe Rillen und Haarnadelkurven, und an manchen Stellen fällt sie an der Talseite bis zu 90 Meter steil ab.«

Und schließlich über den Yellowstone Nationalpark: »An unserem ersten Tag haben wir uns eine Hütte am See gesichert und abends einen Vortrag des Rangers angehört. Auf dem Weg zurück zur Hütte haben wir gesehen, wie der Vollmond aus dem Yellowstone Lake aufstieg und über dem Wasser einen golden schimmernden Streifen bildete – der vielleicht schönste Anblick unseres Lebens.« Und dann noch über die Heimkehr: »Wir sahen die Vororte unseres schönen Cincinnati und trafen unter großem Jubel bei Harry zu Hause ein. Damit endeten die aufregendsten, lustigsten, mitreißendsten und eindrucksvollsten zwei Wochen meiner armen Jugend.«

Gelegentlich zeigte Dad der Familie seine Tagebücher und die Fotoalben, die er zu seinen Reisen zusammengestellt hatte. Dann verteilte er sie auf dem Esstisch, und meine Mutter, meine Schwestern und ich drängten uns, auf Stühlen knieend über den Tisch gebeugt, um ihn herum. Er unterhielt uns mit Geschichten über Geysire und Wasserfälle, über Wanderungen durch tiefe Canyons, die Begegnung mit Herden wilder Tiere und Spaziergänge unter den höchsten Bäumen der Welt und wies dabei auf sepiafarbene Fotos. Ich wuchs mit der Sehnsucht auf, dort zu leben.

Eines Tages traf meine Mutter mich weinend auf den Stufen der Veranda sitzend an.

»Was ist mit dir, Judy?«, fragte sie und setzte sich neben mich.

»Ich gehöre nicht hierher«, sagte ich. »Ich gehöre in den Westen, dorthin, wo Dads Fotos und Geschichten herkommen. Warum mussten Grandpa und Grandma unbedingt hier in Cincinnati bleiben, als sie nach Amerika kamen? Warum sind sie nicht weiter nach Westen gezogen?«

»In Cincinnati hatten sie Verwandte, und sie wollten bei ihnen bleiben«, erklärte sie.

Die Antwort befriedigte mich nicht.

3

KATHOLISCHER REGEN

Heilig, heilig, heilig Gott,
Herr aller Mächte und Gewalten.
Erfüllt sind Himmel und Erde
von deiner Herrlichkeit.

KATHOLISCHES GOTTESDIENSTGEBET

Ich lebte mit einem im Innern immer wiederkehrenden abrupten Aufleuchten.

Zum Glück leuchtete dieser Blitz der heiligen, lebendigen Erde innerhalb des steten Nieselregens der täglichen katholischen Rituale der Familie Grathwohl auf. Man kennt diesen sanften, angenehmen Regen, bei dem man gern unter dem Dach der Veranda steht, der einem das Gesicht sachte befeuchtet und an heißen Sommernachmittagen kühlend wirkt.

Dieser Regen spendete Leben und half meinen Eltern bei Verlusten und Freuden, bei Leid und Mühen. Er murmelte sich seinen Weg in die Mahlzeiten, Abendrituale und selbst in die nachbarschaftlichen Begegnungen hinein.

Vor jeder Mahlzeit sprachen wir – wie jede andere Familie, da war ich mir sicher – ein Segensgebet. Es gab keine Ausnahmen, nicht einmal bei Picknicks oder zu Hause bei anderen Leuten.

Vor einer Mahlzeit zu beten war keine Pflicht; es gehörte ganz einfach dazu.

Vielleicht wollten meine Eltern dadurch, dass sie die Präsenz Gottes, des Allmächtigen, bei der Familienmahlzeit willkommen hießen, der Hektik des Tages entgegenwirken. Dieses Gebet bedeutete eine Pause vom Geplapper und den Streitereien zwischen den Schwestern, von den Essensvorbereitungen und anderen Arbeiten der Mutter, von Dads Ungeduld, bestimmte Dinge zu Ende zu bringen, und von Tante Roses Frust über irgendeinen Chef. Für einen kurzen Augenblick blieb die Zeit stehen, und unser Zuhause wurde zur *Kirche*.

Die Gebete beinhalteten den Segen von Familie und Nahrung, ein Ave Maria und das Gedenken an die Verstorbenen sowie eine Fürbitte für die unter dem Kommunismus leidenden Menschen in Ungarn. Unsere Gebete reichten von der Gegenwart ebenso zurück in die Vergangenheit zu denen, die vor uns gegangen waren, wie auch über die Grenzen unseres Zuhauses hinweg in globale Themen hinein. Sie formten und weiteten das Bewusstsein der Kinder über ihre Welt.

Zu diesem Gebetsregen gehörten auch meine ersten Abendgebetserfahrungen als Säugling und Kleinkind. Mein Vater nahm mich auf den Arm und wanderte langsam ums elterliche Bett herum, dabei sang er das »Lied der Wolgaschlepper«, das Glenn Miller wenige Jahre vor meiner Geburt in Amerika populär gemacht hatte. Keines der traditionellen Wiegenlieder schläferte mich mehr ein als das tiefe, rhythmische Brummen meines Dads, wenn er mich beim Gehen hin- und herwiegte. Heute glaube ich, dass mir das Monotone, Meditative am Abendgebet und überhaupt die Ruhe darin so vertraut ist, weil ich es immer wieder gehört hatte. Vielleicht auch, weil es das Gebet meiner Eltern und keine lästige Pflicht war.

Einige Jahre und zwei Babys später deckte uns Mom liebevoll zu, und zusammen mit ihr beteten wir zu den Engeln Gottes, vor allem zu unseren Schutzengeln, die über unseren Schultern schwebten, damit sie uns in der Verletzlichkeit des Schlafs beschützten. Sie machte das Licht aus und sagte uns, wir sollten jetzt nicht mehr reden oder uns gegenseitig die Decken wegziehen. Manchmal funktionierte es.

Dann gab es noch die Gebete außerhalb unseres Familienkreises. Jede Woche versammelte sich die katholische Nachbarschaft der Laura Lane bei jemandem zu Hause zum Rosenkranzbeten. Wir Kinder mussten dann aufhören zu spielen und uns den Eltern anschließen. Wir murrten zwar, gehorchten aber, wenn uns die vier Elternpaare riefen, und marschierten den Bürgersteig hinunter, als hätte die Schulglocke zum Pausenende geläutet.

Wir saßen zusammen, im Sommer auf Veranda-Schaukeln, im Winter auf Sofa und Stühlen in einem der Wohnzimmer, beteten die fünfzig Ave Marias und tauschten Neuigkeiten der Kinder, des Lebens allgemein, über Todesfälle und die himmlische Herrlichkeit von Jesus und Maria aus. Wir beteten für die Heilung von Kinderlähmung und eine entfernte, davon betroffene Cousine, für das Ende des Koreakrieges und für alles, was die Arbeiterfamilien plagte, die wir kannten, vor allem aber für die Bekehrung Russlands. Dann spielten wir Kinder weiter. Es gab ein gewisses Gefühl von Sicherheit, wenn so viele Eltern dann noch zusammensaßen und sich unterhielten, während wir spielten, bis die Straßenlaternen angingen und es für alle Zeit wurde heimzugehen. Der katholische Regen barg Sicherheit.

Parallel dazu wurde ich in ein weiteres katholisches Gebet geführt. Heute würde ich es eine Zeit der Gottespräsenz nennen. Erfahrene spirituelle Führer haben es auch als ein Lernen, im Angesicht der Liebe Gottes zu verweilen, beschrieben. Im Alter von sieben Jahren wusste ich nichts davon, aber das konnte Gott nicht stoppen.

Diese Art von Gebet kam mir einfach zu. Das erste Mal geschah es, als ich einfach nur versuchte, »in der Kirche brav« zu sein. Ich saß mit rund hundert anderen Kindern in der Reihe, um zur Beichte zu gehen, hinter einem Vorhang zu knien und durch eine Trennwand einem unsichtbaren Priester meine Sünden zuzuflüstern, der dann die Worte Jesu zur Vergebung sprechen würde.

Ich war nicht besonders interessiert daran. Die Beichte war eine Gelegenheit, sich von Sünden zu befreien, damit man, wenn man starb, direkt in den Himmel kam. Ich konnte mir, ehrlich gesagt, gar nicht vorstellen, etwas so Schlimmes zu tun, dass ich in der Hölle landen würde. Daher brachte die Beichtgelegenheit mit sich, dass ich mir kleine Sünden ausdachte wie etwa Streitigkeiten mit meinen Schwestern, Ungehorsam gegenüber den Eltern oder einen Zug von der Zigarette der Nachbarsfrau. Obwohl *das* nicht auf der Sündenliste in meinem Gebetsbuch stand, quälte es mich noch wochenlang, weil ich wusste, dass Mom ein solches Benehmen entschieden verurteilen würde.

Diese spezielle »Sünde« ist längst vergessen, heute bin ich zur normalen Liste zurückgekehrt und versuche, mich an die Häufigkeit jeder einzelnen Sünde zu erinnern. Damals saß ich da und wartete, ich war die Letzte in der langen Schlange kleiner Kinder, die sich auf die Beichte vorbereiteten. Ich träumte vor mich hin und stellte mir vor, das zugehängte Kabuff wäre in Wahrheit ein Aufzug, der mich bis zur obersten Spitze der höhlenartigen Kirche bringen würde, sodass ich, wenn ich den Vorhang beiseiteschieben würde, alles auf einmal überblicken könnte. Oder er würde mich in den wahrscheinlich dunklen, unheimlichen Keller befördern, wo es aber immerhin etwas zum Erkunden gäbe.

Ich betete den Rosenkranz. Saß da und wartete. Schaute träge zu den vertrauten bunten Glasfenstern. Saß still da. Wartete noch ein bisschen. Ich mochte es, nicht in der Schule zu sein. Ich mochte diese stille, kalte Kirche.

Ich habe keine Ahnung, wie lange ich dort saß, doch verlor ich mich in einem stillen Frieden. Ich fand mein *Selbst*, und es fühlte sich gut an. Heute ist mir klar, dass ich unversehens meine innere *Ruhe* gefunden hatte, und sie war süß, freundlich, tröstlich. Ich war in der Kirche, also ging ich davon aus, die Ruhe sei Gott. Gott, eine Präsenz, nicht das Bild eines alten Mannes, Vaters oder Richters, umgeben von so großen Wörtern wie allmächtig, ewig oder glorreich. Einfach nur Präsenz, ganz dicht bei mir.

Schwester Hyacinth, meine Lehrerin in der zweiten Klasse, erschreckte mich, als sie sich über die Bank zu mir beugte, um mir zu sagen, ich könnte vorgehen. »Du hast hier so brav gesessen die ganze Zeit«, flüsterte sie mir kirchenfromm zu.

Ich war gerne brav. Und noch etwas gefiel mir sehr. Es war diese Ruhe, die über mich gekommen war, diese Präsenz um mich herum und in mir. Und ich schämte mich ein bisschen, dass ich in der Schlange nicht nachgerückt war.

In diesen Stunden in der Kindheit unter dem katholischen Regen entdeckte ich, wie mir heute klar wird, eine Gottespräsenz anderer Art: meine eigene Seele. Damals hätte ich diese Entdeckung nicht benennen können. Seele fühlte man, man benannte und kannte sie nicht mit dem Verstand oder mit Worten. Ich spürte das innere Selbst des Kindes in den gemurmelten Rhythmen der Rosenkranzgebete, in den traumverlorenen Abendgebeten und in der verlässlichen Aufrichtigkeit der vielen Familiengebete.

Heute weiß ich mit einer Gewissheit jenseits allen Glaubens, dass uns – ganz gleich, ob wir die Gebete ändern, auf Englisch oder in einer anderen Sprache beten, in der Präsenz einer Gebetssprache sind, die wir nicht verstehen, an den Gebeten und der Freundlichkeit anderer Kulturen teilhaben oder Krankheiten und Familienkrisen durchleiden – die *Seele* stets zuverlässige Führung zu Authentizität und Weisheit bieten wird. Jetzt spüre ich, dass die Seele sich und ihr Leben innerhalb dieses großen mitfühlenden Mysteriums kennt, das wir so gern benennen würden. Die Seele rührt sich, erhebt sich, wächst hin zur unbeschreiblichen Stille und Schönheit Gottes – eines bemutternden, lebensspendenden Gottes, eines Regens jenseits des Katholischen, jenseits irgendeiner spezifischen Religion oder eines spezifischen Glaubens, eines Regens, der uns im Leid tröstet und alle Selbstgefälligkeit in die Schranken weist – und wächst darin weiter. In diesem Regen der Welten, der Meteoritenschauer, des Kosmos blüht die Seele auf.

4

DEM HORIZONT NACH

Der Geist des Herrn erfüllt den Erdkreis.

BUCH DER WEISHEIT 1:7

Die Reise zu den Bighorn Mountains begann also fast fünfzig Jahre, bevor ich tatsächlich dort ankam. Als ich mich auf den Weg in den Westen machte, wusste ich nicht, dass es diese alte Felsenchronik mit dem Festzug des Lebens überhaupt gab. Doch mein Vater war 1935 über genau jene Bergstraße mit den dort verborgenen Worten getuckert.

Damals hatte es noch keine braunen Schilder gegeben. Stattdessen staunte er über die spektakuläre Tiefe des Shell Canyon und war genervt von der schlechten Straße, die auf der anderen Seite des Gipfels den Berg herabführte. Sein Ziel war der Yellowstone Nationalpark.

Für mich begann dieser Weg im Süden Indianas.

Schwester Francis Leonette, meine Lehrerin in der siebten Klasse, schlug mir das Schwestern-High-School-Programm in Oldenburg, Indiana, vor, wo Schülerinnen auf den Eintritt ins Kloster vorbereitet wurden. Sie setzte hohe Maßstäbe im Klassenzimmer und schaffte es, ungezogene Jungs bei der Stange zu halten. Ich war zu eingeschüchtert von ihr, um ihre Überzeugung infrage zu stellen, als sie mir sagte: »Du solltest dir überlegen, ins Kloster zu gehen, denn du würdest eine gute Nonne abgeben. Und womöglich ruft dich Gott in seinen Dienst.« In der dritten Klasse hatte ich tatsächlich Priester werden wollen, bis meine ebenso überzeugende Großmutter, Grandma Grathwohl, mir klarmachte, dass das für Mädchen verboten war. Das durften nur Jungs. »Aber du könntest Nonne werden.«

Schwester Mary Mark, meine Lehrerin in der achten Klasse, bestärkte ihre Schüler lieber in kritischem Denken. Ich suchte gern nach Antworten auf ihre umsichtigen Fragen zur Mathematik (»Warum meint ihr, dass diese geometrischen Gleichungen funktionieren?«) und Religion (»Was bedeuten die kirchlichen Dogmen über Maria als Mutter Jesu *wirklich*?«). Sie bremste mich in meinem Übereifer, wenn ich nach dem Unterricht das Klassenzimmer aufräumen oder etwa Blumensträuße für den Altar in der Kirche binden wollte. Anders als Schwester Francis Leonette kümmerte sie sich darum, dass ich immer vor Eintritt der Dunkelheit und rechtzeitig zum Abendessen zu Hause war.

Vor allem aber hatte ich von unseren katholischen Freunden in der Nachbarschaft erfahren, dass diese Schwestern an Schulen in Montana arbeiteten.

Schwester Mary Mark nahm Kontakt zu Schwestern in einem anderen Kloster in Cincinati auf, die mich zusammen mit einigen anderen Mädchen aus der achten Klasse zu Snacks und Limonade und zum gemeinsamen Gebet einluden. Ich fühlte mich geehrt, dazuzugehören und tatsächlich im Zuhause von Schwestern zu sein. Es war ein lustiger Abend, denn zwei der Mädchen waren außerdem meine Freundinnen.

Im September darauf waren drei von uns im Auto unterwegs ins Schwestern-Internat in Oldenburg, mit Schuluniformen im Gepäck, die wir extra bestellt hatten. Wir nahmen am Orientierungsprogramm für Schülerinnen teil, die Ordensschwestern werden wollten, und hatten vor, im Februar unseres letzten Schuljahres ins Kloster einzutreten. Ich wollte zwar Gott dienen und mit den Schwestern beten, hatte aber zugleich ein Auge auf die Schulen im Crow-Reservat in Montana geworfen, wo die Schwestern ebenfalls als Lehrerinnen arbeiteten.

In meinem Abschlussjahr an der High School 1963 war ich am 2. Februar zum Gedenken daran, dass Maria und Josef den kleinen Jesus an diesem Tag in den Tempel brachten, um ihn Gott darzubringen, zusammen mit zwölf Mitschülerinnen bereit, ins Kloster der Sisters of St. Francis einzutreten. Diesmal enthielten unsere Koffer die vorgeschriebenen schweren schwarzen Schuhe, mehrere Paar schwarze Strumpfhosen, schwarze Schlüpfer und Roben, Hygieneartikel und kein Make-up. Keine Familienfotos und natürlich kein Geld.

An jenem Tag trug ich die schönsten Kleider, die meine Familie besaß: den taubenblauen Kaschmirpullover von Tante Rose und einen passenden Rock dazu sowie ihren feuerroten Mantel mit echtem Pelzkragen. Die ganze Familie ging davon aus, dass ich für den Rest meines Lebens ein schwarzes Wollkleid mit gestärktem weißem Kragen und einen hüftlangen Schleier über meinem kurzgeschnittenen Haar tragen würde. In diesem Augenblick dachte ich nicht an ein Leben als Lehrerin bei den Crow in Montana. In mir herrschte totales Gefühlschaos: Aufregung, Angst und Trauer darüber, dass ich meine Familie und mein Zuhause verließ.

»Bitte fahr langsamer, Dad«, sagte ich. Er antwortete, das tue er bereits.

Wir kamen an einem Lebensmittelgeschäft, einem Brathähnchengrill und verschiedenen Häusern vorbei.

Dann fuhr Dad an der Klostermauer entlang bis zu einem offenen Tor und bog in den schmalen Weg auf dem Klostergelände ein. Vor uns lag ein Hektar gepflegten winterlichen Rasens, großer Bäume, betonierter Gehwege und Steinnischen mit lebensgroßen Statuen von Jesus, wie er Kinder oder die Welt segnete, sowie auf dem Hügel jenseits des zugefrorenen Teichs eine Maria mit drei Hirtenkindern und einigen Schafen. Zu unserer Rechten war das Mutterhaus mitsamt dem Schwestern-Internat gelegen, einem Labyrinth aus Klassenzimmern, Bibliotheken, Empfangsräumen, Küchen, Speiseräumen, Schlafsälen, Kapellen und einem Flügel mit Unterkünften für pflegebedürftige Ordensschwestern. Zu unserer Linken befand sich das dreistöckige rechteckige Backsteingebäude, Novizinnenheim St. Agnes genannt, in dem die jungen Frauen lebten, die sich auf die Aufnahme in den Orden vorbereiteten. In jenem Jahr war das Gebäude mit fünfzig jungen Frauen nahezu voll belegt.

Es sollte mein neues Zuhause werden.

Dad fand einen Parkplatz. Mom, Tante Rose und meine Schwestern Regina, Susan und Monica kletterten nach mir aus dem Auto. Es fühlte sich gut an, so dicht von meiner Familie umgeben zu sein, als wir die Treppenstufen zum Eingang des Novizinnenheims hinaufgingen. Dad lief mit dem ersten Koffer, den er aus dem Kofferraum gehievt hatte, voraus. Die schöne holzgerahmte Tür mit ihren schimmernden Fenstern aus geschliffenem Glas schwang auf. Die Leiterin des Noviziats, Schwester Estelle, hieß uns lächelnd willkommen.

»Komm herein, Judy«, sprach sie mich mit meinem Geburtsnamen an. Dann begrüßte sie jedes einzelne meiner Familienmitglieder ebenfalls mit Namen. Die Wärme in ihrer Stimme nahm ich im Getümmel der Begrüßungen meiner Klassenkameradinnen und ihrer Familien kaum wahr. Manche trugen bereits die schwarzen Blusen, knöchellangen Röcke und schwarzen Umhänge. Schwarze Netzschleier thronten auf Mädchenfrisuren im

Stil der 60er-Jahre. Meine Freundinnen waren nun die jüngsten Schwesternanwärterinnen, die Postulantinnen genannt wurden. Jede von ihnen sah wunderbar aus, und ich konnte es kaum erwarten, auch gekleidet zu sein wie sie.

Hier waren wir nun also im Novizinnenheim und würden endlich Ordensschwestern werden. Hier waren wir und traten kompromisslos in die Fußstapfen von Jesus und dem heiligen Franziskus. Wir entsagten der Möglichkeit, zu heiraten und eine eigene Familie zu gründen. Wir würden lernen, ein einzig und allein Gott geweihtes Leben zu führen und nach der Lehrtradition der katholischen Kirche Kindern zu dienen. Hier waren wir, bereit, uns mit jugendlicher Großzügigkeit in ein Leben zu begeben, das wir einer hohen Berufung widmen würden.

In einem der Empfangsräume fand Schwester Estelle einen Platz für meine Familie. Dann führte sie mich in den Gang hinaus, wo Postulantin Peg Maher, die bereits seit dem September davor dort war, aus dem Nichts aufzutauchen schien und mich mitnahm. Kurz darauf stiegen wir die Treppe am anderen Ende des Gangs hinauf und gingen zum Schlafsaal der Postulantinnen im zweiten Stock. Hier oben war es ganz still.

Peg führte mich durch Reihen sorgfältig gemachter Betten mit reinweißen Decken. Neben jedem stand ein Holzstuhl mit gerader Rückenlehne und ein Nachttisch. An meinem Bett hielt sie an. An seinem Fußende hatte sie schon Postulantinnenbluse, -rock und Netzschleier für mich bereitgelegt. Es war ihre Sonntagskleidung, und alles sah wie neu aus. Obwohl wir unsere Maße frühzeitig eingereicht hatten und Schwester Estelle die Sachen kurz darauf bestellt hatte, war unsere eigene Postulantinnenkleidung noch nicht eingetroffen.

Während ich die schwarze Bluse und den Rock anzog, die mir mehrere Größen zu groß waren, wartete Peg im Flur. Den Rock befestigte ich mit einer großen Sicherheitsnadel, die sie mir grinsend und mit den Augen rollend gegeben hatte. Der zu weite Schulterumhang reichte mir bis zur Taille. Als Peg kurz darauf wieder hereinkam, erklärte sie, so würde es gehen. Den Schleier befestigten wir, so gut es ging, über meinen Locken.

»Wenigstens wirst du keine Töpfe, Böden und Klos schrubben müssen, solange du meine Sonntagskleider trägst«, sagte sie. Dann half sie mir beim Auspacken. Persönliches wie Grandpas Olivenholzrosenkranz, meine Bibel und mein Adressbüchlein verschwanden im Nachttisch. Die Toilettenartikel kamen auf den mir zugeteilten Teil eines Regals im Bad, das zum Schlafsaal gehörte. Als sie meinen in einem Hausschuh versteckten Rasierer entdeckte, sagte sie: »Den brauchst du hier nicht mehr.«

»Ich wusste, dass wir so was nicht mitnehmen sollten, aber ...«

Sie unterbrach mich achselzuckend mit der Bemerkung: »Braucht ja keiner zu wissen.«

Was für ein unerwarteter, süßer, fast konspirativer Augenblick von gegenseitigem Einverständnis und Vertrauen. Ich war erleichtert, denn ich hatte mich ein bisschen schuldig gefühlt, einen verbotenen Gegenstand ins Kloster einzuschmuggeln. Pegs schnelle, vorurteilsfreie Reaktion gab mir das Gefühl, dass die Regeln hier nicht in Stein gemeißelt waren, dass es Raum gab für ein wenig Flexibilität, was persönliche Bedürfnisse anbelangte. Ich verspürte einen Anflug von Freiheit. Hier war es nur um eine Kleinigkeit gegangen, später jedoch gab dieses Erlebnis auch Aufschluss über andere, wichtigere Entscheidungen. Selbst Schwester Estelle brachte uns eines Tages bei, dass unter bestimmten seltenen Umständen eine persönliche Entscheidung durchaus gerechtfertigt sein konnte.

Wir packten den weichen Kaschmirpullover und -rock von Tante Rose sowie meinen weißen Seidenschlüpfer und die hübschen Abendschuhe in meinen Koffer. Dann lief ich wieder hinunter zu meiner Familie, die sich mit mir freute. Wir stellten uns für Familienfotos auf. Den Koffer gab ich Dad zurück. Dann setzte ich mich in meiner schlecht sitzenden Kleidung mit ihnen zusammen und unterhielt mich mit ihnen und mit Freunden, die daneben saßen.

Bald schon kam Schwester Estelle durch das Stimmengewirr gelaufen, um uns auf das baldige Gebet hinzuweisen. Wir standen auf. Ich umarmte meine Familie zum Abschied und sah ihnen nach, als sie durch die Tür mit den schimmernden Glasscheiben und den langen Gehweg hinunter bis zu unserem Auto gingen. Ich hatte einen Kloß im Hals.

Nachdem auch die letzte Familie gegangen war, folgten die dreizehn frischgebackenen Postulantinnen Schwester Estelle in stillem Gedränge in die Kapelle des Novizinnenheims. Im Psalter fanden wir die Seite für das Samstagabendgebet. Dann beteten wir ebenso, wie es junge Schwesternanwärterinnen schon mehr als hundert Jahre zuvor am selben Ort getan hatten.

»Unsere Hilfe kommt vom Herrn«, sang unsere Leiterin leise.

»Der Himmel und Erde erschaffen hat«, antworteten wir.

Fünfundfünfzig Jahre später frage ich mich, was damals meine Beweggründe waren. Eine romantische Vorstellung von katholischen Schwestern mit ihren anmutigen Gewändern und Schleiern, mit ihrem geheimnisvollen, heiligen Leben hinter Klostermauern? Echte Begeisterung angesichts ihrer Hingabe an Gott? Bewunderung für meine Lehrerinnen, die fast ausnahmslos kompetent und fürsorglich waren und meine Begabungen förderten? Eine Vorahnung, dass ich eines Tages an fern gelegenen, wunderschönen Orten leben und dort für die Menschen arbeiten würde?

Vielleicht waren wir alle, die wir an jenem kalten Februartag in den frühen 1960er-Jahren Postulantinnen geworden waren, mit einer Mischung aus diesen Beweggründen durch jene Tür hereingekommen. Vielleicht auch keine von uns. Zu meiner Überraschung entdeckte ich später, dass einige von uns auf diese Weise einer unglücklichen Kindheit hatten entkommen wollen, andere Lehrerinnen werden und wieder andere einfach nur viel hatten beten wollen. Bald stellten wir fest, dass auch Hausarbeit dazu gehörte, wenn man Ordensschwester werden wollte: Putzen, Essen zubereiten, Geschirr spülen, Wäsche waschen. Es waren Aufgaben, wie sie unsere Mütter und Großmütter für ihre Kinder und Ehemänner erledigten. Wir erledigten sie natürlich für Gott und die anderen Ordensschwestern.

Meine Mom hatte als Kind davon geträumt, Krankenschwester zu werden. Doch direkt nach dem Schulabschluss musste sie eine Stelle als Stenografin annehmen, denn ihr Vater hatte, nachdem ihm ein Bein amputiert worden war, seine Arbeit verloren. Mein Dad verzichtete darauf, seinen Traum von einem Umzug in den Norden Ohios zu verwirklichen, wo er gern ein Jobangebot angenommen und Karriere im Finanzwesen gemacht hätte. Stattdessen blieben er und Mom in Cincinnati und nahmen seine Mutter bei sich auf. Über Fässer mit chemischen Lösungsmitteln gebeugt, arbeitete er in der chemischen Reinigung seines Bruders. Mom erzählte, dass er erst, seit er dort arbeitete, mit dem Fluchen und Rauchen begonnen hätte.

Kein Wunder, dass sie meinen Schwestern und mir einbläuten, wir könnten alles werden, was wir wollten. Ich lernte von früh auf, dass die Träume kleiner Mädchen wichtig waren. Du musstest bloß in der Schule hart arbeiten, um sie zu verwirklichen. Mit Ausnahme des Priesteramts. Ich glaubte an die Heiligkeit der katholischen Kirche und wollte, soweit es ging, dazugehören. Und vor allem dachte ich, dass ich hauptsächlich Gott dienen wollte.

Am 12. August unseres Eintrittsjahres wurden wir Postulantinnen offiziell in den Orden der Sisters of St. Francis aufgenommen.

Wir erhielten die offizielle Ordenskleidung und Ordensnamen. Ich freute mich über meinen neuen Namen Marya, ungarisch für Maria, der auch an den Namen meiner Mutter Mary Jane angelehnt war. Zu meinem Festtag wählte ich Mariä Heimsuchung im Gedenken an Marias Wanderung ins Bergland von Judäa, als sie ihrer älteren Cousine Elisabet beistehen will, die schwanger ist. Für mich war dies ein Symbol für Marias Abenteuerlust und ihre Bereitschaft zu dienen.

Mit unserem Eintritt als Novizinnen in den Orden begann ein Jahr intensiven Gebets und Studiums. Ich liebte das Beten ganz allgemein, seine Einfachheit und Schönheit spornten mich an. Die Psalmen, die wir dreimal am Tag sangen, beseelten mich.

Unsere Studien umfassten die Geschichte des Ordens, die Heilige Schrift und was es bedeutete, in der Nachfolge von Jesus und dem heiligen Franziskus zu stehen. Wir lernten in erster Linie die heilige Ordensregel der Sisters of St. Francis und die Pflichten, die mit unserem zwei Jahre darauf anstehenden Gelübde einhergehen würden, sowie die Traditionen und Gebräuche des Ordens, von denen die meisten über hundert Jahre alt waren.

In den geistlichen Lehren und Praktiken, die wir in jenem Jahr lernten, ging es vor allem um eine Loslösung von allem Weltlichen und die Konzentration auf Gott allein. Darin lag für mich keinerlei Seelenfreude, sodass ich stets das Gefühl hatte, auf der Hut sein und einen inneren Wert oder eine Gabe schützen zu müssen, die ich nicht benennen konnte. Etwas anderes zog mich immer stärker an. Ich konnte es zwar nicht in Worte fassen, haderte jedoch mit dem Lehrprogramm und fühlte mich unwohl damit. Meine Traurigkeit und Unzufriedenheit projizierte ich auf das, was ich als zähe Langsamkeit meiner Gemeinschaft gegenüber jener Erneuerung und Modernisierung wahrnahm, die im Zweiten Vatikanischen Konzil beschlossen worden war.

Und dann machte ich eine Entdeckung – die erste von fünf Offenbarungen, wie ich später erkannte –, die mit der Zeit meinen Glauben erweitern und mir einen ganz unerwarteten inneren Frieden schenken sollten. Diese erste Entdeckung ereignete sich fast zufällig, die zweite ergab sich aus der Lektüre von Büchern, die ich ohne die notwendige Erlaubnis behalten hatte, und die letzten drei lehrte Schwester Estelle in ihrem täglichen Unterricht. Sie wurden zu meinen lebhaftesten Erinnerungen an dieses Studienjahr und beeinflussten mein Denken, meinen Glauben, mein Gebet und schlussendlich auch meinen Dienst. Und alle hatten mit der Natur zu tun.

In jenem Jahr verließen mehrere Novizinnen das Kloster und kehrten nach Hause zurück. Schwester Daria, eine meiner Schulfreundinnen, die ebenfalls Novizin war, stellte mich infrage, nachdem ich wieder einmal über die Defizite geschimpft hatte, die meiner Meinung nach aus der zögerlichen Reaktion der Gemeinschaft auf die Richtlinien rührten, die das Zweite Vatikanische Konzil im Oktober 1965 als *Dekret über die zeitgemäße Erneuerung des Ordenslebens* veröffentlicht hatte. »Warum gehst du nicht, wenn du so unzufrieden bist?« Ich war bestürzt und wusste keine klare Antwort darauf.

Und dann schien es mir, als würde Gott zu mir sprechen.

Zweimal pro Woche stiegen wir die knarrenden Holzstufen zur Chorempore hinauf, die freitragend über dem Eingang zu unserer Klosterkapelle zu schweben schien. Ich wurde zusammen mit weiteren hochgewachsenen Novizinnen der letzten Reihe der Altistinnen zugeteilt. Dort standen wir dann eine Stunde lang auf Holzbänken. Schwester Mary Gloria, die wir wegen ihrer Freundlichkeit und Begeisterungsfähigkeit verehrten, führte an der Orgel den Vorsitz. Sie tanzte über die Pedale ebenso wie über die verschiedenen Klaviaturebenen und dirigierte uns mit erhobenem

Arm. Über uns erhoben sich die Orgelpfeifen in einer Reihe. Wir befanden uns fast auf Augenhöhe mit den franziskanischen Heiligen, die uns von den Buntglasfenstern direkt unter dem lang gestreckten Kapellengewölbe anleuchteten. Im Beisein von Crescentia Höss, Colette von Corbie, Agnes von Assisi, Bernhardin von Siena, Felipe de Jesús und Franz Solanus sangen, atmeten, sangen wir. Wir sangen wirklich. Wiederholten wieder und wieder die schwierigen Passagen.

Damals wurden die Lieder, Litaneien und Sprechgesänge bei offiziellen kirchlichen Zeremonien wie der Messe auf Latein abgehalten. Dank jahrelangen Lateinunterrichts in der High School verstand ich sie im Großen und Ganzen, doch die genauere, tiefere Bedeutung dessen, was ich sang, entging mir. Ich nahm das dicke Gesangbuch ins Novizinnenheim mit, denn ich wusste, dass es dort im Studierzimmer ein lateinisch-englisches Wörterbuch gab.

Unsere Tage waren von morgens bis abends durchgetaktet, sodass ich kaum Zeit für mein Vorhaben hatte. Als ich in der High School im Lateinunterricht Cäsar übersetzt hatte, war es mir vorgekommen wie Rätselraten. Wann immer sich aus einem langen, verschachtelten Satz endlich ein Sinn ergab, hatte ich mich über den Erfolg gefreut. Ich beschloss, die Schlafenszeitregel zu missachten und mich nach dem Abendgebet, wenn überall im Gebäude Dunkelheit und Stille herrschten, ins Studierzimmer zu schleichen.

Obgleich die Seiten dünn waren wie Seidenpapier, hatte das Liederbuch eine Dicke von mindestens fünf Zentimetern. Da es über viele Jahre von einer Novizin an die nächste weitergegeben worden war, war das hellblaue *Liber usualis* stark abgenutzt. Es ließ sich leicht aufschlagen. Ich arbeitete zunächst am Eröffnungsgesang für das bevorstehende Pfingstfest, in dem sich der Heilige

Geist wie Sturm und Feuer auf die versammelten Jünger Jesu und auf Maria ausgießt.

Wort für Wort schrieb ich die englische Übersetzung unter den lateinischen Text. »Erdkreis ... der Geist des Herrn ...«. Das war leicht. Dann blieb ich plötzlich bei dem mehrsilbigen Verb *replevit* stecken. Ich konjugierte es, um die Wurzel herauszubekommen. Aha, da war es, ich hatte es im Wörterbuch gefunden. »Füllt.« Ich hatte eher so was wie »segnet« oder »belebt« oder »erschafft« erwartet. »Der Geist des Herrn erfüllt den Erdkreis.« Ich legte meinen Stift beiseite und blickte entzückt in die stille Dunkelheit.

In gewisser Weise war das ja nichts Neues. Seit der Grundschule hatte ich auswendig aufgesagt, dass Gott überall ist, dass er die Welt erfüllt und lenkt. Das ist katholischer Standard. Und vor allem wohnt Gott im Herzen aller Menschen. Andererseits konnte ich mich nicht erinnern, je gelernt zu haben, dass Hunde, Kanarienvögel, Usambaraveilchen, Eichhörnchen und andere Wildtiere ebenfalls von Gott erfüllt waren. Oder dass der Heilige Geist Gottes die Luft, die Meere und die Böden erfüllte.

Doch in jener Nacht kam mir im schummrigen Lampenlicht des stillen Gebäudes aus den dünnen, feinen Seiten ein neuer Sinn entgegen. Gottes Geist erfüllt die Menschheit und alles, was existiert. Ohne Ausnahme. Der Text stammt aus der Bibel, Buch der Weisheit, Kapitel 1, Vers 7. Erfüllt. Bei der Entdeckung dieser Worte in der Heiligen Schrift, die meiner natürlichen Liebe zur Natur entsprachen, fühlte ich mich plötzlich getröstet und bestätigt. Damals wusste ich es noch nicht, aber diese Bibelstelle sollte mein Leben lang die Bewegungen meiner Seele anfeuern.

Kurz nach unserer formalen Aufnahme in die Gemeinschaft als Schwestern fingen unsere Collegekurse an, die Studien der Evangelien und der Briefe des Neuen Testaments. Der Priester und Franziskanerpater Vincent Kroger war ein kluger und immer gut vorbereiteter Lehrer: Stunde um Stunde lehrte er uns präzisen theologischen Gehalt.

Ich hörte kaum zu, wenn ich auf der Suche nach meinen liebsten Bibelversen, die den kosmischen Christus lobpreisten, nach den Passagen, die ich in der High School und in den Aufsätzen des französischen Priesters und Gelehrten Pierre Teilhard de Chardin entdeckt hatte, die Briefe des Paulus durchblätterte. Ich hatte keine klare theologische Vorstellung davon, was sie wirklich bedeuteten, wie Jesus von Nazareth der kosmische Christus geworden war oder was »kosmisch« überhaupt bedeutete. Doch diese Naturbilder stießen in mir auf eine tiefe Resonanz.

»Wenn ihm dann alles unterworfen ist, wird auch er, der Sohn, sich dem unterwerfen, der ihm alles unterworfen hat, *damit Gott in allem sei*« (1 Korinther 15:28; kursiv M.G.). In der gesamten Schöpfung, den Felsen, den Pflanzen und Tieren; von Gott erfüllt durch Christus, der das Einssein des Universums durchdringt. Das gefiel mir. Es passte zu meiner vorherigen Entdeckung im Buch der Weisheit. Und zu Epheser 1:10: »… das All in Christus als dem Haupt zusammenzufassen, was im Himmel und auf Erden ist, in ihm«. Die gesamte Schöpfung, das gesamte sich entwickelnde Universum, zusammengefasst in einem Körper, im Körper Christi.

In der High School hatte ich neben den Shakespeare-Sonetten, die ich noch immer auswendig konnte, den kosmischen Lobgesang auf Christus im Brief des Paulus an die Kolosser auswendig gelernt: »(Er) ist das Bild des unsichtbaren Gottes,/ der Erstgeborene der ganzen Schöpfung. Denn *in ihm wurde alles erschaffen,/ im Himmel und auf Erden*, das Sichtbare und das Unsichtbare/ (…) /*Denn Gott wollte mit seiner ganzen Fülle in ihm wohnen,/* um durch ihn *alles auf ihn hin zu versöhnen.* Alles im Himmel und auf Erden wollte er zu Christus führen (…)« (Kolosser 1:15–20; kursiv M.G.). Alles.

Während wir im Noviziat die Briefe studierten, sann ich weiter über die Einsichten nach, die ich durch die Lektüre von Teilhard de Chardin gewonnen hatte. Meine Freundin Barbara Fritsch hatte von ihrer Mutter Zeitschriften bekommen, in denen Auszüge aus Teilhards Aufsätzen abgedruckt waren. June Fritsch las sie emsig an ihrem Küchentisch, direkt neben Stapeln von Familiengeschirr. Barbara und ich brüteten über denselben Zeitschriften an einem Tisch im stillen Lesesaal unseres Internats.

Der Geologe, Paläontologe und ausgebildete Theologe Teilhard (1881–1955) war keine leichte Lektüre. Er erfand Wörter, um seinen ganz neuen Versuch, den Glauben mit der Wissenschaft und vor allem der Evolution zu verbinden, Ausdruck zu verleihen. Ich hatte Mühe, Begriffe wie »Kosmogenese«, »Christus als Omega-Punkt« oder »geistige Dimension der Evolution« zu verstehen. Aber ich ließ nicht locker. Teilhards Hingabe an die Welt der Natur und an das Universum als weiten »lebendigen« Organismus, dem die Menschen angehören und in dem sich alles hin zu einer Erfüllung in Christus entwickelt, hatte mich inspiriert.

Als nun im Noviziat Weihnachten näher rückte, bekamen wir die Erlaubnis, unseren Eltern, Verwandten und Freunden zu schreiben. Wir durften sogar Vorschläge machen, was sie uns schenken könnten. Ich bat Mom und Dad um ein gerade erst veröffentlichtes Werk von Teilhards Schriften: *Der Göttliche Bereich. Ein Entwurf des inneren Lebens.*

Nach vier Monaten feierten wir am Weihnachtstag im wunderschön geschmückten Besuchsraum des Novizinnenheims ein herzliches Wiedersehen. Auch die Familien meiner Klassenkameradinnen waren gekommen, und wieder einmal redeten alle durcheinander. Wir tauschten Geschenke aus. Ich schenkte meiner Familie Bleistiftzeichnungen mit weihnachtlichen Motiven, die ich von alten Postkarten kopiert hatte, mit Zitaten aus den

Weihnachtsevangelien. Sie schenkten mir wie immer Handcreme, Postkarten, Briefpapier und Briefmarken. Und das Buch. Ich konnte kaum erwarten, es auszupacken. Doch da ich befürchtete, Schwester Estelle könnte es beschlagnahmen, brachte ich es heimlich hinauf in den Schlafsaal und versteckte es unter meiner Matratze. Ich las es dann nachts, auf einem Stuhl im Duschraum sitzend, im Schein einer Taschenlampe.

Teilhard stand nicht auf der Liste der Autoren, die den Novizinnen empfohlen wurden. Die katholischen Obrigkeiten in Rom hatten ihm die verdienten akademischen Ämter verwehrt und die Veröffentlichung seiner Werke zu seinen Lebzeiten verboten. Er starb 1955 in New York City. Seine Aufsätze waren von treuen Freunden und Kollegen gesammelt worden und wurden erstmals 1957 auf Französisch und später auch auf Englisch veröffentlicht.

Er wurde zu einem der einflussreichsten katholischen Denker des 20. Jahrhunderts. Seine Schriften wurden schließlich auch von Theologen rezipiert und in die Beratungen des Zweiten Vatikanischen Konzils aufgenommen. Auf dem Schutzumschlag meines Buches stand unter seinem attraktiven Foto »ein großer Mann der Wissenschaft und eine große Seele«, »einer der geistlich und weltlich gelehrtesten Männer unserer Zeit«, der »seinen Platz unter den größten Denkern der Welt einnimmt«.

Teilhards Schriften über Wissenschaft und Gott bildeten für mich ein Gegenprogramm zu den täglichen Gebeten, den geistlichen Praktiken des Klosters und der außerweltlichen Spiritualität, die das Glaubensleben der damaligen Zeit prägte. Für ihn war die innere Wirklichkeit aller Materie von Christus durchdrungen. Er bemühte sich ernsthaft darum zu zeigen, dass der wissenschaftliche Nachweis des sich entwickelnden Universums mit dem katholischen Denken und der Theologie kohärent war.

Im Duschraum sitzend mühte ich mich mit seinen Worten ab und versuchte, seine rätselhaften Einsichten zu erfassen. Auf den letzten Buchseiten machte ich mir Notizen. Teilhard lehrte mich, dass das Licht vom Anbeginn der Schöpfung in Form von immer komplexeren Beziehungen strahlte, von den Molekülen bis hin zu den Galaxien, von den Planeten hin zum Leben. Für die Christen manifestiert sich dies als Christus. Mir wurde langsam klar, dass der Gott, den ich liebte, in der Schöpfung als Christus erstrahlte. Mein frühes Leben als Ordensschwester, als Novizin, fand sich in den wunderbaren Worten des Paulus an die Kolosser 3:3: »mit Christus verborgen in Gott«. Allmählich begriff ich. Wenn ich vom Nachthimmel bezaubert war, den Weg verfolgte, den die Evolution nahm, die Erde und die Natur, die mich umgab, ehrte oder gar liebte, bedeutete das tatsächlich, Christus zu begegnen, ihm zu folgen und ihn zu verehren. Dies wurde mein ganz persönlicher Glaube.

Daraus folgte dann, dass eine Fürsorge für die Schöpfung oder ihre Beschädigung zugleich auch bedeutete, für Christus zu sorgen oder ihm zu schaden. An der Großartigkeit und dem Kampf der Schöpfung teilzuhaben hieß, an der kosmischen Evolution Christi teilzuhaben. Begeistert übernahm ich, was Teilhard dazu schrieb: »… für einen, der zu sehen versteht, (gibt) es auf der Welt nichts Profanes«.

Ich begriff immer mehr, dass das »Königreich dieser Welt«, das wir verlassen hatten und in den Unterrichtsstunden im Noviziat zu »verschmähen« ermutigt wurden, sich unmöglich auf Gottes Schöpfung beziehen konnte. Natürlich wollte ich die Sünden der Welt wie etwa Töten, Stehlen oder Ehebrechen, weit verbreitete Armut und den drohenden Atomkrieg verschmähen, nicht aber die Welt in ihrer Gesamtheit. Denn sie ist schließlich Christus. Und durch Christus erfüllt und versöhnt Gott alles.

Damals hatte ich noch nie von Rachel Carsons Buch *Stummer Frühling* gehört, geschweige denn es gelesen. Es war ein Jahr vor meinem Eintritt ins Kloster veröffentlicht worden. Ich wusste nichts über die desaströsen Auswirkungen des weit verbreiteten Einsatzes von Chemikalien in der Landwirtschaft, worüber Carson im Buch berichtet, auch wenn mein Vater Wert auf seinen Biogarten legte. Er überzeugte unsere Mutter und die ganze Familie davon, dass seine biologisch angebauten Gemüse, Melonen und Beeren gesünder waren als alles, was man im Geschäft kaufen konnte. Auf alle Fälle waren sie größer und schmeckten nach mehr. Der Biogarten beinhaltete außerdem, dass meine Schwestern und ich dort in langwieriger Arbeit Raupen und andere Insekten einzeln von den Pflanzen absammelten.

Ab und zu schlich ich mich während der Studierzeit hinaus und machte verbotene Spaziergänge über das benachbarte Land. Ich zwängte mich durch das verrostete Tor des Klosterfriedhofs, das sich hinter dem Grabstein unseres verehrten Klostergründers befand, und eilte, durch Bäume und Büsche vor Blicken geschützt, am Stadtfriedhof von Oldenburg entlang zu einer lebensgroßen Kreuzigungsszene aus Stein und Beton: Jesus sterbend am Kreuz, seine Mutter Maria und Josef ihm zu Füßen stehend und die heilige Maria Magdalena knieend. Ich kletterte auf das Podest und lehnte mich an Maria. Hier fühlte ich mich von den erfrischenden Brisen im Sommer, den leuchtenden Laubwäldern an den Hängen im Herbst, dem winterlichen Schneefall und zarten Frühlingstrost umarmt und beruhigt. Das Land fiel zum unterhalb des Friedhofs plätschernden Harvey's Branch Creek ab. Ich genoss dieses Land und die Einsamkeit und entspannte mich. Hier sah und fühlte ich aus aller Nähe, wie der Heilige Geist Gottes den Erdkreis erfüllte.

Als ich eines Abends in der Kapelle auf den Beginn der Gebete wartete, schrieb ich in mein Gebetstagebuch: »Ein Leben, das sich der Liebe Gottes widmet, muss nun Wege finden, die Welt Gottes zu umarmen. Der Glaube verlangt, dass wir in das Leid und die Ungewissheiten der Welt eintauchen. Der Glaube ist nicht dafür da, uns einzuengen. Recht verstanden, weitet er unseren Geist und unser Herz in Gott und in die Bedürfnisse der heutigen Welt hinein.« Ich ertastete mir meinen Weg, um als Sister of St. Francis einen Ort für die Liebe zur Natur in meinem Leben zu finden.

Einmal pro Woche tauchten wir achthundert Jahre zurück in die Gründervision unseres Ordens, indem wir das Leben des heiligen Franz von Assisi und seiner getreuesten Schülerin, der heiligen Klara von Assisi, studierten. Dank der vielen Geschichten über sie entdeckte ich, wie mutig und innovativ sie gewesen waren. Franziskus beharrte auch dann auf der absoluten Gewaltlosigkeit und Friedensstiftung der Botschaft der Evangelien, wenn er persönlich angegriffen wurde. Er und seine Begleiter trugen keine Waffen, sie weigerten sich, an den Feudalkriegen und Kreuzzügen teilzunehmen, und durften nichts besitzen, was sie hätten verteidigen müssen. »Predigt das Evangelium«, sagte er, »und verwendet Worte nur dann, wenn ihr müsst.« Nichts zu besitzen, arm wie Jesus und reich an Gott zu sein war seine allergrößte Leidenschaft, daraus schöpfte er Freiheit und Freude. Es öffnete ihm das Herz für alle Menschen und, wie ich eines Tages entdeckte, für die gesamte Schöpfung.

In jener speziellen Unterrichtsstunde reichte uns Schwester Estelle Kopien eines Gebets oder Liedes, das Franziskus gegen Ende seines Lebens verfasst hatte: des Sonnengesangs. Er war mir bereits vertraut, und ich betete ihn laut mit den anderen. Bald wurde es fast Routine. Wir beteten so viele Gebete laut. Dieses war einfach noch dazugekommen.

»Gelobt seist du, mein Herr, durch Schwester Mond und die Sterne.« Gefolgt vom Lob Gottes für Bruder Wind, für Luft und

Wolken und jegliches Wetter und für unsere Schwester Mutter Erde, die uns erhält und lenkt. Und dann *wusste* ich es plötzlich. Dies war keine Metapher für Franziskus. Es ging um echte Bruder- und Schwesternschaft mit allem, was ist, mit dem gesamten Kosmos, den Elementen, der Erde, den Pflanzen, den Tieren. Ich wiederholte diese Einsicht nur für mich. Keine Metapher. Er meinte diese Beziehung von Bruderschaft und Schwesternschaft, die alles definiert, was ist, wirklich, er fühlte sie, hatte sie selbst erfahren. Und mehr noch, diese Bruderschaft und Schwesternschaft lobpreist Gott.

Und auch ich spürte sie jetzt dort, in Schwester Estelles Unterricht. Ich spürte die Bedeutung von Franziskus' Gesang. Er belebte mir das Herz. Franziskus feierte eine tiefgreifende Bruder- und Schwesternschaft, nicht nur mit anderen Menschen, sondern mit der gesamten Schöpfung. Ich spürte, dass dies einen gewaltigen Unterschied in Bezug auf so ziemlich alles bedeuten konnte. Dies war sehr, sehr wichtig, zumindest für mich, wenn nicht für alle Menschen.

Ich hatte keine Ahnung, dass dieses neue Bewusstsein weiterwachsen und sich ausdehnen würde, als ich später die Beziehung der Crow und Northern Cheyenne zur Erde und zu allen Lebewesen kennenlernte. Und noch später, als ich Kosmologie und Evolution, vor allem die Evolution des Lebens studierte. In mir drehte sich ein einziger Strudel von Erkenntnissen, die ich durch die Lektüre Teilhards gewann, auch wenn ich damals die Verbindungen noch nicht eindeutig herstellte. Ich konnte mir nicht vorstellen, was dieses Bewusstsein für das Beten bedeuten würde oder für die Art und Weise, wie ich leben oder wie sich meine Sicht auf Ethik, Politik oder Wirtschaft entwickeln würde. Mit der Zeit wurde diese Schwestern- und Bruderschaft mit der gesamten Schöpfung, wie sie Franz von Assisi als Lobgesang feierte, zu dem wichtigsten Wert in meinem Leben als Sister of St. Francis, Schwester des heiligen Franziskus, als *seine* Schwester.

Franziskus' Sonnengesang traf unsere utilitaristische Beziehung zu Gottes Schöpfung, zum Planeten Erde mitten ins Herz. Damit wir mit allen Kreaturen, selbst mit Luft und Wasser, die mit uns Gott priesen, eine Familie bilden konnten, mussten wir mit der Zerstörung aufhören und eine respektvolle, fürsorgliche und wiederherstellende Beziehung zu ihnen aufbauen. Ohne dass ich davon wusste, wurde ebenfalls 1963 im Kongress der *Clean Air Act*, das Immissionsschutzgesetz, verabschiedet. In unserer franziskanischen Gemeinschaft feierten wir das nicht. Ob ich wohl eine Verbindung zu dem Gebet des Franziskus hergestellt hätte?

Darüber hinaus wurde für mich in diesem Beziehungsgeflecht das Aussterben der Arten etwas von Grund auf Falsches. Kein Wunder, dass ich in der Ausstellung des Zoos von Cincinnati, die dem Gedenken an die Wandertaube Martha gewidmet war, ihren Verlust so stark empfunden hatte. Hatte ich vielleicht schon als Kind etwas von dieser Beziehung gespürt und gewusst, dass es falsch war, wenn Menschen Vögel jagten und ausrotteten?

Die Verbindung von Franziskus' mystischer Erkenntnis zu Umweltaktivismus und politischem Bewusstsein entdeckte ich erst sehr viel später. An jenem Nachmittag im Seminarraum des Novizinnenheims erkannte ich zunächst nur etwas sehr Neues, *Allumfassendes*. Es war ein ganz stiller Augenblick, der jedoch alles andere in den Hintergrund treten ließ, was Schwester Estelle an diesem Tag lehrte, so auch die Frage, warum sie uns den Sonnengesang beten ließ.

Irgendwann im Lauf jenes Jahres der Gebete und Studien sagte Schwester Estelle zu Beginn einer Stunde, wir seien dazu berufen, Heilige zu werden. Das fand ich zu hochgegriffen: Ich wollte nicht in die Fänge dieses unmöglichen Versuchs geraten. Sie erinnerte uns daran, wir hätten »heilige Karten« mit Abbildern von Heiligen bekommen. Häufig stellten diese Kärtchen den Heiligen oder die Heilige mit dem jeweiligen Gegenstand in der Hand dar, der im Zentrum seiner oder ihrer Aufmerksamkeit während seiner oder ihrer Tätigkeit gestanden hatte, etwa der Rosenkranz, ein Kirchenminiaturmodell, ein Kind oder eine Bibel. Dann sagte sie etwas für mich Schockierendes, das mich mein ganzes Klosterleben über begleitet hat: »Ihr müsst danach streben, einst als Heilige mit der Weltkugel in der Hand dargestellt zu werden, denn als Franziskanerinnen seid ihr dazu bestimmt, die ganze Welt zu lieben.«

Während des gesamten Jahres im Noviziat hatte ich mit meiner Skepsis gegenüber dem Klosterleben und seinen Regeln gerungen, ohne es Schwester Estelle je anzuvertrauen. Vielleicht hätte sie mir helfen können herauszufinden, was wirklich in meinem Herzen vorging. Ich hatte das Gefühl, etwas anderes rufe mich, eine andere Lebensaufgabe als die, mein Leben Gott zu widmen. Doch war ich zuversichtlich, dass Montana der erste entscheidende Schritt sein würde, was auch immer es mit dieser mysteriösen Berufung auf sich hatte.

In den 1960er-Jahren klaffte ein breiter Graben zwischen den persönlichen Wünschen einer jungen Ordensschwester und den Richtlinien und Verfahren des Ordens für die alljährlichen Zuteilungen. Die Mutter Oberin und ihr aus vier Schwestern bestehender Generalrat verteilten die Schwestern auf die Schulen, für die die Gemeinschaft arbeitete. Sie versuchten, die einzelnen Schwestern ihren Gaben und Fähigkeiten entsprechend den Bedürfnissen der Schulen zuzuordnen. Da die Lehrkörper jeweils in einer kleinen Gemeinschaft vor Ort zusammenlebten, prüften sie zudem sorgsam die Kompatibilität der jeweiligen, einer Schule zugeteilten Schwestern. Eine schwierige Aufgabe, deren Ergebnis die jungen Schwestern, die ihre erste Zuteilung erwarteten, mit

Angst entgegensahen. Obgleich Schwester Estelle beharrlich behauptete, der Heilige Geist leite die Oberin und ihren Rat dabei an, zweifelte ich doch die Fähigkeit des Heiligen Geistes an, dafür zu sorgen, dass ich nach Montana gesandt würde.

Am 13. August 1964 kniete ich als eine von zwanzig Novizinnen in unserer kleinen Kapelle vor dem Altar. Das Jahr der spirituellen Praxis und Studien der Lebensweise als Franziskanerinnen hatten wir abgeschlossen. Schwester Estelle leitete uns im Gebet an, in dem wir um die Gnade baten, Gottes Willen für das kommende Schuljahr bereitwillig anzunehmen. Dann verlas sie der Reihe nach die Namen und die jeweilige Schule, der wir zugeteilt worden waren. Meine Zuteilung: eine Dorfschule in St. Wendel, Indiana, nordwestlich von Evansville gelegen. Ich brach in Tränen aus. Von dem Dorf hatte ich noch nie gehört.

Dort lebte und unterrichtete ich drei Jahre, unterstützt von Schwester Julitta, einer hervorragenden Schulleiterin, und drei weiteren erfahrenen Lehrerinnen. Ich genoss die Zugehörigkeit zu dieser kleinen Schwesterngemeinschaft und vor allem die Freundschaft mit Schwester Joan Miller. Umgeben von Farmen lernte ich die Jahreszeiten des Pflügens und Pflanzens, der Sorgen ums Wetter und der Ernte kennen. Wir beteten täglich für die Bauern und für günstiges Wetter.

Als Marie, die Mutter Oberin, zu Besuch kam, bat ich sie um meine Versetzung nach Montana. Sie antwortete, sie verstehe zwar meinen Wunsch, doch sei die Entfernung für meine Eltern zu schwierig zu bewältigen. Daraufhin wurde ich an eine Schule in Kansas City, Missouri, versetzt. Unsere Schüler waren Afroamerikaner. Umgeben von Asphalt und Hochhäusern machte ich mich mit den täglichen Schwierigkeiten von Familien vertraut, die mit Diskriminierung, heftiger wirtschaftlicher Ungleichheit und minderwertigen Wohnverhältnissen zu kämpfen hatten. Wieder genoss ich die Unterstützung einer hoch qualifizierten Schulleiterin namens Schwester Myra und fünf erfahrener Lehrerinnen. Besonders schön war die Freundschaft mit Schwester Angela Williams und ihrer unerschütterlichen Weisheit.

Zugleich aber war ich blind für die Arbeit, die Dr. Martin Luther King damals leistete. Wir Schwestern schauten uns die Abendnachrichten an, einen Mix aus Berichten über den Vietnamkrieg und Märschen in US-Städten für Gleichheit und Freiheit. Ich machte mir nicht die Mühe, mich über die lokalen Bürgerrechtsbewegungen zu informieren, geschweige denn, sie zu unterstützen. Bilder von Nonnen und Priestern, die aus Protest gegen die Diskriminierung demonstrierten, verwirrten mich bloß. Ich begriff nicht, welche Bedeutung Kings Traum für uns, für unsere Schüler, deren Familien und das ganze Land hatte.

Obwohl mich der Auftrag des Zweiten Vatikanischen Konzils, die Zeichen der Zeit zu verstehen und sich daran zu orientieren, wirklich begeisterte, war mir unklar, *wie* das unter den konkreten Umständen passieren sollte. Ich wusste nicht, wie ich meine eigenen Vorurteile und Anmaßungen in Bezug auf die sozialen Strukturen Amerikas prüfen sollte. Ich war blind für das weiße Privileg und dafür, wie es mich vom Leid vieler Menschen abschirmte und trennte. Ich war in der üblichen Reaktion auf die Armut verhaftet, Wohltätigkeitsprogramme aufzulegen und einen Wandel durch Bildung herbeizuführen. Ich verharrte in der Sicherheit von Kloster und Schule. Las Dr. Kings Reden nicht. Und begriff nicht, dass sein Leben in Gefahr war.

Und dann marschierte die Bürgerrechtsbewegung direkt zu uns auf den Schulhof.

Als Martin Luther King am 4. April 1968 ermordet wurde, brachen in unserem Viertel von Kansas City Proteste aus, es gab Plünderungen, und Feuer wurden gelegt. Die Nationalgarde kam und patrouillierte die ganze Nacht auf unserem Schulhof, und die einzige Straßenlaterne spiegelte ihr Licht auf den Helmen, Waffen und der Motorhaube ihres vor dem Kloster geparkten Jeeps. Ihr Megafon rüttelte uns wach. Eine der Schwestern öffnete ihr Fenster und rief ihnen zu, sie sollten gehen. Schwester Myra hieß sie, schleunigst zu schweigen.

Die Eltern baten uns, ihre Kinder nach der Schule dort zu behalten, bis sie kommen konnten, um sie abzuholen. Ein Polizeifunkwagen verkündete eine Ausgangssperre und platzte damit mitten in unseren Karfreitagsgottesdienst. Die Osternachtsfeier besuchten wir in einer sicherer gelegenen Vorortgemeinde, brachen aber vor ihrem Ende auf, um noch vor der Ausgangssperre nach Hause zu kommen. Das Osterversprechen von einem neuen Leben schien keine Bedeutung mehr zu haben.

Das Diözesanbüro für katholische Bildung bot einen Samstags-Workshop zum Thema »Rassistische Ungleichheit und Vorurteile erkennen« an. Bei unserer Ankunft wurde uns ein Fragebogen ausgehändigt: Hatten Sie schon einmal das Gefühl, Sie müssten sich fein machen, Ihr Haar richten und sich schminken, um einkaufen zu gehen? Mussten Sie schon einmal befürchten, in eine Menschenmenge zu geraten, die Sie nicht respektiert und Ihnen nicht hilft, wenn Sie verletzt oder krank sind? Haben Sie schon einmal Angst vor der Polizei gehabt? Sind Sie schon einmal wegen Ihres Aussehens oder der Art verurteilt worden, wie Sie reden?

Diese Fragen rüttelten mich aus dem Schlaf der Privilegierten auf. Durch sie erhaschte ich einen Blick auf ein anderes Amerika. Ein Amerika, das ich so nicht selbst erlebte. Damals wusste ich noch nicht, dass es ein lebenslanger Prozess des Erwachens werden würde.

Wir unterrichteten weiter. Als die nahe gelegene Christian Brothers High School geschlossen wurde, zogen wir in deren Gebäude um. Schon bald gingen dort fast 300 Schüler ein und aus. Unsere Sportler füllten die Vitrinen, die sich durch den gesamten Korridor zogen, mit den Trophäen ihrer Siege.

Ich unterrichtete eine fünfte Klasse und Naturwissenschaften in der Mittelstufe. Von meinem Klassenzimmer im zweiten Stock, dessen Fenster auf den parkähnlichen Paseo Boulevard zeigten, sah ich ein Stück vom weiten Horizont mit Sonnenuntergängen über der Stadt und Tauben, die mit ungeahnter Anmut ihre Kreise zogen.

Ein neuer Priester kam, der schon sein Leben lang Vögel beobachtete. Er kannte sich mit den Vogelstimmen aus und erkannte den nasalen Ruf der Falkennachtschwalben, die im Spätfrühling in der feuchten Abendluft Insekten jagten. Wir lauschten den Flügelschlägen der Männchen. Einmal luden wir die Schüler aller katholischen Schulen der Stadt zu einer Oktobermesse zur Feier des heiligen Franziskus in unsere kleine Kirche ein. Pater Terrence Rhodes brachte die lärmende Gemeinde zum Schweigen, indem er die Messe mit dem Gesang des Rotkehlchens, Kardinals, Zaunkönigs und Blauhähers eröffnete.

Jeden Sommer verließen Schwester Angela und ich Kansas City, um Kurse am Marian College in Indianapolis zu besuchen. Myra hatte Angelas außergewöhnliches künstlerisches Talent erkannt und sie ermutigt, Kunst zu studieren, und Angela machte stetige Fortschritte darin. Ich wechselte von den Naturwissenschaften zu Soziologie und Theologie und sammelte Punkte darin, war aber weit von einem Abschluss entfernt. Zu meiner Überraschung wurde ich für das Universitätsjahr 1973–1974 einem schulfreien Vollzeitstudium am Marian College zugewiesen.

Die Leiterin der Englisch-Fakultät Schwester Rosemary ermutigte mich, Literatur als Hauptfach zu wählen. Die Naturwissenschaften dienten als Nebenfächer. Nach meinem Abschluss

1974 blieb ich für einen obligatorischen Kurs in Kinderliteratur den Sommer über auf dem Campus. Unsere Dozentin, Schwester Phyllis Marie, war die Direktorin der Mission School in Pryor, Montana.

Ich versuchte nicht, sie näher kennenzulernen, und fragte sie nie nach ihrer Schule aus. Ich war unglücklich und haderte mit meiner nächsten Zuteilung, einer Vorortschule in Springfield, Illinois. Ich war bedrückt und fühlte mich wie in einer Falle gefangen. Ein Besuch zusammen mit der Schulleiterin in Springfield Anfang Juni bestätigte mich in meinem Unbehagen. Die Nachbarschaft bestand aus lauter weißen Lattenzäunen und sauber gepflegten Rasen. Für mich bedeutete es falschen Gehorsam, aber ich sah keine Alternative.

Doch dann hielt mich eines Tages Schwester Phyllis Marie bei strahlendem Sonnenschein auf dem Bürgersteig vor dem Auditorium und Verwaltungsgebäude des Campus an. Ich bot an, ihr den Stapel Kinderbücher abzunehmen, den sie sich unter den Arm geklemmt hatte. Die Hilfe ablehnend sagte sie:»Marya, in unserer Schule in Pryor brauchen wir eine Lehrerin für unsere Gemeinschaftsklasse von Erst-, Zweit- und Drittklässlern. Mir gefällt Ihre Unterrichtsbegeisterung. Könnten Sie sich vorstellen, um eine Versetzung Ihrer Zuteilung für dieses Jahr zu bitten? Es wäre schön, wenn Sie nach Montana kämen.«

Sie war die Stimme Gottes höchstpersönlich.

Doch es gab Komplikationen. In jenem Sommer waren eine neue Mutter Oberin und ein neuer Generalrat gewählt worden. Sie wurden mitten in der stürmischen Erneuerung, die mit dem Zweiten Vatikanischen Konzil einherging, förmlich überschwemmt von ihren neuen Führungsaufgaben im Orden. Würden sie überhaupt wissen, dass ich existierte, und Zeit haben, sich mit meinem Ansinnen zu befassen?

Unter den Gewählten war auch meine Freundin Schwester Norma, und so beschloss ich, als Erstes sie anzusprechen. Ich trat vor ihr für meine Sache ein, ich müsse, um mein Gelübde zu erfüllen und als Ordensschwester zu leben, unter Menschen dienen, die wirtschaftlich schlecht gestellt seien. Auch Schwester Phyllis vereinbarte einen Termin mit einem der neuen Ratsmitglieder.

Eine Versetzung für mich bedeutete, dass für die Schule in Springfield eine andere Schwester gefunden werden musste, für die dann auch wiederum Ersatz zu finden war. Und so weiter. In jenem Juli wurde das Leben von mindestens fünf Schwestern umorganisiert. Doch die Stimme Gottes obsiegte. Im August 1974 befand ich mich auf dem Weg nach Montana.

TEIL II
LAND UND HIMMEL FÜR ALLE ZEIT: DIE HEIMAT DER APSÁALOOKE

EINLEITUNG

Als ich in der Heimat der Crow ankam, wusste ich kaum etwas über die Geschichte des Kontaktes zwischen den europäischen Einwanderern und den Native Americans – und gar nichts über die diesbezügliche Sicht der Crow. Ich hatte nur eine vage Vorstellung von der Sichtweise der Gründerväter und von deren Politik gegenüber den Ureinwohnern des Kontinents. Ich wusste, dass europäische Staaten ganze Landstriche beansprucht, um sie gekämpft oder sie gekauft und verkauft hatten, obwohl sie ihnen gar nicht gehörten. Meine Geschichtsbücher lehrten, der Erwerb seitens der USA von Ländereien in Louisiana, Hawaii und Alaska sei Teil des *Manifest Destiny* unserer Nation. Dieses ideologische Konzept beinhaltete unter anderem die merkwürdige Vorstellung, dass man schon allein durch das Aufstellen einer Flagge Anspruch auf ein Fleckchen Erde hatte. Es gehörte dann dem Land, das der betreffenden Person, die die Flagge aufstellte, die Reise dorthin bezahlt hatte.

Ich kam 1974 in die Heimat der Crow, die ich als Montana bezeichnete. Doch mit der Zeit sollte ich entdecken, dass es für mich vieles zu lernen gab. Und vieles, wofür ich Vergebung benötigte. Im besten Fall konnte ich für mich in Anspruch nehmen, dass ich mit offenem Herzen und dem echten Wunsch gekommen war, den Menschen und Gott zu dienen.

In Pryor, einer Crow-Gemeinde im südlichen Teil Montanas, begegneten mir die Menschen nicht nur offenherzig, indem sie mir ihre Geschichten erzählten, sondern sie vertrauten mir auch die Erziehung ihrer Kinder an. Mir, einer weißhäutigen Frau mit unzweifelhaft deutscher DNS.

Im Laufe der Zeit hießen mich die Familien sogar zu Festen und Mahlzeiten in ihren Häusern willkommen. Ich wurde eingeladen, mit Frauen in der Schwitzhütte zu beten und an anderen heiligen Zeremonien teilzunehmen. Langsam bekam ich ein Gefühl dafür, dass in all der Gastfreundschaft und Großherzigkeit eine außergewöhnliche Seelentiefe und Herzensfreundlichkeit lagen. Schüchtern und scheu trat ich bei der Zeugnisvergabe Eltern gegenüber, stand vor der Tür eines Hauses oder fuhr den schlammigen Weg zur Schwitzhütte. Ich war stets willkommen.

»Schon seit Hunderten von Jahren leisten wir Widerstand gegen die US-Regierung«, sagte Beaver Two Moons von der Nation der Northern Cheyenne 1994 bei einer eigens anberaumten Zeremonie, bei der für mich und meinen Schutz gebetet wurde, als ich mich auf einen Protest gegen die seit 1962 bestehende Blockade Kubas seitens der USA vorbereitete. »Herzlich willkommen.« Es war, als hätten wir eine Gemeinsamkeit. Er gab mir Hinweise, wie ich mich schützen sollte, falls wir von der Polizei angegriffen würden. Er bat einen aus angesehenen Frauen und Männern bestehenden Kreis, für mich zu beten.

»Du kannst eine Art Botschafterin für uns sein. Vielleicht hilft den Menschen, was sie von dir über unsere Lebensweise erfahren können«, sagte Charles Little Old Man, der ebenfalls der Nation der Northern Cheyenne angehörte, als ich ihn um die Erlaubnis bat, einer Gruppe von Freundinnen in Indiana von meinen Erfahrungen zu erzählen.

Diversität ist eine der Stärken unserer Nation. In Gemeinschaften zu leben, die sehr divers sind, und sie zu verstehen, ist eine Herausforderung. Ich habe fast zwanzig Jahre unter den Crow und den Northern Cheyenne gelebt und als Lehrerin und Nichtwissende nach und nach meinen Weg gefunden: kielholend, stolpernd, tanzend, redend, zuhörend und betend. Lernend.

Was ich bei ihnen erfahren und gelernt habe, hat mir unendlich geholfen. Und vielleicht kann es auch anderen helfen. Vor allem aber ist es womöglich der Erde von Nutzen und kehrt die heute vorherrschende zerstörerische Beziehung des Menschen zur Erde um.

Dennoch habe ich alles Gelernte durch die Brille meiner Kultur, Religion und Weltsicht aufgenommen und schreibe meine Erfahrungen aus meiner begrenzten Perspektive nieder. Allmählich brachte das, was ich lernte, meine nicht hinterfragten Überzeugungen von der Gültigkeit der katholischen Lehren und der allgemeinen amerikanischen Kultur ins Bröckeln. Nach und nach lernte ich, dieses seltsame System, in dem die Crow und Northern Cheyenne in Reservaten lebten und Amerika den gesamten Rest ihrer Heimat besetzte, in einem ganz anderen Licht zu sehen.

Plötzlich erinnerte ich mich daran, wie ich als Kind in Cincinnati indianische (wie ich sie damals nannte) Kinder hinter den Büschen und Bäumen meiner Nachbarschaft »gesehen« und sie für die Kinder der Erbauer des sogenannten Indianer-Mounds gehalten hatte. Dieser beeindruckende Erdhügel war ja als Park in der Nähe unseres Viertels erhalten geblieben. Schon damals spürte ich, dass bereits andere Menschen an dem Ort gelebt hatten, den ich mein Zuhause nannte. Oder vielleicht waren diese Kinder Shawnee, ein Volk, das hier gelebt hatte, bis die Europäer kamen und ihnen so ziemlich alles stahlen.

Nachdem ich ins Land der Crow gezogen war, fühlte ich mich mit der Geschichte, die mich dorthin geführt hatte, zunehmend unwohl. Was konnte ich tun, um nicht noch weiter zur Aufrechterhaltung der Ungerechtigkeiten, sondern eher zu einer Heilung beizutragen? Dann hörte ich eine starke, laute Stimme der Crow aus der Vergangenheit.

»Bildung ist eure stärkste Waffe«, hatte Häuptling Plenty Coups (1848–1932) zu seinem Volk gesagt. »Mit ihr seid ihr dem weißen Mann ebenbürtig. Ohne sie seid ihr seine Opfer. Lernt, studiert und helft einander.«

Ich wollte lernen, dieser Vision von Plenty Coups, dem letzten Häuptling der Crow, so gut ich konnte und mit ganzem Herzen zu folgen. Diese Entschlossenheit verankerte mich fest auf einem unerforschten spirituellen Weg, der mich ebenso beflügelte wie beunruhigte. Langsam lernte ich, wie weitreichend und lebensverändernd seine Lehre war, und machte sie mir zu eigen. Sie lenkte schließlich sogar meine Glaubensberufung als Franziskanerin in eine unerwartete Richtung. Die Schüler und die Menschen, die mich willkommen hießen, trainierten und erzogen mich.

5

BAÁHPUUO

PFEILE SCHIESSEN
AM FELSEN

Ich erhebe meine Augen zu den Bergen.

PSALM 121:1

Im Flughafengebäude von Billings, Montana, winkten mir Schwester Phyllis und eine ältere, mir nicht bekannte Schwester hinter dem Gate zu. »Das ist Schwester Pauline«, sagte Phyllis. »Sie unterrichtet Kunst und ist eine ausgezeichnete Köchin.«

Sie halfen mir beim Einsammeln meines Gepäcks. Ich hatte mein ganzes Leben in zwei normalen Koffern und einem Überseekoffer verstaut, der mit Lehrmaterial, Winterkleidern und einem alten Paar Eislaufschuhen bepackt und schon vorausgeschickt worden war. Phyllis erklärte mir, er stehe bereits in meinem Klassenzimmer.

Als wir vom klimatisierten Terminal nach draußen gingen, kam uns ein Schwall trockener Hitze entgegen. Ich blinzelte in die gleißende Sonne hin zu den Schneebergen, die ich vom Flugzeug gesehen hatte; sie schienen in der Ferne über Billings und dem weiten Flusstal des Yellowstone River zu schweben. »Das sind die Beartooth Mountains«, sagte Phyllis. »Willkommen in Montana.«

Gemeinsam hievten wir das Gepäck in einen staubigen blauen Transporter, der bereits mit Lebensmitteln und einer verbeulten Kühlbox vollgestopft war. »Die Fahrt bis Pryor dauert eine Stunde, und bei dieser Hitze müssen wir das Fleisch und die Eier auf Eis kühl halten«, erklärte Phyllis. Wenige Minuten später hatten wir Billings verlassen und überquerten den Fluss. Das Wasser war klar, nicht so trüb und schlammig wie die Gewässer in der Nähe meines Zuhauses in Cincinnati.

»Vielleicht wirst du einen Weißkopfseeadler in den Bäumen sehen«, sagte Phyllis.

Es gab eine befestigte Straße nach Pryor. Sie stieg jenseits des Flusses vom Blue Creek Valley bis zu einer Hochebene an, auf der Luzerne und Winterweizen angebaut wurden. Von diesem Aussichtspunkt waren fünf Bergketten zu sehen: die Beartooth Mountains, die Crazies, die Big Belts, die Bighorns und die Pryors. Innerhalb einer Stunde sah ich mehr Berge als in meinem ganzen bisherigen Leben.

Ungefähr eine halbe Stunde außerhalb von Billings verkündete Phyllis mitten in der Hochebene, dass wir gerade die Grenze zum Reservat der Crow überfahren hätten. Als ich mich bereit erklärt hatte herzukommen, war mir nur vage bewusst gewesen, dass ich in einem Reservat leben würde. Ich wusste so gut wie gar nichts darüber, wie ein Reservat funktionierte und was es für Nicht-Crows bedeutete, dort zu wohnen. Ich musste die Schwestern unbedingt dazu befragen.

Wenige Minuten darauf fuhren wir eine lange Straße hinunter in das Tal des Flüsschens Pryor Creek. Gesäumt von hohen graustämmigen Pappeln mit leuchtend wachsgrünen Blättern, folgte der Weg dem Fluss südwärts. Phyllis und Pauline nannten zu jedem Haus, an dem wir vorbeifuhren, den Namen der Familie, die darin lebte: Round Face, Spotted Bear. Wir passierten zwei reich aussehende Farmen, bewirtschaftet von Weißen, die das Land von Crow gepachtet hatten, fuhren dann an der Baptistenkirche vorbei eine unbefestigte Straße hinunter, die nach rechts abbog, und waren nach einer Kurve plötzlich inmitten der wenigen Gebäude, die das Städtchen Pryor, Montana, ausmachten.

Phyllis fuhr langsam und wich einer Gruppe von Fußgängern und einem Kind auf einem Fahrrad aus, die mitten auf der Straße unterwegs waren. Sie wies auf die Schindelfassade des Postamts und Lebensmittelgeschäfts, dessen Schild »Pryor Trading Post« kaum noch lesbar war. Durch die trüben Fenster konnte ich spärlich ausgestattete Regale erkennen.

»Die Preise sind zu hoch. Wir kaufen hier nie ein«, sagte sie. Pauline erinnerte sich, wie sie in den 1950er-Jahren, als die Schwestern noch nicht selbst Auto fuhren, jede Woche mit dem Pfarrer nach Billings gefahren war, in der Hand eine kleine Papiertüte mit dem Wechselgeld aus der Sonntagskollekte, um damit Lebensmittel für die Schwestern, den Pfarrer und die Schulspeisung der Kinder zu kaufen. »Manchmal taten wir Rosinen in die Burger, um den Fleischanteil zu strecken«, erklärte sie lakonisch.

Die Praxis des Indian Health Service bestand aus einem weißen metallenen Transportanhänger, der hinter einem hohen Maschendrahtzaun stand, um den Diebstahl von Medikamenten zu verhindern, die dort eigentlich über Nacht nicht aufbewahrt werden durften. Gegenüber erstreckte sich die öffentliche Schule, ein modernes Betongebäude. Im Schulhof wehte der Wind Staub zwischen den Schaukeln und einer Rutsche auf.

Der viereckige weiße Flachbau daneben war die neu gegründete Plenty Coups Highschool, benannt nach dem letzten Häuptling der Crow. Wir kamen an einigen weiteren Häusern und einer Tankstelle mit zwei Schildern vorbei, auf denen »GESCHLOS-

SEN« und »GEKÜHLTE LIMO« stand. »Ab und zu hat sie auch auf«, sagte Phyllis.

Wir ließen die Häuseransammlung im Staub des Schotterweges hinter uns, der auf die Pryor Mountains zuführte. Vor uns erstreckte sich das weite Tal zu den zehn Meilen entfernt gelegenen Bergen. Was reizte mich an der Vorstellung, in allernächster Nähe der Berge zu leben? Die Stellen in der Bibel, in denen es um Gottes Wohnung ging, um Berge, die ein Quell der Hilfe und Kraft waren? Ihre offenkundige Schönheit? Ich weidete mich an ihrem Anblick. »Wie klein deine Augen«, schreibt der persische Dichter Rumi, »und doch können sie einen ganzen Sternenhimmel aufnehmen.« Oder eine Bergkette.

Die Pryor Mountains sind alt, sie wurden durch den Druck zweier aufeinanderstoßender Kontinentalplatten vor Hunderttausenden Jahren hochgeschoben und formten den gesamten südwestlichen Horizont, beständig, bogenförmig und seltsam einladend. »Siehst du die breite Kluft dort?« Phyllis wies auf eine Öffnung in den langen Abhängen, auf der einen Seite von drei hervorstehenden steilen Kalksteinfelsen gekrönt. »Diese Kluft ist der ›Gap‹, das Zuhause der Little People. Da fahren wir morgen zusammen hin. Die drei Felsen werden Castle Rocks genannt. Die Leute klettern dort hinauf, um über mehrere Tage in Steinkreisen in der Sommersonne zu sitzen, ohne Zufuhr von Essen und Trinken zu fasten und für sich, ihre Familien, die Stammesgruppe und alle Völker zu beten.«

Jahre später erfuhr ich, dass ein Felsvorsprung am Eingang zum »Gap« als Heimstatt der Little People verehrt wird. Bis heute hinterlassen die Menschen Gaben in den Spalten des Felsvorsprungs: Perlenketten, Münzen, Medaillen. Als weitere Respektsbekundung galt das dortige Abschießen von Pfeilen. In der Sprache der Crow heißen die Region und der Ort auch Baáhpuuo: Pfeilfelsen.

71

Wir fuhren nun ins Tal hinein. »Was ist das?« Ich drehte mich auf meinem Sitz um, um mir genauer ansehen zu können, was wie ein riesiger Büffel aussah. Er stellte sich als Metallsilhouette heraus. »Oh, das ist der Plenty Coups State Park«, erklärte Phyllis. »Das zweigeschossige Haus zwischen den Platanen dort war das Haus von Häuptling Plenty Coups. Von hier kannst du auch den kleinen Rundbau des Museums sehen. Er führte sein Volk friedlich ins 20. Jahrhundert hinein. Man lud ihn zum Staatsbegräbnis des Unbekannten Soldaten und zur Einweihung des Grabes am 11. November 1921 nach Washington D.C. ein. Er legte seinen Kopfschmuck aus Adlerfedern und seinen Häuptlingsstab, die zusammen insgesamt etwa 100 Tapferkeitshandlungen repräsentierten, auf das Grab. Das tat er stellvertretend für alle Native Americans.«

Als ich später das Museum besuchte, erfuhr ich, dass er diese hoch angesehenen Geschenke mit den Worten auf das Grab gelegt hatte: »Hier könnten auch die Knochen eines Indianers begraben sein.« Der Anblick des Mount Vernon brachte ihn auf die Idee, dass sein Zuhause und sein Land in Pryor ein guter Ort für alle Crow-Familien sein könnte, um hier zu verweilen und sich zu vergnügen. Der Staat von Montana griff die Idee auf und gründete den Park. Plenty Coups liegt zusammen mit seiner Frau Strikes the Iron und ihren beiden Adoptivtöchtern auf dem Gelände begraben.

Plenty Coups wurde katholisch getauft und besuchte die Messe in der Mission. Ein römisch-katholischer Crow-Häuptling. Ich erfuhr, dass er alles unternommen hatte, um seinem Volk die Lebensweise des weißen Mannes beizubringen, denn er war überzeugt, dies werde ihnen das Überleben sichern. Er betrieb Landwirtschaft, schickte seine Kinder in die Schule und machte in einer Blockhütte, die aus einem einzigen Raum bestand, einen Handelsposten auf.

Während wir weiter am Park entlangfuhren, betonte Phyllis, welchen Stellenwert er der Bildung gegeben und wie sehr er sie gefördert hatte.

Nach wenigen Minuten näherten wir uns der St. Charles Mission Catholic School. Wäre Phyllis doch nur ein wenig langsamer gefahren. Ich hatte so viel zu verarbeiten. Plötzlich vermisste ich meine Mutter, meine Freundinnen, die Schwestern in Oldenburg, sehnte mich nach etwas Vertrautem.

Natürlich drosselte sie das Tempo nicht. Als wir über die Metallstangen eines Viehgitters auf das Schul- und Pfarrgelände rumpelten, hatte sich mein Magen zu einem Knoten aus Schüchternheit, Selbstzweifeln und Angst zusammengezogen. Ich wusste schließlich kaum etwas über die Kultur und die Geschichte der Crow, über das Leben im Reservat und das, was die Kinder brauchten, die ich unterrichten würde.

Eine Wiese, für deren frisches Grün eine ganze Phalanx von Rasensprengern sorgte, umgab das gelb angestrichene Schulgebäude aus Beton, an das sich direkt eine Rundkirche anschloss. Sie war mit wunderschönen roten und ockerfarbenen Steinen verkleidet, die laut Phyllis in den Bergen abgebaut wurden. Wir fuhren an zwei kleinen Häusern vorbei auf einem Weg, der hinter dem Gebäude mit der Schule und der Kirche in eine Kurve mündete. Im ersten lebte der Pfarrer Pater Chester Poppa. Ins zweite würden in Kürze Dan und Paul, zwei ehrenamtliche Hilfslehrer, ziehen. Phyllis erklärte, sie kämen von ihren Wohnorten in Kentucky und Illinois hierher.

Unser Zuhause, das Kloster der Schwestern, stellte sich als Fertigbau heraus, der noch fünf Jahre zuvor die Schule beherbergt hatte. Es war das letzte der drei an der Auffahrt gelegenen Häuser. Wir hielten vor dem lang gestreckten grauen Gebäude mit grüner Zierleiste und einer kleinen umzäunten Veranda.

Schwester Dolores, die ebenfalls zu unserer kleinen Gemeinschaft gehörte, öffnete die Tür und hieß mich herzlich willkommen. Wir räumten die Einkäufe in die Küche und stellten meine Koffer in meinem winzigen Schlafraum ab. Phyllis erklärte stolz, die hellgelben Laken hätten sie eigens für mich gekauft, weil sie dachten, ich würde sie sicher mögen, da ich so jung sei. Es gab keine Tagesdecke.

»Pack du deine Sachen aus, wir helfen derweil Pauline bei den Vorbereitungen fürs Abendessen.«

Ich hievte den größeren der beiden Koffer auf den kleinen Schreibtisch vor dem Fenster, öffnete ihn und fing an, meine Sachen in die Schubladen zu räumen. In Nullkommanichts wurde ich von Dolores gerufen, und wir setzten uns zu Paulines Roastbeef, Kartoffelpüree mit Soße und ihrem selbst gemachten Apfelkuchen an den Tisch. Eingerahmt vom Esszimmerfenster, waren die Pryor Mountains im Sonnenuntergang bernsteinfarben und tiefblau.

In jener ersten Nacht lag ich hellwach in meinem Zimmer, einem von vier, die früher zusammen ein einziges Klassenzimmer gewesen waren. Jemand ging an meiner offenen Tür vorbei. Abgesehen von den Schritten und dem gelegentlichen Summen des Kühlschranks war nichts zu hören: kein Verkehr, keine Sirenen, keine Stimmen. Eine kühle Brise wehte durchs offene Fenster hinein. Mit der Zeit würde ich dieser Kühle abends dankbar entgegensehen und morgens eine dünne Decke über das gelbe Laken breiten, das mit untertassengroßen Blumen bedruckt war. Ich schloss die Augen.

Auf meinem Weg zur Tagesmesse in der Kirche am nächsten Morgen kam mir auf dem Parkplatz ein groß gewachsener stämmiger Mann entgegen. »Ich bin Fred Gone, Busfahrer und zuständig für die Wartungen. Ich bin ein Gros Ventre aus dem Norden.« Vom Stamm der Gros Ventre hatte ich noch nie gehört. »Das heißt

74

auf Französisch ›dicker Bauch‹. Als zum ersten Mal Trapper auf uns trafen, kampierten wir gerade an einer großen Biegung des Missouri. Ich nehme an, diese Biegung sah für sie aus wie ein dicker Bauch. Also benannten sie den Ort und uns danach.«

Ich zog eine Grimasse.

Er hatte es sachlich und nüchtern erzählt, doch später erklärte mir Phyllis, wie schwer es für die Menschen ist, unter Namen bekannt zu sein, die ihnen Außenstehende gegeben haben. Sie erzählte mir, jeder Stamm, einschließlich der Crow und Northern Cheyenne, habe einen eigenen Namen in der jeweils eigenen Sprache. Eigentlich ja eine Selbstverständlichkeit, aber für mich war es neu.

»Mein Frau Sylvia ist eine Crow und Chefköchin in der Schule«, fuhr Fred fort. »Auch meine beiden Töchter Lucy und Bertha sind heute hier. Sie können Ihnen beim Auspacken der Sachen für Ihr Klassenzimmer helfen.«

Ich schüttelte ihm die Hand, die er mir hingestreckt hatte. Der Nimbus von all dem, was ich über Squanto, Sitting Bull, Conchise und Geronimo gelesen hatte, lag in der sonnenhellen Luft. »Was haben Sie vor?«, fragte er, als er sah, dass Phyllis den Transporter an der Zapfsäule nebenan tankte. Ich hatte bisher noch gar nicht bemerkt, dass wir eine eigene Tankstelle besaßen.

Ich berichtete ihm von unserem Plan, durch den »Gap« in die Pryor Mountains zu fahren und dort zu picknicken. »Die Schwestern haben mir von einem Zeltplatz irgendwo dort oben erzählt. Ich hoffe, das Wetter bleibt gut.«

Kurzes Nicken, ernstes Gesicht. »So was wie gutes Wetter gibt es nicht, Schwester. Oder schlechtes. Es gibt nur Wetter. Viel Spaß. Für mich sieht's nach Sonne und Hitze aus.«

Einen Großteil der Messe war ich in Gedanken darüber versunken, wie gut ich darin geschult worden war, das Wetter nach meinen Bedürfnissen, seiner Auswirkung auf Urlaubspläne oder einer Gefahr für Reisende zu beurteilen. »Nur Wetter«, hatte er gesagt. »In was für einer Welt lebt er?«, fragte ich mich. In einer Welt, die Wetter einfach so nimmt, wie es ist.

Während der Wechselgesänge überlegte ich, ob ich nicht aufhören konnte, hinsichtlich des Wetters Wörter zu verwenden, mit denen ich es beurteilte: ob ich auf den *wüsten* Sturm, den *hinterhältigen* Frost oder die *gemeine* Mutter Natur verzichten konnte, die einem den Urlaub vermieste. In den sieben Jahren in Pryor tat ich mich schwer, Freundschaft zu schließen mit dem Schneesturm, der uns tagelang im Haus einschloss, den unerbittlichen Winterwinden, die die Rohre einfrieren ließen und uns von der Wasserversorgung abschnitten, oder einem Frühlingssturm mit solchem Hochwasser, dass es die Brücken und die Zufahrt zu Billings zerstörte.

»Von deinen Sinnen hinausgesandt,/geh bis an deiner Sehnsucht Rand«, schreibt Rainer Maria Rilke. Sehnsucht hatte mich hierhergebracht. Nach der Messe blieb ich vor dem Kirchentor stehen, um auf die Schwestern zu warten.

»Beeil dich«, sagte Phyllis, »ich möchte dir die Schule zeigen. Pauline packt schon die Sachen für unser Picknick zusammen.« Ich bemerkte, dass sie tiefe Ringe unter den Augen hatte. War sie müde? Oder krank? Später erfuhr ich, dass sie jeden Nachmittag nach der Schule einen Mittagsschlaf hielt und regelmäßig eine Nacht im Krankenhaus von Billings verbrachte, um sich dort behandeln zu lassen. Heute jedoch führte sie mich den langen Korridor entlang zur hintersten Tür. »Das ist dein Klassenzimmer. Bald werden hier lauter Erst-, Zweit- und Drittklässler sitzen.« Sie drehte sich abrupt um. »Und jetzt auf zu unserem Bergpicknick!«

6

DAS KLASSENZIMMER

Gott sah alles an, was er gemacht hatte:
Und siehe, es war sehr gut.

1 MOSE 1:31

»Außer einem sprechen deine fünf Erstklässler Crow. Außerdem können einige von den fünfzehn Zweit- und Drittklässlern fast nur Crow. Crow ist wahrscheinlich die Sprache, die bei ihnen zu Hause gesprochen wird, und ihre Muttersprache«, hatte mir Phyllis gesagt. »Deshalb haben wir dieses Leseprogramm, das sich DISTAR nennt und für Schüler gedacht ist, für die Englisch ihre Zweitsprache ist.«

Ohne jede Vorstellung, was für eine Herausforderung das darstellte, konzentrierte ich mich ganz auf die Vorbereitung meiner ersten Schulwoche. Nach neun Jahren Erfahrung als Grundschullehrerin dachte ich, dass ich es schon hinkriegen würde. Ich suchte mir die eigens mitgebrachten Unterrichtsmaterialien zusammen und stapelte sie auf meinem Schreibtisch. Je einen Stapel für die erste, zweite und dritte Klasse. Die Handbücher für das Leseprogramm DISTAR waren allerdings ungewöhnlich. Es handelte sich nicht einmal um Bücher, sondern um handliche Schaubilder, auf deren glänzenden Seiten jeweils in großer Schrift ein einziges

Wort stand. Ich blätterte in den seltsamen Lehrerhandbüchern mit ihren kärglichen Anweisungen. Laut Phyllis hatten sich die letzten Lehrerinnen geweigert, das Programm zu nutzen, weil es ihnen so unkonventionell vorkam, dass sie meinten, es würde die Schüler hoffnungslos verwirren.

Obwohl es völlig anders war als alle anderen mir bekannten Leseprogramme, fand ich es durchaus sinnvoll. Die Buchstaben des Alphabets wurden nicht als Bezeichnungen, sondern als Klänge gelehrt. Denn die Buchstabennamen würden jemandem, der kein Englisch sprach, bei der Aussprache nicht helfen. Lange Vokale hatten eine horizontale Linie über dem Buchstaben. Kurze Vokale waren ohne Markierung. Buchstaben, die nicht ausgesprochen wurden, fehlten in den Wörtern. Digraphe wie »th« oder »ch« wurden dem Alphabet angehängt. Dabei waren die beiden Buchstaben so dicht aneinander geschrieben, dass sie wie ein einziger aussahen.

In jeder Lesestunde, in der die Zweitklässler von dem Hilfslehrer Chester Turns Plenty unterrichtet wurden und die Drittklässler an einer eigenen Aufgabe arbeiteten, die ich für sie vorbereitet hatte, saßen meine fünf Erstklässler in einem Stuhlkreis um mich herum. Das Alphabet nach Klängen hatten sie schnell auswendig gelernt. Als Nächstes lernten sie das Wort auf dem Schaubild, das ich hochhielt, während ich die »Buchstaben«, auf die ich nacheinander zeigte, langsam laut aussprach. Dann forderte ich sie auf: »Und jetzt sagt sie schnell hintereinander.« Dabei wurden die einzelnen Klänge plötzlich zu einem Wort, das sie erkannten. »Mom«, riefen sie triumphierend. Dann schrieben sie das Wort in ihr Heft und malten ein Bild von ihrer Mom.

Einige Monate nach Schuljahresbeginn hielt mich Fred Gone auf dem Korridor an. »Unsere Enkelin Gerri hat uns gestern Abend von einem Blatt Papier vorgelesen, das Sie ihr mit nach

Hause gegeben haben. Sie ist gerade erst in die erste Klasse gekommen und kann schon lesen,« sagte er voller Stolz und Begeisterung.

»Sie passt auch immer auf und macht richtig gut mit«, sagte ich. Mich begeisterten Gerris Fortschritte ebenso wie ihn.

Ich war fasziniert von der melodischen englischen Aussprache meiner Schüler. Ihre Wörter umflatterten mich wie lauter kleine Vögel. Wenn sie mir etwas darüber erzählen wollten, was auf dem Schulhof passiert war, verwechselten sie die Pronomen »er« und »sie« und verwendeten nur selten »es«. Ich konnte ihren Geschichten nur mit Mühe folgen und verlor den Überblick, ob sie von einem Mädchen oder einem Jungen sprachen, selbst wenn ihre Geschichte mit einem Mädchennamen begonnen hatte. Das führte zu endlosen Fragen meinerseits, die sie verwirrten. Aber die Vögelchen waren geduldig und schienen es nicht übel zu nehmen, wenn sie etwas noch einmal wiederholen sollten.

Ich fragte Chester Turns Plenty nach diesen Verwechslungen, denn er sprach fließend Crow. Er erklärte mir, die Crow hätten keine »er, sie, es«-Pronomen. Die Köchinnen Sylvia Gone und Dorothy Spotted Bear erläuterten mir außerdem, dass die Crow diese Pronomen auch gar nicht bräuchten. Sie sagten, sie hätten nur ein Wort für die dritte Person Singular. Ich schloss daraus, dass es sich um so etwas handeln musste wie das englische »You«. Wenn man im Englischen dieses Wort verwendet, weiß man den Rest auch »einfach so« aus dem Kontext.

Seitdem habe ich oft darüber nachgedacht, wie anders die Weltsicht und das Bewusstsein von jemandem sein muss, der »er, sie oder es« als Wörter nicht kennt. Ganz besonders das »Es«. Im Englischen verwendet man es für Tiere und Pflanzen, und das setzt diese Lebensformen eine Stufe unter uns, denn »es« bezieht sich auf etwas Niedrigeres als die anderen beiden Pronomen. »Es«

ist ein Objekt, ein Ding, das zu unseren Zwecken verwendet und ausgebeutet werden kann. Waldgrün, Wasser, Erdreich, Sonnenlicht, ungezähmtes Vieh, Nutztier: Die Liste hat kein Ende. Jedes ist ein seelenloses »Es«. Wir brauchen nur einmal eine andere Person oder Gott als »es« zu bezeichnen, und schon wissen wir, welche Macht dieses Wort besitzt. Die Verdinglichung ermöglicht es uns, der Natur Schlimmes anzutun. Wie wäre es, wenn es sie weder in der Sprache noch im Denken gäbe?

Mit der Zeit fand ich heraus, dass »Respekt« das Gegenstück zu »es« war.

Eines Tages erkannte ich während der Gebete in der kleinen Rundkirche der St. Charles Mission, dass die Absage an die Verdinglichung tatsächlich auch in die Tradition der Franziskaner eingewoben war. Der heilige Franz von Assisi hatte seinem Bewusstsein davon, dass es ein seelenloses »Es« nicht gibt, sogar noch die »verwandtschaftliche Liebe« hinzugefügt. In seinem Sonnengesang lobte er Gott für alle seine Kreaturen, die Menschen, Tiere und Pflanzen. Er nannte diese Kreaturen unsere Brüder und Schwestern. Erde, Luft, Wetter, Feuer und Wasser, Sonne, Mond und Sterne und selbst den Tod schloss er in seine kosmische Vision universeller Bruder- und Schwesternschaft mit ein. In der »Es«-Welt vergessen wir hingegen immer wieder, dass wir alle miteinander verwandt sind und voneinander abhängen. Wir vergessen, dass wir tatsächlich ohne die anderen dem Untergang geweiht sind.

Während ich über dieses Fehlen von »Es« in der Sprache der Crow und in ihrer Weltsicht nachdachte, fiel mir neben der Sichtweise der Franziskaner ein, wie ich in meiner Zeit als Novizin einen Satz aus der Bibel aus dem Lateinischen übersetzt hatte, und welche Freude mir die besondere Erkenntnis dabei bereitet hatte. Der Satz lautete: »Der Geist des Herrn erfüllt den Erdkreis.« Erfüllt! Er erfüllt alles. Daraus folgte, dass keine Kreatur und kein Element, die der Heilige Geist erfüllte, ein seelenloses Etwas sein konnte. Zudem sangen die Katholiken jeden Sonntag ein Kirchenlied, das auf Bibeltext basierte und erklärte, die Erde sei wie der Himmel voll von Gottes Herrlichkeit. Die Sprache und Kultur der Crow zeigten mir, dass ein ganzes Volk das benennen und leben konnte, was nach meiner Überzeugung biblische, franziskanische und katholische Lehren und Traditionen waren. Wobei Kultur, Recht und Wirtschaft Amerikas von diesen Überzeugungen offenkundig gar nicht oder nur wenig beeinflusst waren.

Und es gab noch mehr zu lernen, wovon einiges die kulturellen und ökonomischen Systeme, die ich bisher für normal gehalten hatte, schonungslos infrage stellte.

Tag für Tag verwendeten die Kinder, wenn sie mit mir sprachen, im Unterricht die englischen Wörter auf einzigartige Weise. Zunächst fand ich das entwaffnend und kreativ. Doch mit der Zeit stellte ich fest, dass sie mich damit in eine andere Weltsicht einführten. Ich war fasziniert.

»Frau Lehrerin, was soll ich tun?«, fragte mich der Erstklässler Bobcat Turnsplenty, ein kleiner, schüchterner Junge, der meist leise sprach. Ich beobachtete, wie er sich im Unterricht bemühte aufzunehmen, was ich sagte, meine Worte im Kopf in Crow übersetzte, sich seine Antwort in Crow überlegte und sie dann wieder ins Englische übersetzte, bevor er irgendetwas sagte. Jetzt hatte er seine Schulbank verlassen und unterbrach die Lesegruppe, die ich gerade unterrichtete. Seine Stimme klang fast schrill.

»Schauen Sie«, sagte er und hielt seinen Bleistift vor mir hoch. »Der Holzteil ist über den Stiftteil gewachsen. Er ist aufgeplatzt.«

Delia Spotted Bear, eine Drittklässlerin kam herbei, um ihm zu helfen. Sie brachte Bobcat zum Bleistiftspitzer. »Schau, das geht so«, sagte sie und zeigte ihm, was er tun musste. »Das macht deinen Bleistift heil« – mehr brauchte er nicht zu hören, als er den Stift auch schon zu spitzen begann.

Ich dachte nach, während ich ihm zusah. Der Holzteil des Stiftes war gewachsen.

Ein paar Wochen später stieß sein Bruder Darrell auf dem Schulhof einen Schmerzensschrei aus. Ich lief schnell zu ihm hin, als er angehumpelt kam. Er blutete aus einer Schnittwunde am Schienbein.

»Der Stein da hat mich gebissen«, sagte er, während er mit Mühe die Tränen zurückhielt.

Ich stand ihm zur Seite, während er sich von der Krankenschwester in der Ambulanz tapfer die Wunde zunähen ließ. Ein Steinbiss ist keine Kleinigkeit. Respekt bedeutet: »Sei vorsichtig, wenn du in Gesellschaft von Steinen bist.«

Später erzählte mir bei einer Versammlung der neuen Ehrenamtlichen und Lehrer ein Mittelstufenlehrer für Naturwissenschaften, der in einem anderen Reservat tätig war, von seiner ersten Unterrichtsstunde. Aufgrund seiner mehrjährigen Unterrichtserfahrung sei er sich sicher gewesen, dass seine Crow- und Northern-Cheyenne-Schüler die Aufgabe mit Leichtigkeit bewältigen würden:

»Faltet euer Papier der Länge nach in der Mitte. Links oben schreibt ihr: Lebendig, rechts oben: Nicht lebendig. Okay, und jetzt geht raus und schreibt links alles untereinander, was lebendig ist, und rechts alles, was nicht lebendig ist.«

Sie verteilten sich im Schulhof. Einige gingen zum Tongue River, der zu dieser Jahreszeit ein seichtes, fast stehendes Wässerchen war. Andere stiegen auf einen kleinen Hügel, von wo sie den Blick auf Rinderfarmen in der Ferne hatten.

»Die meisten hatten alles auf die linke Seite geschrieben, wo ›Lebendig‹ stand«, erklärte er mir. »Wolken, Himmel, Pappeln,

Steine, kreisende Bussarde, Matsch, Sonne, Fische, Grashüpfer, sogar den Tongue River. Ich hatte keine Ahnung, wie ich ihnen erklären sollte, dass sie unrecht hatten. Wie ich es auch versuchte, ›nicht lebendig‹ ergab für sie keinen Sinn.«

Da erzählte ich ihm, wie das Holz eines Bleistifts wächst und Steine beißen.

Und dass mir immer klarer werde, wie sehr meine Sprache und Weltsicht eine Mauer um mich gebildet und so mein Weltverständnis bestimmt, blockiert und begrenzt hätten, ohne dass es mir bewusst war. Je mehr ich über die Sprache und Kultur der Crow lernen würde, desto mehr schienen die Backsteine aus der Mauer herauszufallen. Die Öffnungen würden mir jetzt neue Perspektiven und tiefere Erkenntnisse über die Natur und die Welt ermöglichen. Und sie würden sich wahr, wunderschön oder gar heilig anfühlen.

Dies änderte tatsächlich vieles, waren wir uns einig.

Und manchmal wurde es schmerzhaft. Für alle.

Das Schulspeisungsprogramm folgte denselben Regeln, die ich bereits in den anderen staatlich finanzierten, katholisch beeinflussten Schulen durchgesetzt hatte, in denen ich unterrichtet hatte: Die Schüler sollten alles, was angeboten wird, probieren und dann so viel essen dürfen, wie sie wollen. Auf diese Weise bekommt jedes Kind eine ausgewogene Mahlzeit, und kaum etwas wird verschwendet. Das ist für die katholischen Schwestern wichtig, denn die meisten von uns haben schon in der Kindheit von den weltweit hungernden Kindern gehört.

Die Köchinnen der St. Charles School hatten sich ein geniales System ausgedacht, um die unvermeidlichen und zugleich unlösbaren Streitigkeiten zwischen Lehrerinnen und Schülern bezüglich des Essens zu unterbinden. Die Schüler konnten den Essensausteilern sagen, wie viel sie von jeder Sache wollten: eine Bohne, eine halbe Kartoffel, zwei Salatblätter, vier Erbsen. Meine Aufgabe war es dann sicherzustellen, dass sie aufaßen, was sie sich hatten auftun lassen.

Eines schicksalhaften Tages aber weigerte sich Nathan, der im Unterricht nie Schwierigkeiten bereitete, ein kleines Stück Fisch zu essen. Auch nach dem Mittagessen weigerte er sich bis zum Ende der Pause, in der wir dort sitzen geblieben waren, bis er aufgegessen hätte. Als ich ihm anbot, es nochmals aufzuwärmen, schüttelte er entschieden den Kopf. Dann klingelte die Glocke zum Unterricht.

Ich fühlte mich langsam grausam und dumm. Und das war ich ja auch tatsächlich. Das kommt davon, wenn Schwestern, die normalerweise freundlich sind, Regeln durchzusetzen haben. Zumindest weinte er nicht.

Schließlich setzte sich Dorothy Spotted Bear, die eine der Oberköchinnen war, neben mich. Sie war mit dem Servieren und Abräumen des Essens fertig und stellte ihr eigenes Essenstablett auf den Tisch.

»Schwester«, sagte sie, »Fisch ist für Nathans Familie Medizin. Es ist ihr Medizintier. Sie dürfen ihn nicht essen. Wenn sie es doch tun, macht sie das krank. Das hatten wir vergessen, als wir ihm welchen auftaten, und er war nur zu schüchtern, um etwas zu sagen.«

Sie entschuldigte sich bei Nathan und sagte ihm, es täte uns leid, dass er nicht hatte mit den anderen spielen können. »Hast du Hunger?« Er schüttelte schnell den Kopf. »Na gut, dann geh schon mal vor und wirf ein paar Körbe, bevor du in deine Klasse gehst.«

»Medizin?«, fragte ich, als Nathan fort war.

»Ja. Vor langer Zeit hat jemand in seiner Familie etwas von einem Fisch geträumt, der die Familie wissen ließ, dass Fische ihnen immer helfen und sie beschützen würden. Daher essen sie aus Respekt nie Fisch«, sagte sie noch und wollte Nathans Tablett wegräumen.

Ich nahm es ihr ab, damit sie ihr Mittagessen beenden konnte. Gemeinsam sahen wir dem kleinen Drittklässler zu, wie er seinen Ball geschickt prellen ließ, den Korb verfehlte und dann an der Turnhalle entlang zum Unterricht rannte.

»Ich kann doch unmöglich je für unsere Kinder eine gute Lehrerin werden«, sagte ich, den Tränen nahe, eines Tages, als die Schule aus war, in der Küche zu Pauline. »An vielen Tagen ist mir nach dem Unterricht zum Weinen zumute. Ich war immer kompetent und selbstsicher und mochte das Unterrichten. Hier fühle ich mich ganz anders. Irgendwie gehe ich alles völlig falsch an. Es tut mir wirklich leid.«

Sie hatte einen Hackbraten und Kartoffeln in den Ofen geschoben, und wir waren dabei, Karotten zu schälen und zu raspeln, Sellerie und Tomaten klein zu schneiden und Salat zu machen. Rote Bete köchelten auf dem Herd.

»Du lebst in einer anderen Welt, Marya, fast wie in einem anderen Land. Das ist schwer zu verstehen, weil wir hier ja trotzdem in Amerika sind. Aber in vieler Hinsicht ist es nicht das Amerika, das wir kennen. Ich habe auch anfangs ein paar schwerwiegende Fehler gemacht, obwohl ich durch meine Jahre in China schon viel über kulturelle Unterschiede wusste. Ich weiß nicht mehr, womit es anfing, aber eines Tages machte ich einen Jungen so böse, dass er mich in die Wange biss.«

Das verschlug mir den Atem. Doch nicht die sanftmütige Pauline, die nie die Stimme erhob.

»Ja, ich hatte einen ganz schönen Bluterguss.« Kopfschüttelnd brachte sie ein schiefes Lächeln zustande. »Lass es ruhig angehen. Du wirst es schon lernen. Es braucht nur eine Weile, und die Kinder wissen, dass sie dir wichtig sind.«

Dolores kam herein und setzte sich. Sie war in dieser Woche an der Reihe, den Tisch zu decken. Sie hatte im Wohnzimmer Zeitung gelesen und uns gehört.

»Ich hab auch eine Weile gebraucht. Die Kinder sind klug und wollen lernen. Du musst dir nur selbst beibringen, langsamer zu sprechen. Gib ihnen genug Zeit, damit sie in ihrer eigenen Sprache denken können. Lass zu, dass sie sich gegenseitig helfen. Versuch dich in ihre Welt und ihr Denken hineinzuversetzen. Wir haben ein paar Bücher über Häuptling Plenty Coups, die Medizinfrau Pretty Shield und die Geschichte der Crow, die du vielleicht lesen magst. Entspann dich. Und denk dran zu lächeln.«

Ich hatte festgestellt, dass Dolores sehr oft lächelte.

Und dann kam ich in Konflikt mit dem katholischen Dogma und anderen Lehren. Als Teil meiner Einführung in ihre Kultur lernte ich die Schöpfungsgeschichte der Crow. Ich stellte fest, wie wohlwollend sie war, dass die Menschen aus Schlamm entstanden waren, den eine mutige, besonders tief tauchende Ente vom Grund eines Sees aufgesammelt hatte. Die neu geformten Menschen erwachten auf einem Floß und gelangten bald ans Ufer. Der Schöpfer der Erde verbot den Menschen nichts. Sie begingen keine Erbsünde.

Ich war durchdrungen von dem katholischen Dogma, nach dem den ersten Menschen die Frucht eines bestimmten Baums verboten worden war. Sie hatten gesündigt, waren zur Strafe aus dem Paradies vertrieben worden und mussten nun erlöst werden. Diese Ursünde befleckte jedes Kind, wenn es zur Welt kam. Zumindest hatte ich das bisher geglaubt. Wenn die Menschen an eine Schöpfungsgeschichte ohne Ursünde glaubten, benötigten sie doch weder Erlösung noch Jesus. Wie sollte ich hier etwas über Jesus lehren? Eine Schöpfungsgeschichte ohne Ursünde war für mich so gut wie unvorstellbar.

In einem Jahr brachte Dora, eine Crow, zu Weihnachten den ehrenamtlichen Hilfslehrern und mir einige Weihnachtslieder der Crow bei. Wir übten einen Monat lang jede Woche. Laut Plan sollten wir den Kindern diese Crow-Lieder für das Weihnachtsprogramm und die Mitternachtsmesse beibringen. Es machte mir Spaß, meine Zunge mit den komplizierten, aber rhythmischen Crow-Wörtern zu üben. Dora schien es Freude zu bereiten, uns zu coachen und die tiefere Bedeutung der Wörter, die wir lernten, zu erklären. Die Stunden waren munter und lustig.

Eines der Lieder, das wir lernten, war »Away in a Manger«.

Dora erklärte uns, dass das Wort auf Crow, das für die Beschreibung des »kleinen Herrn Jesus« verwendet werde und in diesem Lied vorkomme, »bemitleidenswert oder hilflos« bedeute. Sie fuhr fort: »Wir haben kein Wort für ›Herr‹, wisst ihr. Jesus war einfach wie wir, wenn wir geboren werden. Unserem Glauben nach«, fuhr sie freundlich fort, »werden Menschen nicht mit einer Sünde oder einer Schwäche dafür geboren, Falsches zu tun. Stattdessen sind wir einfach nur bemitleidenswert oder hilflos. Wir brauchen eine Menge Fürsorge und Belehrung, damit wir zu gutherzigen Menschen heranwachsen können. Die Güte ist ja schon bei der Geburt in uns angelegt. Wir brauchen nur Hilfe. Unsere Eltern und Verwandten, die Tanten und Onkel unseres Stamms, die Tiere, Pflanzen, Traumgeschenke und die Welt der Geister helfen uns.«

Einfach nur bemitleidenswert. Ich musste lächeln.

Beim Abendessen fragte ich die anderen Schwestern danach. Ja, sie hatten von der Schöpfungsgeschichte der Crow gehört. Ja, sie wussten, dass es darin keine Lehre von einer Erbsünde gab.

»Das stimmt«, sagte Dolores. »Deshalb brauchten sie ja die Missionare, damit sie ihnen die Bibelgeschichte beibrachten.«

Und wozu sollte das gut sein?, fragte ich mich. Stattdessen sagte ich: »Das macht es irgendwie kompliziert. Wie können wir da noch betonen, dass Gott Jesus als Erlöser geschickt hat, der für unsere Sünden stirbt? Warum sollten sie überhaupt ein Interesse an Jesus haben?«

Damit war das Gespräch beendet. Dieses so zentrale katholische Verständnis von Jesus konnten sie nicht infrage stellen.

Ich dachte monatelang darüber nach. Schließlich erinnerte ich mich an einen Kurs zur franziskanischen Theologie während meines Noviziats. Schwester Estelle hatte uns beigebracht, ein wesentlicher Bestandteil der franziskanischen Theologie stamme vom heiligen Bonaventura, einem gelehrten Franziskaner, Bischof und Kirchenlehrer. 1588 erklärte Papst Sixtus V. ihn in Anerkennung der Bedeutung seiner theologischen Schriften und seiner Betonung der leidenschaftlichen Liebe Gottes zur Menschheit und aller Schöpfung zum *Doctor seraphicus*. Dies war mir als eines der wenigen Details aus dem damaligen Unterricht im Gedächtnis geblieben.

Bonaventuras Theologie ist zwar sehr komplex, aber Schwester Estelle hatte die Gabe, sehr einfach und klar zu unterrichten. Vor ihrem Unterricht hatte ich noch nie von Bonaventuras Lehren gehört. Mich verwirrte, was wir dort lernten, denn es schien mir im Widerspruch zur traditionellen katholischen Lehre zu stehen, an die ich mein Leben lang geglaubt hatte. Aber es war wunderschön und ergab für mich einen Sinn. Und schließlich hatte ein Papst Bonaventuras Werk anerkannt.

Schwester Estelle erklärte, der heilige Bonaventura habe gelehrt, dass Jesus auf die Erde gekommen sei, um die Liebe Gottes zu verströmen, und dass Gott die Erbsünde nicht benötigt habe, um seine Liebe für die Welt zu manifestieren. Warum sollten wir so etwas überhaupt denken? Bonaventura zufolge ging es eher um die bedingungslose Liebe Gottes zur Menschheit und zu aller Schöpfung. Jesus war demnach nicht vornehmlich der menschlichen Sünden wegen geboren, sondern wegen Gottes Liebe. Infolge unserer menschlichen Schwäche ist Jesus Mediator, Lehrer und Heiler für uns und zeigt uns, was es bedeutet, ganz und gar Mensch zu sein und in Gottes Liebe zu leben.

Also eine Art Helfer für die bemitleidenswerten und hilflosen Menschen, überlegte ich, und die Crow schienen es schon lange, bevor wir kamen, gewusst zu haben.

Sprache. Überraschenderweise begegnete mir im Land der Crow die Sprache. Ich gewöhnte mich daran, mittags bei den Schülern und dem Personal zu sitzen und ihnen einfach nur zuzuhören, während sie sich auf Crow unterhielten. Ich nahm den Rhythmus und die Kadenz der Sprache auf. Und badete in der melodischen Schönheit der neuen Klänge.

Ich wollte sie auch sprechen lernen, aber die anderen Schwestern rieten mir davon ab, weil sie meinten, es sei sehr schwierig und zeitraubend. Es gab weder Bücher noch Tonbänder. Es gab kein Wörterbuch und keine Grammatik. Sie konnten das Wort, das die Crow verwendeten, um Menschen zu begrüßen – Shodagi! –, und sonst nichts.

Ich hatte Latein, Griechisch und Französisch gelernt, allerdings vor allem in Form von Grammatik und auswendig gelernten Vokabeln und nicht, um die Weltsicht eines Gegenübers zu verstehen. Einer der Priester, der Crow lernte und es unbedingt auch selbst sprechen können wollte, erklärte mir bei einem Treffen: »Sprache ist die Matrix der Kultur.« Matrix, abgeleitet vom lateinischen Wort für Mutter. Allgemein bezeichnen wir die erste Sprache eines Menschen als »Muttersprache«. Die Sprache ist etwas Ursprüngliches, sie ist so ursprünglich, alt und lebendig wie die DNS – ein Teil des Lebens, von der Mutter geschenkt.

7

SCHWITZHÜTTE
BEI FAMILIE
BIG DAY

Lobt (den Herrn), (…) lobt ihn,
Sonne und Mond, (…) ihr Berge, (…)
ihr Tiere (…) und ihr gefiederten Vögel (…).

PSALM 148: 3, 9, 10

Lange bevor ich Heywood und Mary Lou Big Day kennenlernte, hatte mir schon ein Ehepaar aus Missouri von ihnen erzählt. June und Arnold Hart waren über das soziale Freiwilligenprogramm VISTA für ein Jahr nach Pryor gekommen, um Gartenarbeit zu unterrichten. Die beiden wohnten hier in einem winzigen Haus, das früher einmal das Zuhause von Heywood und Mary Lou gewesen war. Wir luden sie ab und an zu unseren Mahlzeiten im Kloster ein. Manchmal blieben sie auch über Nacht, wenn bei einem der Winterstürme in ihrem Haus Strom und Heizung ausfielen. Wir hatten einen holzbefeuerten Kamin.

Sie beschrieben Heywood und seine Angehörigen als Familie, die nach den Traditionen der Crow und der Weisheit der alten Bräuche lebte. Sie sagten, Heywood arbeite hart, um seine Frau und die vier Söhne zu versorgen. Sie erzählten auch von seiner

Schwitzhüttenzeremonie, die sich an alle traditionellen Regeln hielt. Beide nahmen so oft wie möglich daran teil.

Das ganze Jahr über sah ich mehrmals in der Woche eine Rauchsäule aus dem Garten der Big Days aufsteigen. Heywood und seine Söhne erhitzten in einem ordentlichen Lagerfeuer die Steine für die Zeremonie. Männer aus dem ganzen Tal versammelten sich dort, sobald sie den Rauch sahen, um mit ihm zu beten und Heilung für ihre Leiden zu suchen.

Das genügte, um mich noch mehr zu verunsichern, und ließ mich davor zurückschrecken, Heywood anzusprechen, wenn ich ihm auf der Post oder zusammen mit seiner Frau bei lokalen Powwows der Crow mit ihren traditionellen, von Trommeln begleiteten Tänzen begegnete. Die Powwows wurden in Hörweite des Klosters in einem Betongebäude gegenüber der Schule auf der anderen Seite des Flusses abgehalten. Ich lächelte immer nur, wenn ich auf die Big Days traf, nickte respektvoll und schaute schnell zu Boden. Ich wusste nicht, was ich hätte sagen sollen.

Anders der neue Pastor Pater Randolph Graczyk. Er kam in meinem zweiten Jahr in Pryor zu uns und hatte ein Jahrzehnt im Crow-Reservat in Lodge Grass, Montana, gelebt, einer Gemeinde, die fast 130 Meilen entfernt lag. Da er Heywood bereits begegnet war, fuhr er einfach direkt hinüber zum Haus der Big Days, stellte sich erneut vor, nahm die angebotene Tasse Kaffee entgegen und hörte sich an, was Heywood zu sagen hatte. Schon bald fuhr er, wenn er mit dem Fernglas aus dem Wohnzimmerfenster schaute und den Schwitzhüttenrauch entdeckte, die eine Meile auf der von tiefen Rillen durchzogenen unbefestigten Straße zum gemeinsamen Gebet und nahm danach an der von Mary Lou bereiteten Mahlzeit teil.

»Mary Lou hat mir gesagt, dass du am Samstag mit ihr und den anderen Frauen zum Schwitzen kommen kannst«, sagte mir Randolph eines Mittwochs nach der Messe. »Warum rufst du nicht Schwester Claver an und fragst sie, ob sie mit dir geht?«

Claver lebte in der 90 Meilen hinter den Bergen gelegenen St. Xavier Mission School. Ich hatte mitbekommen, wie sie begeistert von ihren zahlreichen »Schwitzereien« erzählte. Ebenso Pater Randolph. Beiden Geschichten über die Schwitzhütten entnahm ich, dass diese Zeremonien Vertrautheit und Vertrauen unter den Teilnehmern schufen. Außerdem schienen sie die Heilung von Körper, Seele, Herz und Geist zu fördern. Sowohl Claver wie Randolph bezeichneten die Schwitzzeremonie als eine wichtige, tief mit der spirituellen Tradition der Crow verwobene und von den Menschen in Ehren gehaltene Form des Gebets.

Dank des Jahres, das ich nun bereits in Pryor lebte, fühlte ich mich durch alles bereichert, was ich über die Kultur und Tradition der Crow gelernt hatte. Ich wollte alles lernen, was die Menschen mit mir teilen mochten, denn ich war überzeugt, dass es aus mir eine bessere Lehrerin machen würde, und es sprach mich auf irgendeine Weise tief im Herzen und in meiner spirituellen Suche an. Auch wenn mich diese spirituelle Zeremonie, die so anders war als alles, was ich bisher kannte, verunsicherte, wollte ich an dieser Art zu beten teilhaben. Keine der anderen Schwestern in Pryor hatte je in der Schwitzhütte gebetet. Und dann war da ja noch Claver. Ich vertraute darauf, dass sie gern mitkommen und mich unterstützen würde. Noch am selben Abend rief ich sie an.

Sie kam früh am Samstagmorgen mit schneeweiß eingegipstem Handgelenk samt Unterarm.

»Natürlich kann ich in die Schwitzhütte! Ich wickle dieses Ding einfach in Plastiktüten. Die Zeremonie wird mir helfen, meine Knochen zu heilen. Es ist wirklich eine kraftvolle Art zu beten, Marya. Nicht nur Geist und Stimme, sondern dein ganzer Körper wird zum Gebet. Es ist etwas sehr Heiliges.« Sie schürzte die

Lippen, kniff die Augen zusammen und nickte wissend. Die Erinnerungen an das Beten in der Schwitzhütte schienen wieder ganz präsent für sie zu sein.

»Direkt vor der Schwitzhütte ziehen wir uns nackt aus und krabbeln hinein. Keine Sorge: Die Männer werden im Haus sein und essen. Und was die Frauen angeht, sieht keine die anderen an. Körper sind nichts als Natur. Hast du alles, was du brauchst? Handtuch, Waschlappen, Taschentuch? Mir läuft dort immer die Nase.«

»Du willst da mit gebrochenem Handgelenk reinkrabbeln?«, fragte ich.

»Die Frauen werden mir helfen. Ich rutsche auf dem Po rein und bleib in der Nähe der Tür. Du gehst vor mir und setzt dich neben mich. Ich erklär dir dann nach und nach alles.«

Als wir kamen, waren schon einige Frauen zusammengekommen. Wir stellten uns vor. Ein paar waren Verwandte von Mary Lou. Andere kannte ich aus der Kirche. Wir zogen uns schnell aus und legten unsere Kleider auf alte Sofas, auf denen Decken ausgebreitet waren, die dem Schwitzhüttenbereich ein Gefühl von Heimeligkeit gaben. Dann liefen wir still zur Schwitzhütte hinüber.

Ich war ein wenig schüchtern und unsicher, aber nicht besonders verlegen. Ich wusste, dass die Crow-Frauen sehr bescheiden waren. Sie hatten hohe Ansprüche an angemessene Kleidung: stets bedeckte Knie, keine tief ausgeschnittenen Blusen. Die alten Frauen in ihren traditionellen Gewändern, bestehend aus einer langärmeligen Baumwollbluse, einem langen Rock und einem Umhängeschal, der mit einer großen Sicherheitsnadel befestigt wurde, waren wie Nonnen verhüllt.

Als ich nackt am Feuer vorbei auf die Schwitzhütte zuging und die Hitze auf meiner Haut spürte, war ich überrascht, wie klein und unbedeutend ich mir plötzlich vorkam. Dies alles war Gottes

Natur: das Feuer und die Steine, die nackten Füße auf der kalten Erde, mein Körper. Ich bückte mich, um in die dunkle Schwitzhütte zu kriechen, die mir wie eine Gebärmutter vorkam.

Dank Clavers Sitzplanung landete ich fast im hintersten Teil der heimeligen Hütte, wo es am wärmsten wird, wie ich später erfuhr. Die stattliche alte Frau, die das Schwitzhüttenritual anleitete, saß, als wir eintraten, links unmittelbar neben der Tür. Daneben Claver. Beide nahmen eine Menge Platz ein. Zusammen mit uns krochen auch die anderen Frauen in die Hütte, bis jeder Platz besetzt war. Wir saßen an den Seiten der niedrigen, kuppelförmigen und mit einer Plane abgedeckten Hütte im Kreis. Geflochtene Weidentriebe, die mit Schnüren befestigt waren, bildeten ihr Grundgefüge, das in gewisser Weise einem umgedrehten Korb ähnelte.

Saubere Decken und Laken waren über den Boden gebreitet. Jede hatte sich auf ihr selbst mitgebrachtes Handtuch gesetzt. Rechts von der Tür befand sich eine große, tiefe Grube, die sich schon bald mit rot glühenden Steinen füllte. Direkt dahinter war eine Metallplatte an die Hütte gelehnt worden, um die Plane zu schützen und die Hitze zurückzuwerfen.

Funken schossen himmelwärts, als eine Frau brennende Holzscheite mit einer Mistgabel von den Steinen herunterschob. Sie suchte einen Stein aus, hievte ihn mit der Mistgabel vom Feuer hoch, schlug ihn auf einem Baumstumpf auf, um alle Restkohle zu beseitigen, und ließ ihn dann mit einem dumpfen Schlag in die Grube fallen. Er war fast so groß wie ein Basketball. Einen nach dem anderen fügte sie weitere Steine hinzu, bis die Grube nahezu voll war. Mit jedem Stein wurde es heißer in der Hütte. Entschieden heißer, dabei hatten wir noch gar nicht angefangen.

»Keine Sorge«, sagte Claver, »es wird zwar viel Dampf geben, wenn sie Wasser auf die Steine schüttet, aber hier ist immer genug Luft zum Atmen. Wenn es dir in der Nase brennt, halte dir einfach deinen feuchten Waschlappen davor und atme durch ihn hindurch. Die Schwitzhütte ist oben und an den Seiten am heißesten. Daher werde ich mein gebrochenes Handgelenk in die Hitze hinein hochhalten. Das wird ihm helfen zu heilen.«

Wenn es mir in der Nase brennt?

Sie winkelte ihr Knie so an, dass sie den Ellbogen aufstützen konnte, und hob die Hand zum niedrigen Hüttendach hoch. Die Plastiktüten knisterten.

»Vorsicht, Schwester«, mahnte Mary Lou. »Marya, hilf ihr, den Arm hochzuhalten.«

Der eingegipste Arm war wirklich schwer, der Gleichgewichtswinkel nicht gerade günstig. Im gedämpften Licht konnte ich kaum sehen, was ich tat. Die Leiterin signalisierte den Beginn der Zeremonie, indem sie betend die Schöpfkelle mit Wasser zum Abendhimmel hochhielt.

Sie spritzte Wasser auf die Steine. Es zischte und explodierte zu Dampf. Die Feuer-und-Steine-Frau ließ schwere Planen vom Türrahmen herab, sodass wir nun in absoluter Dunkelheit in einer heißen Höhle saßen.

Die anderen Frauen erzählten nacheinander von kranken Verwandten, von einem Sohn, der wieder im Gefängnis saß, von einem Ehegatten, der endlich einen Alkohol- und Drogenentzug machte, einem Baby im Krankenhaus, einer Tochter, die verzweifelt Arbeit suchte. Eine der Frauen weinte leise vor sich hin. Das Baby war ihr erstes Enkelkind. Andere trösteten sie und summten ein tiefes Stöhnen. Die Leiterin besprengte die Steine mit weiterem Wasser. Mary Lou bat sie zu beten.

Der Dampf versengte mir Nase und Ohren. Ich tastete in den Laken nach meinem Waschlappen. Es wurde weiter gebetet und geweint.

Dann war Stille. Die tüchtige Feuer-und-Steine-Frau hievte die Türplanen über das Hüttendach. Kalte Luft strömte herein, der Nachthimmel funkelte. Die erste Runde war zu Ende. Drei weitere standen noch aus.

Die Frauen unterhielten sich gedämpft.

»Wie geht's dir, Marya?«, fragte Claver, während sie ihr gegipstes Handgelenk in eine bequemere Position senkte. »Du weißt doch, dass die Vier für die Crow eine heilige Zahl ist, oder? Bei der Vier geht es um den gesamten Lebenszyklus: Säuglingsalter, Kindheit, Erwachsensein und Alter. Und um die vier Jahreszeiten. Und die vier Richtungen, die alles einschließen! Alles besteht aus Vieren. Deshalb umfasst unsere Zeremonie in der Schwitzhütte mit vier Runden im Miteinander-Teilen und Gebet das gesamte Leben, den ganzen Weltraum und alle Zeit.«

»Apropos Zeit«, sagte ich. »Wie lange geht das hier?«

»Keine Ahnung. Das hängt davon ab, wie lange jede betet. Normalerweise dauert es ungefähr anderthalb Stunden.«

Ich entspannte mich in der kühleren Luft, die jetzt in die Hütte strömte. Die Feuer-und-Steine-Frau hatte weitere Holzscheite auf das Feuer geworfen, das nun einen sanften Schein in die Hütte warf. Ich merkte, dass mir das Nacktsein gar nichts mehr ausmachte. Es hatte keinerlei peinliche Neckereien über unsere Körper gegeben. Die Frauen saßen bequem da und redeten leise, mal einfühlsam, mal scherzhaft miteinander. Im Zusammensein mit ihnen fühlte ich mich angenommen. Geschützt. Natürlich.

Die gesamte zweite Runde über achtete Claver darauf, ihren eingegipsten Arm stets nah an die höchste Stelle der Hütte zu halten, wo die Luft am heißesten war. Ich half ihr so gut ich konnte, aber durch den Dampf und die Hitze fühlten sich meine Muskeln wie Gummi an. Ich wollte mich nur noch in das Geschaukel der gesprochenen Worte und die einhüllende Wärme sinken lassen.

Ich hörte das Wasser gurgeln, als die alte Frau noch mehr davon aus dem Eimer schöpfte. Der Dampf breitete sich in der Hütte aus, floss mir den Rücken hinunter und drang in jede Pore. Plötzlich bestand das ganze Universum nur noch aus Hitze.

Weitere Gebete folgten, und wieder wurde die Türplane für lindernde Kühle hochgeschlagen. Dann erneut heiße Steine, die Plane vor der Türöffnung, Dampf und Gebete. Unsere Art zu beten schien hier sehr weit weg zu sein. Claver war mein Anker zum Altvertauten.

In der vierten und letzten Runde erklärte Claver, ihr Handgelenk sei geheilt. Ich sackte auf dem Laken zusammen. Diesmal redeten die Frauen untereinander auf Crow. Ich betete ums Überleben.

Mary Lou fragte: »Schwester Marya, bist du wach? Du hast noch gar nichts gesagt.«

»Oh weh.« Ich lachte verlegen. Dann fingen wir alle an zu kichern, und nichts auf der Welt konnte schöner sein. Claver schaffte es irgendwie, mich in eine schweißnasse Umarmung zu schließen.

Wieder wurde die Türplane hochgeschlagen. Schweißgebadet trat ich unter das sternenübersäte Himmelszelt hinaus in die kalte Nachtluft.

»Wenn du möchtest, Schwester, kannst du in den Bach springen«, sagte Mary Lou. »Heywood und die Jungs haben Stufen in den Lehm geschlagen. Das Wasser ist zwar kalt, fühlt sich aber gut an. Tauch ganz unter, am besten schnell. Und dann komm wieder hoch.«

Auch die anderen Frauen ermutigten mich, es zu versuchen. Ich hatte Angst. Aber ich ließ mich die rutschigen Stufen herab in den eisigen Bach gleiten und schnappte nach Luft. Wieder schnappte ich nach Luft. Mein ganzer Körper prickelte, zum Leben erwacht. Endlich hatte ich genug Luft, um zu jauchzen.

Wieder am Ufer, zeigte mir jemand einen Platz auf einem der Sofas zum Hinsetzen. Ich tat es den anderen Frauen nach und wickelte mich in ein Handtuch. Die Feuer-und-Steine-Frau brachte mir einen Eimer warmes Wasser für meine Füße. Und dann saßen wir einfach nur da und entspannten uns. Schließlich zogen Claver und ich uns wieder an und kehrten zum Kloster zurück.

Pater Randolph gab mir mehrmals im Monat Bescheid, wenn Heywood und Mary Lou wieder eine Schwitzhütte machten. Diese Information war stets eine Einladung. Ich ging so oft hin, wie es mir die Schule und andere Verpflichtungen erlaubten. Einmal hatte ich eine scheußliche Erkältung mit Nebenhöhlenentzündung. Während ich mit der Stirn am Boden kniete, rieb mir die Leiterin der Zeremonie den Rücken an bestimmten Stellen ein und betete leise für mich. Am nächsten Morgen wachte ich symptomfrei auf.

Mary Lou nähte mir ein goldenes Schweißtuch in der Größe eines Strandtuchs, das sie mit einem breiten, mit roten, lila und orangefarbenen geometrischen Mustern bedruckten Band umsäumte. Eine der anderen Frauen schenkte mir einen überdimensionierten Waschlappen aus einem dünnen Stoff. Ich hielt beides zusammen mit Seife, weiteren Waschlappen und extra Taschentüchern in einer Stofftasche griffbereit.

Nach der Schwitzhütte kam ich immer erst nach Einbruch der Dunkelheit spät nach Hause. Die anderen Schwestern ließen dann stets das Klostertor offen und das Licht auf der Veranda brennen. Diese einfache Aufmerksamkeit fühlte sich wie ein Segen zum Abschluss der Zeremonie an.

Wir Katholiken haben uns daran gewöhnt, uns von Geschenken der Erde beim Gebet helfen zu lassen: vom Wasser, Feuer, Weizen, von Weintrauben, glimmendem Harz, aus Oliven gepresstem Öl, aus Felsen gewonnenem Salz, Bienenwachs. Aber ich war überzeugt gewesen, dass es Gott mehr auf die Anstrengung des Menschen ankam zu beten, auf unsere Worte, Lieder und unser Schweigen. Ich war schockiert, als ich – dank der Schwitzhütten und all der Stunden im Gebet mit feuererhitzten Steinen und Wasser aus dem Bach – begriff, dass diese Geschenke der Erde nicht nur Beitaten waren, sondern in Wahrheit *die Essenz* meines Gebets bildeten. Und der Schweiß, der mir den Körper herunterrann, wurde zum inbrünstigst ausströmenden Gebet, das ich je erlebt hatte.

Die Schwitzhütte der Big Days war am Nordufer des Pryor Creek gelegen. Der Bach hat seine Quelle im Schnee der Pryor Mountains und bewässert in seinem Verlauf Heuwiesen, füllt die Wassertröge für das Vieh und bot genau hier den Männern und Frauen nach der Schwitzhütte ein kaltes Bad. 40 Meilen weiter im Norden fließt das Wasser aus dem Land der Crow in den Yellowstone River und von dort in den Missouri und Mississippi. Manchmal dachte ich, dass unsere Schwitzhüttengebete vom Wasserstrom aufgenommen wurden, gen Osten und Süden durch den Kontinent hindurchflossen und auf ihrem Weg Menschen, Farmen, Berghänge, Täler und große Städte bis hin zum Golf von Mexiko segneten.

8

ADOPTION ALS CROW

Alles, was wir tun,
tun wir mit unserer menschlichen Zerrissenheit
in Gemeinschaft mit anderen,
und wir sprechen ein Wort der Hoffnung.

ORDENSREGEL UND SATZUNG DER
SISTERS OF ST. FRANCIS, ABSATZ 16, VISION UND REISE

»Du brauchst keine Angst vor uns zu haben, Schwester«, sagte Gwennie zu mir. »Erzähl uns nur, wie sich Fred und Dorcella im Unterricht machen.«

Gwennie und Larry Plain Bull saßen nach der Sonntagsmesse mir gegenüber am Tisch, wir tranken Kaffee und aßen Doughnuts. Ich wich ihrer Frage aus, erzählte nur allgemein, wie sehr sich ihre Kinder bemühten, wie gut sie zuhörten und wie viel Freude es mir machte, sie in der Klasse zu haben.

»Gut«, sagte ich. »Sie haben das Glück, ihre Muttersprache fließend sprechen zu können, auch wenn es das Englisch-Lesen für sie vielleicht zu einer größeren Herausforderung macht als für Kinder, die Englisch als Muttersprache haben. Zugleich haben sie den Vorteil, zwei Sprachen verstehen und sprechen zu können, weil sie damit die Welt auf zwei Arten verstehen, auf zwei

Arten denken können und mehr Wörter zur Verfügung haben als die Menschen, die nur eine Sprache sprechen. Ihr habt ihnen dadurch, dass ihr ihnen ihre Sprache gegeben habt, einen Vorteil verschafft.«

Ich redete zu viel. Das wussten sie ja alles. Gwennie ging zur Uni, um Lehrerin zu werden. Vielleicht war es hilfreich, wenn ich ihnen sagte, dass ich darüber Bescheid wusste und ihre Sprache schätzte. Ich stand auf, um neuen Kaffee zu holen und legte weitere Doughnuts auf den Teller. Dann setzte ich mich wieder und redete stockend weiter.

»Als ihre Lehrerin ist es meine Verantwortung zu lernen, wie ich ihnen beibringen kann, selbstbewusster das Englische zu verwenden und es in kleinere Teile aufzuschlüsseln, damit sie es leicht lesen lernen. Letztes Jahr haben Schwester Wilhelmina und Schwester Phyllis eine neue Leselernmethode für Kinder eingeführt, deren Muttersprache nicht Englisch ist. Mir gefällt die Methode sehr, weil ich sehe, dass Fred und Dorcella Fortschritte machen. Sie scheint allen Crow-Muttersprachlern zu helfen. Und noch eins: Beide verstehen, dass Zeichen auf Papier tatsächlich Wörter sind, die etwas bedeuten. Das ist großartig! Auch englischsprachige Kinder, die ich unterrichtet habe, kamen damit nicht immer klar.«

Dieses Gespräch setzten wir bei jeder der vierteljährlichen Elternkonferenzen fort.

Als zwei Jahre darauf klar wurde, dass Schwester Phyllis ihrem Krebs erliegen würde, zog sie am Ende des Schuljahrs widerstrebend in die Krankenstation unseres Mutterhauses in Oldenburg, Indiana. Im Sommer betrauerten wir ihren frühzeitigen Tod. Der Kirchenvorstand der St. Charles Parish, der zugleich Schulvorstand war, bat mich, als Schulleiterin einzuspringen. Unser Generalrat war einverstanden, und ich sagte zu. Im Spätsommer konnte ich als neue Schulleiterin Gwennie zu meiner Freude als Mittelstufenleiterin einstellen. Sie war die erste Frau aus Pryor mit einer Lehrerausbildung.

Binnen eines Jahres machte sie bereits viele Vorschläge zur Integration der kulturellen Gebräuche der Crow in unser Schulprogramm. Einer davon bestand in der Organisation des Powwow – einer indigenen Kulturveranstaltung – für die alljährliche Feier zum American Indian Day, der immer am letzten Freitag im September von der staatlichen und unserer Schule gemeinsam gefeiert wurde. Ich vertraute ihr die zahllosen, mir völlig unbegreiflichen Details an, die mit einem Powwow einhergingen. In diesem Jahr plante sie etwas für mich vollkommen Unvorhersehbares.

Wie immer am American Indian Day herrschte in der Schule ein einziges Gedränge von Besuchern aus der Umgebung ebenso wie Eltern und Kindern, allesamt traditionell gekleidet für die Tänze. Die Korridore hallten vom Klingeln der Schellen der Tänzer wider und leuchteten in allen Farben der Erde. Unsere Schüler hatten sich von Kindern in Jeans und T-Shirts in stolze Native Americans in wunderschön gefertigten Kleidern und Schals, Leggins, Hemden und Westen, mit kunstvollem Perlenschmuck und Kopfbedeckungen mit Adlerfedern, Reifröcken und Fächern verwandelt. Die Mädchen in ihren Hirschlederkleidern, mit sorgfältig gefalteten Schals und schwingenden Fransen liefen aufrecht daher. Die Jungen in ihren Leggings und Westen sprangen oder stolzierten, das Beifußhuhn imitierend, mit hüpfenden Stachelschweinstacheln zu ihren Klassenzimmern.

Ich stand vor der Tür zu meinem Büro und genoss die Vielfalt und Geschäftigkeit. Auf mich wirkte es chaotisch, aber ich hatte gelernt, dass dahinter eine mir verborgene Ordnung steckte. Als die Trommel geschlagen wurde, tanzten mehr als zweihundert Schüler von zwei Schulen in genauer rhythmischer Formation in die Turnhalle, geordnet nach Tanzstil und Kleidung. So geschah es jedes Jahr. Und jedes Jahr staunte ich.

Im Vorfeld dieses Events, das sich »Grand Entry« nannte, hatte ich mit einer Flut von Telefonaten zu tun, hieß Besucher willkommen, suchte Sicherheitsnadeln zusammen, um bei Bändern oder Verschlüssen zu helfen, die nicht halten wollten, wo sie sollten, und hoffte, dass die Trommlergruppe rechtzeitig da sein würde. Mitten in dieses Durcheinander kam Gwennie herein. Sie reichte mir eine Tasche. »Larry und ich wollen dich heute als Tochter adoptieren. Jetzt hast du zwar nicht so recht Zeit, um drüber nachzudenken, aber wir wollten dich überraschen. Hier sind deine Kleider. Lass uns doch schauen, ob sie dir passen.«

»Wie bitte?! Oh, Gwennie!« Und einen Augenblick lang stand die Welt für mich still.

Kurz nachdem Pater Randolph einige Jahre zuvor in Pryor angekommen war, hatte er mir von seiner Adoption vonseiten der Crow-Ältesten Gloria Cummins in ihre Familie erzählt.

»Diese Adoptionen sind ernst gemeint, sie kommen von Herzen«, hatte er gesagt. »Gloria behandelt mich wie einen Sohn und Familienangehörigen, und ich nenne sie Mom.«

Ich hatte gelernt, dass es für Crow-Eltern nichts Ungewöhnliches ist, Nichten oder Neffen oder gar die Kinder von Cousins und Cousinen zu adoptieren. Manchmal helfen sich die Familien auf diese Weise gegenseitig. Manchmal »schenkt« man auch, wenn man selbst mehrere Kinder hat, einer kinderlosen Schwester ein Neugeborenes zum Aufziehen. Adoptionen vertiefen die Verwandtschaftsbindungen und erweitern den Fürsorge- und Unterstützerkreis für junge Familien in Schwierigkeiten.

Nicht-Crows werden nur selten adoptiert, obgleich es auch vorkommt. Durch die Adoption eines Lehrers oder einer Ärztin drücken die Familien ihre Liebe und Dankbarkeit für den Dienst und die Fürsorge aus, die eine außenstehende Person ihnen hat zukommen lassen. Sie wollen damit der von ihnen als familiär empfundenen Verbundenheit Ausdruck verleihen.

Im Sinne des amerikanischen Rechts oder der Crow-Regierung sind solche Adoptionen nicht rechtskräftig. Sie machen die betreffende Person nicht zu einem Mitglied der Crow-Nation. Doch wird sie bei Geburtstagen und Schulabschlussfeiern oder sonstigen Feiern des Clans stets einen Platz am Familientisch haben. Außerdem lernt sie, den Clantanten und -onkels mit besonderer Achtung zu begegnen, und betet regelmäßig für die Kinder, die ihr als ihrer Clantante mit Achtung begegnen.

Vielleicht hatte ich schon durch meine eigene Familie eine Ahnung davon, was diese besonderen Beziehungen bedeuteten. Mrs. Patrick, unsere Nachbarin in Cincinnati, hatte sich mit meinen Eltern und vor allem mit meiner Mutter angefreundet, die zur Zeit ihrer Hochzeit noch immer um ihre zwei Jahre zuvor verstorbene Mutter trauerte. Mrs. Patrick wurde zu ihrer Stütze, Vertrauten und Freundin. Vielleicht sogar zu einer Art Ersatzmutter. Meine Schwestern und ich besuchten sie als Kinder gern. Sie hatte eine wunderbare Hollywoodschaukel, die drei kleinen Mädchen ausreichend Platz bot. Sie kam stets zu unseren Geburtstagsfeiern, und wir nannten sie Auntie Pat. Sie war Teil unserer Familie.

Das königsblaue Kleid passte mir hervorragend. Ebenso die knöchelhohen Mokassins, die mit blauen und lilafarbenen Blumen aus Perlen bestickt waren. Gwennie half mir, sie mit Hirschlederriemen festzubinden. Als Nächstes half sie mir beim Umlegen des breiten Gürtels um die Taille, er wurde ebenfalls mit Hirschlederriemen befestigt. Der Gürtel war schwer und mit Perlen besetzt, die wunderschöne geometrische bunte Muster bildeten. Dann reichte sie mir ein Umhängetuch und zeigte mir, wie man es faltete und richtig trug. Sie trat einen Schritt zurück, um ihr Werk zu bewundern.

»Oh!« Plötzlich war ihr etwas eingefallen, und sie wühlte in ihrer großen Handtasche. Eine einfache zweireihige Halskette mit roten und weißen Perlen kam zum Vorschein. In der Mitte hingen zwei echte elfenbeinerne Elchzähne. Sie hängte mir die Kette um den Hals. »Die hat deine Tante gemacht. In unserem Clan, dem Greasy Mouth, dürfen nur die Frauen diese spezielle Art Halskette tragen. Alle Frauen haben eine Elchzahnkette, aber die Farben und Muster sind bei jedem Clan anders.«

»Das ist mein Umhängetuch«, sagte sie. »Nach der Zeremonie wirst du es nicht mehr unbedingt brauchen, aber ich möchte es dir geben.«

Zeremonie! Ich hatte noch nie einer Adoptionszeremonie beigewohnt, geschweige denn, *aktiv* daran teilgenommen. Normalerweise versuchte ich, so unmöglich das auch war, mich bei »Aktivitäten« der Crow still unter die Menge zu mischen. Diesmal war das nicht möglich. Ich hatte keine Ahnung, was mich erwartete.

»Es ist Zeit, dass du dich in der Turnhalle zu den Lehrerinnen setzt«, sagte Gwennie. Etwas befangen ging ich an der von Eltern und Familienangehörigen dicht besetzten Tribüne vorbei. Die Fransen des Umhängetuchs schwangen bei jedem Schritt hin und her.

Bald saß ich zwischen meinen Schülern auf einem Klappstuhl am anderen Ende der Turnhalle. Es gab Ansagen auf Crow. Dann schlug ein Trommelkreis eine riesige Basstrommel an und ich hörte die englischen Worte: »Intertribal! Everybody dance!« Die Kinder und Erwachsenen aller Clans strömten auf die glänzende Fläche der Turnhalle. Sie bildeten spontan ein Rad und umkreisten sie. Während sie in Gruppen oder allein anfingen, wilde Powwow-Tänze oder feierlich die würdevollen traditionellen Tänze zu tanzen, blieben sie doch alle im gleichen Rhythmus, sodass ein harmonischer Flow entstand. Wie eine Galaxie, dachte ich.

Eine unserer Lehrhilfen, die eine Crow war, forderte mich zum Tanzen auf. Aber ich klebte an meinem Stuhl fest, verängstigt durch die nahende Adoptionszeremonie und von der Trommel und den Tänzen gebannt. Sie nickte verständnisvoll.

Als die Trommel den Tanz mit einem nachdrücklichen Schlag beendete, sagte der Ansager etwas auf Crow. Die Tänzer und Tänzerinnen räumten die Fläche. Dann begannen vier junge Männer in langen perlenbesetzten Lendenschurzen, Strumpfhosen, mit einer Menge Adlerfedern, die weitere Federn nach sich zogen, Stachelschweinstachel-Kopfschmuck und Fächern aus Adlerfedern, die Fläche der Turnhalle zu umkreisen. Mit den Füßen trommelten sie auf dem Boden; die vielen Schellen, die an ihren Beinen befestigt waren, klingelten rhythmisch dazu. Sie beugten sich leicht nach vorn und schirmten die Augen mit ihrem Fächer ab, als suchten sie nach jemandem. Vor mir hielten sie an und tanzten kurz auf der Stelle, bevor sie weiterzogen und wieder die Turnhallenfläche umkreisten. Dies wiederholte sich dreimal. Beim vierten Mal erhielt ich Zeichen, dass ich mittanzen solle. Ich stand auf und versuchte unbeholfen, dem Trommelrhythmus zu folgen, während ich ihnen durch die ganze Turnhalle nachlief. Endlich fanden sie Gwennie und Larry, die die ganze Zeit neben dem Ansager gestanden hatten. Bei ihnen waren auch Pater Randolph und ein sehr alter Mann, der weiter oben im Tal lebte.

Geführt von den vier Kriegern, trat ich vor sie. Erstaunlicherweise hatte ich den Tanzrhythmus aufgreifen können und war jetzt ausgeglichen und glücklich. Ich stand meinen neuen Eltern gegenüber und nahm meinen Platz zwischen Randolph und dem Ansager ein.

Gwennie sagte dem Ansager, was er verkünden sollte. Er redete auf Crow. Es wurde still in der Turnhalle, nicht einmal eine Schelle klingelte. Randolph, der Crow verstand, hörte aufmerksam zu.

»Du wirst von Gwennie und Larry als Tochter angenommen, weil sie wertschätzen, was du als Lehrerin und Schulleiterin für ihre Kinder getan hast«, übersetzte mir Randolph.

Aber wozu adoptieren? Lehrer waren doch dazu da, Schülern zu helfen. Vielleicht, weil ich Gwennie angestellt und unterstützt hatte. Instinktiv schätzte ich ihren Unterrichtsstil, der sich nicht so sehr an die Richtlinien katholischer Schulen hielt, sondern eher von den Traditionen der Crow beeinflusst war. Vielleicht, weil ich immer nach Gelegenheiten Ausschau hielt, um ihr zuzuhören und von ihr zu lernen, oder weil ich unsere ruhigen Gespräche in der winzigen Bibliothek mit ihr genoss, wenn ich Fragen hatte darüber, wie ich in einer Schule mit Crow-Schülern eine gute Schulleiterin sein konnte. Und vielleicht, weil ich sie einlud, unsere Schule bei regionalen Workshops zu vertreten. Doch das war es nicht, was sie den alten Mann aufforderte zu sagen. Es lag daran, wie ich für ihre Kinder Fred und Dorcella Lehrerin gewesen war. Plötzlich durchfuhr mich wie ein Blitz die Erkenntnis, dass es bei einer Adoption gar nicht um Verdienste oder Leistung ging. Es ging um das Glück, einander zu kennen. Es ging um Familie und Liebe.

»Gwennie und Larry möchten dir außerdem einen Crow-Namen geben«, fuhr Randolph fort. Der Ansager trat zur Seite, sodass der alte Mann, auf seinen Stock gestützt, sich vorbeugen und ins Mikro sprechen konnte.

»Er sagt, dass du den Traditionen der Crow und den Crow immer mit Achtung begegnet bist, und deshalb gibt er dir diesen Namen«, sagte Randolph. Er nickte langsam und hörte weiter zu. Erneut nickend schien er angetan zu sein.

»Woman with a Good Heart, Frau mit einem guten Herzen«, sagte er zu mir. »Das ist ein guter Name.«

Tränen brannten mir in den Augen, und dann lächelte Gwennie mich an, als sie mich in ein großes buntes Tuch hüllte. Larry schüttelte mir die Hand.

Was es mit dem »guten Herzen« auf sich hatte, wusste ich bereits. In den drei Jahren, die ich nun schon im Land der Crow lebte, hatte ich gelernt, dass die Menschen es als besonderes Kompliment verstanden, wenn sie sagten, dass jemand ein gutes Herz hatte; sie meinten damit, dass dieser *Mensch* gut war. Es war etwas Wunderbares, wenn man sagte, dass jemand ein gutes Herz hatte. Wenn Eltern in Sorge um die Fortschritte ihrer Kinder zu mir kamen, sagten sie manchmal: »Die Lehrerin begreift nicht, wie wir leben, und versteht unsere Sprache nicht, aber wir sehen, dass sie ein gutes Herz hat.« Die kulturelle Fehlleistung der Lehrerin wollte ich nicht entschuldigen. Zugleich lernte ich jedoch, dass ihre Bemühungen dennoch geschätzt wurden, wenn man ihr ein gutes Herz zusprach. Wie der alte Mann gesagt hatte, bedeutete ein gutes Herz, dass die betreffende Person den Menschen und der Kultur mit Achtung begegnete.

Während ich noch verarbeitete, was Randolph gerade gesagt hatte, wusste ich bereits, dass ich mir den Namen, der mir gegeben worden war, nicht zu verdienen brauchte. Ich hoffte, ich würde ihm treu bleiben. Und mit der Zeit entdeckte ich dann, wie treu er mir war, denn er lenkte und tröstete mich, als ich später versuchte, meinem guten Herzen in eine neue Spiritualität der Fürsorge für die Erde zu folgen.

»Jetzt bist du ein Mitglied des Clans der Greasy Mouth«, sagte mir Gwennie beim Essen. Wir saßen alle beisammen: Gwennie und Larry und meine neuen Brüder und Schwestern Bert, Lori, Marilyn, Fred und Dorcella. All das war nun Familie.

Gwennie fuhr fort: »Das Symbol unseres Clans ist die Sonne. Die Jäger in unserem Clan haben häufig von Tieren geträumt, die ihnen sagten, wo sie zu finden waren. Da unsere Leute deshalb immer Fleisch hatten, wurden sie Greasy Mouth genannt.« Mit dem Kopf wies sie auf die Elchzahnkette, die ich trug. »Die Halskette unseres Clans.« Sie sah sich in der Turnhalle um und zeigte mir meine Clantanten und -onkel, alles Menschen, die ich um Gebete würde bitten können.

Leute kamen herbei, um mir die Hand zu schütteln und mich mit meinem wunderschönen Crow-Namen anzusprechen. »Deine Großmutter«, sagte Gwennie. »Nenne sie Kaalé. Oh, und sieh dich vor. Der junge Mann dort gehört zu deinem *Teasing Clan*. Er darf dich jederzeit necken, ohne dass du das mit ihm tun darfst.«

Den ganzen Nachmittag trug ich meine Adoptionskleidung, selbst dann noch, als wir die Turnhalle ausfegten und ich im Büro wieder ein wenig Ordnung zu schaffen versuchte. Abends in meinem Schlafzimmer im Kloster faltete ich langsam das Umhängetuch und den Gürtel zusammen und legte sie zusammen mit den Mokassins in eine Schublade, das Kleid hängte ich in den Schrank. Ich setzte mich aufrecht ins Bett und starrte lange in die Dunkelheit.

Mir war hellauf bewusst, dass etwas Neues angefangen hatte, eine Liebe, die ich nie für möglich gehalten hatte. Sie überwand alle kulturellen Unterschiede und die Kluft zwischen zwei nicht miteinander verwandten Sprachen. Sie blickte mit Dankbarkeit für die einfache Geste, dass ich einem Sohn und einer Tochter das Lesen beigebracht hatte, auf vergangenes und gegenwärtiges Unrecht und Leid. In meinem Herzen verband es die Achtung vor den Crow mit der Achtung vor dem, was ich von meinen leiblichen Eltern über Schönheit, Tiere, Land und Fürsorge für Menschen gelernt hatte.

Eine solche Liebe ist nicht zu verdienen oder zu gewinnen. Sie ist nichts Vorläufiges. Sie steht neben dir in einem weiten Tal, vor der ganzen Gemeinschaft und sagt: »Diese Frau gehört jetzt hierher. Sie ist unsere Tochter. Sie hat einen Crow-Namen und einen Platz am Tisch, wenn die Clans zusammenkommen.«

Zieh einfach dein Crow-Kleid an, flüsterte ich mir im Dunkeln zu. Befestige den Gürtel und schnür deine Mokassins. Leg dir dein Tuch um die Schultern. Tanze.

9

EIN HEILIGES BÜNDEL WIRD GEÖFFNET

Herr, lehre uns beten.

LUKAS 11:1

Im Alter von elf Jahren wurde dem späteren Häuptling Plenty Coups, nachdem er mehrere Tage in den Crazy Mountains des heutigen Bundesstaats Montana gefastet und weder Nahrung noch Wasser zu sich genommen hatte, ein Traum geschenkt, der damit begann, dass eine Meise zu ihm geflogen kam. Dann sah er, wie die großen Bisonherden verschwanden. Diesem Horror folgte die Ausbreitung einer riesigen Herde merkwürdig gefleckter Bisons, die die Prärie überrannten und die vertrauten Bisons vernichteten, auf die die Menschen für Nahrung, Kleidung und Unterschlupf angewiesen waren.

Als Plenty Coups zum Camp und zu seiner Familie zurückkehrte, halfen ihm die Ältesten bei der Entschlüsselung seines Traums: Meisen sprechen viele Sprachen, also lehren sie die Menschen, genau zuzuhören, und das merkwürdig gefleckte Tier warnte vor einem drohenden Unheil, das das Leben der Crow überkommen würde. Dieser Traum half Plenty Coups – oder Aleek-chea-ahoosh, was so viel heißt wie »Viele Errungenschaf-

111

ten« – später, als er erwachsen war, die Crow durch Pockenepi-
demien, Hungersnot und die unvorstellbaren Verluste zu führen,
die mit dem erzwungenen Leben im Reservat verbunden waren.
Als er das Vieh des weißen Mannes sah, erkannte er den gefleck-
ten Bison aus seinem Traum wieder.

Im Jahr 1917 wurde Aleek-chea-ahoosh katholisch getauft, er
war inzwischen 69 Jahre alt. Bis zu seinem Tod 1932 ging er sonn-
tags zur Messe in die kleine Holzkirche der St. Charles Mission.
Doch beachtete er weiterhin spirituelle Crow-Praktiken wie das
Fasten und die Schwitzhütte und war für ein Bündel zuständig,
in das heilige Gegenstände eingewickelt waren. Das Bündel ist
inzwischen in einem Schaukasten des Chief Plenty Coups State
Park Museum ausgestellt. Dahinter weist ein Schild darauf hin,
dass neben hochwirksamen Kräutern und weiteren Gegenstän-
den, die für die spirituelle Reise oder die Träume des betreffenden Menschen bedeutsam waren, häufig das Fell oder die Federn
eines Tiers in dem Bündel aufbewahrt sind, das ihn beschützte.

Was sich in Plenty Coups' Bündel befindet, ist unbekannt. Es ist
seit seinem Tod nicht mehr geöffnet worden, weil niemand weiß,
wie das korrekt vor sich zu gehen hätte.

»Ich fahre am Sonntag zu einer Bündelöffnungszeremonie nach
Lodge Grass«, sagte mir Pater Randolph Graczyk eines Tages nach
dem Tagesgottesdienst zu Beginn des Frühjahrs 1976. Da er damit
offensichtlich eine Einladung aussprach, antwortete ich, dass ich
nur allzu gern mitkommen würde, aber am selben Wochenende
zu einer Schulbesprechung in Great Falls müsse. Ich hoffte, dass
sich noch andere Gelegenheiten bieten würden.

»Die Leute öffnen ihre Bündel, um die darin gesammelten spirituellen Kräfte freizusetzen und zu erneuern«, erklärte mir Randolph.
»Der Raum wird mit Zedernholz geräuchert, es wird Tabak ge-
opfert und einige Stunden lang gesungen und gebetet. Während

der Zeremonie werden Menschen geheilt, oder ihnen wird geholfen, vor allem ihr Leid auf neue Weise zu verstehen. Die Leiter der Zeremonie beten dabei für die ganze Welt. Am Ende wird das Bündel wieder sorgfältig umwickelt. Dieses spezielle Bündel wird zweimal im Jahr geöffnet: sobald sich die Blätter an den Bäumen gelb färben und nach dem ersten Donnerschlag.«

Im Herbst verstummen die Stürme gewöhnlich, es gibt nur noch den flüsternden Regen. Ein einziges Mal hörte ich im Winter einen Donnerschlag. »Hat es da gedonnert?« fragten wir einander ungläubig und schauten ins Schneetreiben hinaus. Dann donnerte es noch einmal.

Abgesehen von diesem einen Mal waren die Winterstürme stets eine stille Angelegenheit. Es können 30 Zentimeter Schnee fallen, und außer Wind ist nichts zu hören. Doch wenn die Gebirgsbäche auftauen und mit der Schneeschmelze anschwellen, wenn Tausende von Lupinen ihre purpurnen Blüten zum Gesang der wiedergekehrten Wiesenlerchen öffnen, wenn die Wolken grau und schwer ins Tal herabrollen, dann regnet es in Strömen, es blitzt und man hört Donnergrollen. Das macht den Kindern Angst, bringt die Hunde zum Jaulen und wirft uns in die Sprache des Sturms hinein.

Haben wir nicht alle schon unsere »ersten Donnerschläge« erlebt, Erfahrungen, die unsere Seele erschüttern? Wir denken über sie nach, stellen fest, wie sie an unseren vertrauten Denkmustern rütteln und Angst oder Hoffnung in uns entfachen. Schließlich packen wir diese Erinnerungen zu Bündeln zusammen, die wir im Kopf und im Herzen bewahren. Manchmal schreiben wir im Tagebuch oder in einem Brief an eine enge Freundin darüber. Fast unmerklich prägen sie unser Leben. Gelegentlich lesen wir den Tagebucheintrag noch einmal oder schlagen das Erinnerungsbündel auf. Andächtig denken wir über all das nach, was sich darin befindet, und beschäftigen uns geistig und seelisch damit. Es motiviert uns, unseren Träumen nachzugehen, und bringt sogar unsere Zukunft in Schwung. Wir wollen es an unsere Kinder weitergeben.

Während Pater Randolph erzählte, musste ich an die Donnerschläge denken, die meine traditionell katholische, deutsch-amerikanische Erziehung erschütterten. Sie bereiteten mich auf die Feiern und Zeremonien der Crow vor, »die zwar in manchem von dem abweichen, was sie (die katholische Kirche) selber für wahr hält und lehrt, doch nicht selten einen Strahl jener Wahrheit erkennen lassen, die alle Menschen erleuchtet« (Katholische Bischöfe, Zweites Vatikanisches Konzil, Oktober 1965, Nostra aetate (Erklärung über das Verhältnis der Kirche zu den nichtchristlichen Religionen), Punkt 2).

Der Indian Mound in der Nachbarschaft, der Lauf eines Eichhörnchens über meine Schultern und ein Hang voller Wildblumen rüttelten kleine Risse in die erlernten religiösen Gewissheiten, die mir den Geist überkrustet hatten. Ohne dass es mir bewusst war, hatte mein spiritueller Weg schon früh begonnen, auf dem ich die Traditionen der Crow achten und immer sensibler dafür werden sollte, dass nicht nur der Himmel, sondern auch die Erde heilig ist. Schon in der katholischen Schule, als ich täglich zur Messe ging und pflichtgetreu den Katechismus der katholischen Theologie und Morallehre auswendig lernte, hatte ich jenes andere Heilige, jenes andere Strahlen der Wahrheit erkannt und geliebt.

»Letzte Woche hat es gedonnert«, erklärte Randolph abschließend. Selbst ich hatte es bemerkt. Der Donner hatte den Frühling angekündigt und mich nach dem langen Winter aufgeweckt.

Es war Montag. Der Pater war sicher mit einer Geschichte zurückgekehrt. Ich ging hinüber zu dem Tisch in der Ecke der Turnhalle, an dem er stets zu Mittag aß, und setzte mein Tablett mit den Spaghetti mit Tomatensoße, Sylvias selbst gemachten Brötchen, grünen Bohnen aus der Dose und gelber Götterspeise ab.

»Wie war's gestern Abend?«, fragte ich. Kinder und Bälle sprangen um die Tische herum.

Er lehnte sich zurück, schaute sich um und strich sich langsam über den kurz geschnittenen Bart.

»Die Familie hat dieses Bündel seit der Zeit, als ihre Vorfahren noch frei den Bisons hinterherzogen. Es ist eines von den wenigen, die erfolgreich vor Soldaten, Regierungsbeamten und Missionaren versteckt werden konnten. Zum Glück gab es immer jemanden in der Folgegeneration, der lernen wollte, wie man sich darum kümmert und es ordnungsgemäß öffnet.« Er hielt inne. Sah sich um. Schien nachzudenken.

»Der Leiter der Zeremonie hat Zedernholz verbrannt und den Inhalt des Bündels aufgedeckt. Es waren so viele Menschen da, dass ich dachte, wir würden mit den Gebeten bis zum Morgengrauen aufbleiben, aber als ich mich in Lodge Grass für die zweistündige Heimfahrt ins Auto setzte, waren noch immer einige Sterne am Himmel zu sehen.«

Das war's. Mehr hatte er nicht zu sagen, und doch war seine Dankbarkeit deutlich spürbar.

Wieder einmal hatte ich das Gefühl, einen Blick in einen heiligen Moment in der Crow-Community erhascht zu haben. In Randolphs einfachem Bericht hatte ein Strahl von Wahrheit meine Seele berührt: Wahrheit über eine alte Gebetsform, über den Mut einer Familie, zu dieser Wahrheit zu stehen und trotz Bedrohung und Verfolgung ein heiliges Ritual weiterzugeben. Oder vielleicht ging es gar nicht so sehr um Mut, als vielmehr um die Achtung vor den traditionellen Gebetsformen und um Dankbarkeit für deren heilende Kräfte.

»Danke«, sagte ich.

Er nickte, als wüsste er, was ich dachte.

10

ZEIT FÜR EINE VERÄNDERUNG

Ich vertraue darauf, dass er,
der bei euch das gute Werk begonnen hat,
es auch vollenden wird bis zum Tag Christi Jesu.

PHILIPPER 1:6

Während ich die spirituellen Traditionen und Lehren meiner Crow-Freunde, -Kollegen und meiner Crow-Familie aufsaugte, stellte ich fest, dass sie meinen eigenen spirituellen Weg belebten und bereicherten. Obwohl mich die Zeremonien, Tänze oder Familienfeiern häufig einschüchterten und verunsicherten, bemerkte ich zugleich, dass ich mich, wenn ich erst einmal dort war, im Frieden fühlte. Von Pater Randolph hatte ich gelernt, mich einfach dazuzusetzen und präsent zu sein.

Fast fünf Jahre hatte ich Pater Randolph bei spirituellen Zeremonien der Crow, bei Familienfeiern, lokalen Powwows und Sportveranstaltungen zugeschaut. Ich sah, wie er ruhig in eine Versammlung hineinging, die Menschen begrüßte, sich einen Platz zum Sitzen suchte und dann präsent, wach und ohne viel zu sagen Anteil nahm. Er hörte zu und stellte keine aufdringlichen Fragen. Ich musste lernen, dass es überhaupt so etwas wie

»aufdringliche Fragen« gab. Ich musste lernen, dass es etwas ganz anderes war, aktiv Informationen zu erwerben, als handele es sich um eine frei verfügbare Ware, als durch das bloße Zusammensein mit den Menschen zu lernen und zuzulassen, dass sie durch ihre Mitteilungen mein Denken und meine Weltanschauung beeinflussten.

Seit meinem ersten Tag in Pryor, als der Gros Ventre Fred Gone mich über das Wetter belehrt hatte, und in den sieben Jahren, die ich nun bei den Crow lebte, hatten mich ihre Traditionen, ihre Weisheit und ihr Mut beflügelt und meinen Glauben und meine persönliche spirituelle Praxis belebt. Ich stellte fest, dass alles, was ich lernte, zu meiner franziskanischen Tradition passte. Ich nahm wahr, wie sehr das Tal und die Berge von Pryor zu jeder Jahreszeit meine Seele nährten. Als ich bemerkte, dass ich unruhig wurde und mich nicht mehr berufen fühlte, Lehrerin und Schulleiterin zu sein, war ich zutiefst zerrissen.

Das siebente Schuljahr fing an. Langsam gestand ich mir ein, dass ich selbst im Land der Crow nicht mehr als Grundschullehrerin und Schulleiterin arbeiten wollte. Ich war überzeugt, dass ich alles getan hatte, was ich konnte. Unsere kleine Schule war zu einer der ersten katholischen Reservatsschulen in unserem lokalen System geworden, die bei Leistungstests auf nationaler Ebene mithalten konnten. Die Eltern und Erziehungsberechtigten beteiligten sich aktiv am Schulleben. Die Einschulungszahlen erreichten nahezu das Limit. Für mich reichte das allemal aus.

Zudem war mir schmerzlich bewusst, dass ich als Schulleiterin der St. Charles Mission School keine Kreativität und kein Durchhaltevermögen mehr aufbrachte. Als sich einige der Mädchen aus der Mittelstufe weigerten, an den Schulgottesdiensten teilzunehmen, fand ich weder mit ihnen, noch mit ihrer Lehrerin eine befriedigende Lösung. Ich war Eltern gegenüber ungeduldig, deren unbeaufsichtigte Kinder die Schultoiletten demolierten, während ihre Väter den ganzen Abend in der Turnhalle Basketball spielten. Ich traf einseitige Entscheidungen, die unbeabsichtigt respektlos waren und die gemeinsame Suche nach Lösungen verunmöglichten.

Vor allem brauchte ich Zeit, um neu über Gott nachzudenken und einen Sinn in den Tragödien zu finden, die die Familien Monat für Monat erfassten: ein Jugendlicher, der, als er seine Schulabschlussfeier verließ, von der Polizei totgeschossen wurde; ein Sohn, der mit dem Auto mit 90 Meilen pro Stunde gegen einen Baum gefahren war; vielversprechende Schüler, die aus mysteriösen Gründen den Abschluss am College oder an der High School nicht schafften. Ich saß mit den Müttern der verstorbenen jungen Männer zusammen. Ich konnte keinen Frieden damit schließen, dass sich talentierte Schüler in Alkohol oder Drogen verloren. Hätten wir in ihrer Schulzeit mehr für sie tun müssen?, fragte ich mich. Bin ich der Sache nicht gewachsen? Oder habe ich ein Burn-out?

Zudem war ich immer besorgter angesichts dessen, was ich als sich beschleunigende Zerstörung der Arten und der Erde wahrnahm, als unablässige Verbreitung der Atomwaffen und zunehmende globale Armut. Im Spätwinter jenes Jahres kam unerwartet ein Brief von Schwester Claire Whalen, der Leiterin der Weiterbildungsabteilung in unserem franziskanischen Orden. Sie schrieb, ich solle mir überlegen, ob ich nicht noch einen Master-Abschluss machen wolle. Sie hätte da einen Vorschlag, der mir vielleicht gefallen könnte.

Anfangs machte mein Herz einen Sprung vor Freude, doch damit war es schnell wieder vorbei. Ich schrieb zurück, ich fände es nicht richtig, Geld der Gemeinschaft so nutzlos zu verschwenden, während wir im Schatten der Atombombe lebten und so viele Menschen litten.

Doch Claire hatte andere Vorstellungen, was die Zukunft der Welt und meine Zukunft anging. In ihrem nächsten Brief an mich beschrieb sie ein neunmonatiges Programm am Mundelein College in Chicago, das vom Religious Education Department angeboten wurde. Pater Matthew Fox hatte das Programm entwickelt und leitete es. Nach Abschluss ihrer Studien erhielten die Teilnehmer ein Diplom in Schöpfungsspiritualität. Was auch immer das sein sollte, ich wollte es herausfinden. Ich studierte die Broschüre, die mir Claire mitgeschickt hatte. Wie konnte ich ein Studium ablehnen, das Spiritualität in der Natur erforschte und auf den Bibellehren aufbaute, denen zufolge die Erde grundsätzlich gut war und Gott offenbarte?

Fasziniert studierte ich die detaillierte Beschreibung des Programms. Kerncurriculum: Schöpfungsspiritualität, die Schöpfung als etwas ursprünglich und grundsätzlich Gutes, Schöpfungsspiritualität als valide, aber weitgehend ignorierte oder unterdrückte Tradition im Katholizismus. Außerdem beinhaltete das Kerncurriculum das Studium der Bibel, der katholischen Mystiker und Theologen und die Kosmologie. Kosmologie?! Artist in Residence würde im bevorstehenden Jahr der Physiker und Kosmologe Dr. Brian Swimme sein. Ich fragte mich, was ein Wissenschaftler als »Künstler« in einem Spiritualitätsprogramm zu suchen hatte. Ich spürte, wie meine Begeisterung zunahm.

An dem kleinen Schreibtisch in meinem Zimmer sitzend las ich bis spät in die Nacht.

Ich las, dass alle zwei Wochen ein prominenter Dozent zu Gast bei dem Programm sein würde. In jedem Semester war die Teilnahme an einem Kunstkurs wie Tanzen, Aquarellmalen oder Töpfern vorgesehen. Außerdem sollten sich die Studenten regelmäßig ehrenamtlich in einem selbst gewählten lokalen Projekt für soziale Gerechtigkeit engagieren. Die Integration würde bei allwöchentlichen von den Studenten zubereiteten Mahlzeiten und von einem analytischen Psychologen geleiteten Gesprächen stattfinden.

Ich rief Claire an. Sie sagte mir, es sei für mich an der Zeit, ein weiterführendes Studium zu absolvieren, das werde von den Schwestern unseres Ordens erwartet. Dieses Programm sei etwas Neues, und ihrer Meinung nach passe es gut zu meinen Gaben und Interessen. Die Entscheidung überlasse sie mir.

Ich las das Material immer wieder durch und sprach mit den anderen Schwestern und mit Freunden über das Programm. Ich war mir nicht sicher, ob ich in Chicago leben wollte, musste aber ständig an das Programm denken. Mir gefiel die Tatsache, dass ich dort Seminare besuchen konnte, die mich auf die Gemeindeseelsorge vorbereiten würden. Vielleicht sogar hier im Land der Crow.

Claire hatte mich im Spätwinter angesprochen, es schneite. Als zwei Monate darauf der Schnee schmolz und die Hänge grünten, griff ich Claires Vorschlag auf und wagte den Sprung.

Während ich mich darauf vorbereitete, mich vom Land der Crow zu trennen und nach Chicago zu ziehen, spürte ich, dass ich diese Verbindung zwischen den Traditionen, der Weisheit und den spirituellen Praktiken, die ich im Leben der Crow so anziehend fand, und der katholischen, franziskanischen Tradition der Bruder- und Schwesternschaft aller Wesen, die mir in vielem lieb war, in diesem Programm finden würde. Trotz meines Kummers über eine Kirche, die Frauen eine volle Beteiligung versagte, war ich doch im Herzen und in meiner Weltsicht zutiefst Katholikin und Franziskanerin. Vielleicht würde ich diesem Programm ja sogar neue Einsichten zu meinen Fragen bezüglich der Bedeutung oder Notwendigkeit von Jesu Leben und Tod abgewinnen.

Im April begann ich, Akten zu sichten und mein Büro auszuräumen. Bei dieser ermüdenden Arbeit spürte ich bereits einen

Schimmer hoffnungsvoller Vorfreude. Die Büroarbeit war jedoch der einfache Teil.

Mit meiner lieben Freundin Mary Frances Flat Lip, unserer unentbehrlichen, des Crow mächtigen Schulsekretärin, plante ich einen gemeinsamen letzten Ausflug in dem alten blauen Van. Wir beschlossen, auf der anderen Seite der Pryor Mountains zu picknicken, dort, wo die Präriepferde lebten. Der Weg in die Wild Horse Range war tief ausgefahren, mit Steinen übersät und staubig. Wir rumpelten langsam durch die Vermillion Flats, in ockerfarbene Felsschluchten hinab, die sich zu weiten, zerklüfteten Landschaften öffneten. Der Wüsten-Beifuß wuchs hier richtig hoch, durchsetzt mit Bergmahagoni und Hasenpinsel. Dabei hielten wir die ganze Zeit Ausschau nach den Pferden.

Wir aßen im Van zu Mittag und verbrachten den ganzen Tag miteinander in Freundschaft und in der gemeinsamen Liebe zum Land. Damit half sie mir, von den Bergen und den Wildpferden Abschied zu nehmen.

An jenem Tag sahen wir keine Pferde. Dafür aber den Wolf. Oder, wie Mary Frances es ausdrückte:»Sieh nur, Schwester, da zeigt sich uns ein Wolf.« Denn der Wolf wusste lange, bevor wir in Sichtweite kamen, dass wir da waren. Er stand links vom Weg zwischen den Beifuß-Stängeln und zeigte sich, den Rücken gerade, den Kopf erhoben, die Ohren und Augen wachsam. Ich trat auf die Bremse und konnte einen Blick auf sein majestätisches Aussehen erhaschen. Als der Van endlich polternd zum Stehen kam, war er bereits verschwunden. Noch Monate später und einen halben Kontinent entfernt in einer Wohnung in Chicago sah ich den Wolf vor mir, wie er sich gezeigt hatte. Mit einem Kloß im Hals empfand ich ihn als gottgesandt und fühlte mich gesalbt oder einfach nur gesegnet.

An jenem Tag änderte auch ich meine Ausdrucksweise und sagte beim Anblick von Wildtieren nicht mehr »Ich sehe«. Stattdessen übernahm ich Mary Frances' Ausdrucksweise: »Sieh nur, da zeigen sich uns zwei Rotschwanzbussarde.«

Im Juni veranstaltete die Pfarrei samt Schule ein Abschiedspicknick im nahe gelegenen Chief Plenty Coups State Park. Meine Eltern Gwennie und Larry waren mit Familie gekommen, Sylvia und Fred Gone, Dorothy Spotted Bear, Chester Turns Plenty, Mary Frances Flat Lip, Bruce Spotted Bear Senior und jede Menge Verwandte und Freunde. Und frühere Schüler: Dorcella und Fred, Delia, Bobcat, Darrell, Kim, LaDonna, Alma Rose, Belle. Nach dem Essen versammelten sich alle im Kreis um Pater Randolph und Larry Cunningham, den neuen Schulleiter, und sie überreichten mir ein Überraschungsgeschenk. Ich öffnete den schwarzen Kasten und hob eine wunderbar gearbeitete glänzende Hohner-Gitarre heraus. Ich hielt sie hoch, damit alle sie sehen konnten.

Aber das war noch nicht alles. Im Kasten befand sich auch ein handgefertigter lederner Schulterriemen, der mit geometrischen Mustern in Rot, Orange, Gelb und Blau bemalt war. Mary Frances stand lächelnd neben mir. Ihr Sohn hatte dieses feine Kunstwerk geschaffen.

»Ahó«, sagte ich. Danke. Mit den Tränen kämpfend fügte ich hinzu: »Wann immer ich spiele, werde ich an euch denken und für euch beten.« Und dann weinte ich.

Ich schlug einen C-Akkord an, und der schwingende Ton gab mir Trost. Alle klatschten.

Auf Crow gibt es kein Wort für Lebewohl. Stattdessen hatte ich die fünf Silben gelernt, die sich aneinandergereiht grob mit »Wir sehen uns« übersetzen lassen.

Das hoffte ich wirklich.

TEIL III
DAS INSTITUT FÜR SCHÖPFUNGS- ZENTRIERTE SPIRITUALITÄT, CHICAGO

11

MIT MOKASSINS IN CHICAGO

Und sogleich trieb der Geist Jesus in die Wüste.
(...) Er lebte bei den wilden Tieren (...).

MARKUS 1:12–13

Im August 1981 zog ich zusammen mit drei weiteren Schwestern in den nördlichsten Teil Chicagos in eine Wohnung im ersten Sock der Thome Avenue, auf der Grenze zwischen den Bezirken Rogers Park und Edgewater gelegen. Sie befand sich in Fußnähe zur North Sheridan Road, wo das Mundelein College das Institut für Schöpfungszentrierte Spiritualität als Teil der Fakultät für Religionswissenschaften beherbergte. In den ersten Monaten lernte ich, mich in der Stadt auf dem Weg zum Unterricht oder zum Supermarkt und mit dem Programm und den Dozenten zurechtzufinden. Die Zeit verging wie im Flug.

Eines Nachmittags im Dezember saß ich zusammen mit Schwester Darlene, einer der Schwestern unserer kleinen Gemeinschaft, am Küchentisch. Ein Fenster über dem Spülbecken zeigte auf eine Backsteinmauer. Der Wintergarten hinter mir gab den Blick auf den kleinen Gemüsegarten unseres Vermieters und eine Gasse zwischen uns und einer weiteren Reihe von zweistöckigen

Wohnhäusern frei, an denen hinten Terrassen angebaut waren. In Wahrheit standen die Wohnhäuser in alle Richtungen dicht gedrängt und waren nur von engen Gassen durchzogen. Mir kam es so vor, als würden wir in einem schmalen Boot auf einem Meer aus Backsteinen, Beton und Asphalt treiben.

Obgleich ich die Schwestern, mit denen ich zusammenlebte, nicht gut kannte, hatten wir uns eine Oase der Vertrautheit und Freundlichkeit geschaffen. Mary nutzte den Wintergarten als ihr Zimmer. Er war gut isoliert, weil er über die Jahre, in denen drei Kinder der Hausbesitzer nacheinander die Wohnung mit ihren Familien gemietet hatten, von den zahlreichen Enkeln als Spielzimmer genutzt worden war. Vor dem kältesten Winter seit Beginn der Wetteraufzeichnung in Chicago konnte das viele Glas des Wintergartens jedoch nur wenig Schutz bieten.

Darlene und Nancy hatten große Zimmer, die von dem geräumigen Esszimmer abgingen. Ihre Fenster blickten auf einen schmalen Lichtschacht zwischen unserem und dem Nachbarhaus. Wie durch ein Wunder ging mein Zimmer, das kleinste in der Wohnung, nach vorn zur Straße. Ein Bett, ein kleiner Schreibtisch und ein ständig klopfender Heizkörper füllten es so gut wie ganz aus. Meine Bücher hatte ich auf dem Fenstersims, auf der Heizung und auf dem Boden hinter der Tür gestapelt. Ich arbeitete die Nachmittage durch bis tief in die Nacht an den Aufgaben, begleitet vom Rhythmus des Großstadtverkehrs und der Hochbahn in der Ferne. Zum Glück bot mir dieses winzige Schlafzimmer, das für eine der Enkelinnen mit einer Tapete in zartem Teerosenmuster tapeziert worden war, einen nahezu weiten Blick auf den Himmel und mehr.

Das Fenster direkt über meinem Schreibtisch wies auf eine Platane, die etwa zur selben Zeit gepflanzt worden sein musste wie die vermutlich mehr als ein halbes Jahrhundert alten Wohnhäuser. Ihre gelben untertassengroßen Blätter waren kaum mit den weiten Herbstweizenfeldern des Pryor Valley vergleichbar, aber sie hielten der stark befahrenen Straße tapfer stand, die sich bis an mein Bett heranzumachen versuchte. Diesem Baum hatte ich es zu verdanken, dass sich die Stadt nie meiner Träume und Gedanken bemächtigte.

Die Hausbesitzer Sam und Carmela lebten im Erdgeschoss. Sie waren in den 1930er-Jahren als junges Paar aus Süditalien eingewandert, um Tür an Tür mit Sams älterem Bruder und dessen Familie zu leben. Carmela kümmerte sich um den Garten und baute die Tomaten, Paprikas, Zwiebeln und grünen Bohnen an, die sie für ihre den ganzen Tag auf dem Herd köchelnden Rezepte benötigte. Hausgemachte Würste und Soßen füllten unsere Küche mit köstlichen Aromen, mit denen unsere eilig zubereiteten Mahlzeiten nicht mithalten konnten.

Darlene kam selten so früh von ihrer Arbeit bei der Caritas nach Hause. Ihren Feierabend begingen wir mit einer Tasse Tee. Während wir in unseren Gesprächen von einem aufs andere kamen und über die Schule, ihre Arbeit und die Gemeindeneuigkeiten sprachen, überkam mich wie der Wind unter dem sonnigen Himmel im Land der Crow eine Flut von Erinnerungen an alles, was durch die Fenster dieser Wohnung nicht zu sehen war. An alles das, was in Chicago nicht vorkam: die Zeremonien, die Tänze, die abenteuerlichen Fahrten in die Berge. Ich konnte die Burger förmlich riechen, die die Frauen in der Küche des Gemeindetanzsaals von Pryor brieten, während die Trommler und Tänzer bei einem spätabendlichen Powwow gegen den Schlaf antrommelten. Sie tanzten den »Kaffeekannentanz«, der zum Essen aufrief. Ich konnte die Schneewehen spüren, durch die ich mich an einem so hell leuchtenden Morgen zur Schule kämpfte, dass ich die Geschichten über die Sonne, die angeblich bei jeder Morgendämmerung als neue Sonne aufging, plötzlich für wahr hielt. Auf einer Bergwiese pflückte ich zum Gesang der Wiesenlerchen eimerweise duftende blauviolette Lupinen und gelbe pfeilblättrige Balsamwurzeln. Beim Mittagessen und im täglichen Kontakt mit Großmüttern, Eltern und Lehrerinnen war ich umgeben von der Sprache der Crow und hörte förmlich den immer wiederkehrenden Frust des Busfahrers angesichts des Verhaltens der Kinder. Mir kamen die Tränen.

Darlene war ausgebildete Sozialarbeiterin. Sie hörte sich meine überbordenden Erinnerungen an und reichte mir ein Taschentuch nach dem anderen. Als ich nach Luft rang, fragte sie mich, was ich sonst noch vermisse.

»Mein Leben«, sagte ich, »mein Leben im Crow-Reservat. Mein Leben in Pryor. Bevor ich herkam! Ich möchte was Vertrautes, wenigstens mal für einen Tag.«

»Ich möchte wirklich hier sein«, fuhr ich fort. »Ich möchte Spiritualität, Theologie und die Heilige Schrift studieren. Schon als kleines Mädchen wollte ich Priester werden. In Pryor habe ich erlebt, wie die Schwestern Seite an Seite mit den Priestern in der Pfarrei gearbeitet haben. Ich hoffe, dass mich die Kurse hier auf so eine Aufgabe vorbereiten. Vielleicht sogar wieder im Land der Crow.«

Darlene nickte, als begrüße sie meine Hoffnung auf eine solche künftige Aufgabe und unterstütze sie.

Während ich redete, brach sich eine Flut von Träumen Bahn. »Ich möchte direkt an der Umsetzung der Lehren des Vatikanischen Konzils beteiligt sein, und ganz besonders an denen, die eine Führungsrolle von Gemeindegliedern fördern. Außerdem würde ich gern zu einer kulturellen Bearbeitung der Kirchenliturgie und -gebete beitragen. Ich möchte den Katholiken unter den Crow helfen, in ihrem Glauben zu wachsen, indem sie neben den Worten Jesu auch ihre traditionellen Lehren reflektieren.«

Unser Gespräch wendete sich wieder dem Leben in Chicago und den Erkenntnissen zu, die ich aus den dortigen Seminaren gewonnen hatte. Ich erzählte Darlene, dass ich immer mehr Verbindungen zwischen der spirituell-kulturellen katholischen Wiege, aus der ich kam, und den jüngsten Seelenräumen sah, die sich durch all das in mir geöffnet hatten, was ich von meiner Crow-Familie und meinen Crow-Freunden gelernt hatte. Plötzlich stellte ich fest, dass es Zeit war, meine Bücher und Unterlagen für den Gastvortrag dieses Tages zu packen und mich auf den Weg zu machen. Ich stand abrupt auf.

»Danke«, sagte ich. »Dass du mir zugehört hast, hat mir schon geholfen.«

Es war kalt, aber bevor ich die Stiefel überzog, schnürte ich mir ein Paar Mokassins, das mir Grandma Rose Turnsplenty geschenkt hatte. Der Gang zum Institut war unerwartet erfrischend. Ich stieg die breite Treppe des prächtigen Herrenhauses hinauf, in dem sich unser Seminarraum befand, und ging an dem echten Tiffany-Fenster mit Glyzinenblütenmuster vorüber. Im Seminarraum suchte ich mir schüchtern einen Platz, ohne jemanden anzusehen, und fühlte mich schon weniger traurig und heimwehkrank. Jetzt war ich bereit.

Pater Thomas Berry, der Gastdozent an jenem Tag, saß bereits auf einem Stuhl neben dem Podium. Er wirkte alt. In den Siebzigern vielleicht?, dachte ich. Ein wenig gebeugt saß er still da, das faltige Gesicht von üppigem grauem Haar umrahmt. Aber mit wachen, lebhaften Augen musterte er den von Studierenden wimmelnden Raum.

Unser Gastgeber stellte ihn als Kulturhistoriker, katholischen Priester und Erdsystemwissenschaftler vor. Er selbst bezeichnete sich auf Englisch als »*geo*logian«, das für mich in Anlehnung an »theologian«, das englische Wort für Theologe, einen fast heiligen Klang hatte. Es schien, als wollte Thomas damit auf sich als einen Menschen anspielen, der die Religion, Gott und die Beziehung Gottes zur Welt studiert. Ich fragte mich, ob er wollte, dass wir seine Kulturstudien der Welt und der Erde mit der Ehrfurcht und Wertschätzung assoziierten, die wir für die Theologie hegten. Wir klatschten, als er langsam aufs Podium stieg. Er hatte keine Notizen bei sich.

Einleitend sagte Thomas Berry, er stütze seine Bemerkungen auf die Arbeiten und Erkenntnisse von Pierre Teilhard de Chardin. Auf meinen alten Kameraden aus der Zeit des Noviziats. Jetzt hatte Pater Berry meine volle Aufmerksamkeit. Er kam schnell auf den Kern seiner Präsentation zu sprechen und sagte mit seiner sanften, rauen und etwas asthmatisch klingenden Stimme, Materie und Universum müssten seit der ersten Nanosekunde ihrer Existenz eine psychisch-spirituelle Dimension haben. Daran sei nicht zu rütteln.

Das kann er doch nicht *ernst* meinen!, dachte ich.

Ich war mir zwar nicht sicher, was er mit psychisch-spiritueller Dimension genau sagen wollte, begriff jedoch, dass der Materie seiner Meinung nach eine Art Seele und sogar Geist vom Anbeginn der Existenz des Universums innewohnte, und kritzelte an dieser Stelle eine Bemerkung über mein Erstaunen in mein Notizheft. Seine sanft vorgetragene Behauptung sendete Schockwellen durch meine bisherigen Überzeugungen über die Natur der Materie.

Ich war begeistert und bemerkte, dass Dr. Brian Swimme, der Pater Berry vorgestellt hatte, auf der Kante seines Stuhls saß und den Tisch vor sich mit beiden Händen umklammerte.

Thomas Berry erläuterte seinen oder Teilhards Standpunkt. Die ganze Materie sei schon immer von dieser psychisch-spirituellen Dimension durchdrungen gewesen. Die Materie habe sich entwickelt, sei von den subatomaren hin zu den atomaren und molekularen Wechselwirkungen immer komplexer geworden. Seit den sehr heißen Anfängen des Universums bis hin zu seiner Ausdehnung und Abkühlung entwickle sich diese psychisch-spirituelle Dimension noch heute weiter und werde es auch künftig tun.

»Daher« – war da nicht gerade ein vergnügtes Lächeln in seinem Gesicht aufgeblitzt? – »ist das menschliche Bewusstsein aus dem Entwicklungsprozess des Universums entstanden. Sehen Sie, Gott hat ein Universum erschaffen, das sich selbst immer wieder neu erschafft. Damit das Ich-Bewusstsein des Menschen im Universum entstehen konnte, musste diese immer komplexer werdende psychisch-spirituelle Dimension die ganze Zeit da gewesen sein.«

Obwohl mich der Gedanke begeisterte, hatte ich Mühe, den Sinn zu erfassen. Wenn er das wirklich meint, was dann? Dann wäre es doch überflüssig, dass plötzlich Geist in den Menschen ergossen wird von einer Gottheit, die im Schlamm der Erde kniet, oder Adam und Eva, nachdem sie sie geformt hat, ihren Atem einhaucht oder etwa von einer göttlichen Wohnung im Himmel das Werk als vollendet verkündet. Vielmehr wäre das gesamte wahrnehmbare Universum samt den Menschen, dem menschlichen Bewusstsein und gar der *Seele* aus dem ursprünglichen Aufflackern des Universums hervorgegangen. Ist es wirklich das, was er sagen will?

Augenblick mal. Ich dachte, nur Gott könne die menschliche Seele erschaffen.

Berry unterbrach seinen Vortrag für eine Pause. Ich blieb an meinem Tisch sitzen, während einige Studenten und Studentinnen hinausgingen und sich der Raum mit dem Stimmgewirr der Gebliebenen füllte. Jetzt ging mir langsam auf, worüber ich seit meiner ersten Teilhard-Lektüre in der High School und während des Noviziats gerätselt hatte. Berry hatte gerade erklärt, dass über Jahrtausende eine allmähliche Evolution des Bewusstseins vom Tier über das Säugetier, den Primaten und schließlich bis hin zum Menschen stattgefunden hatte. Das menschliche, seiner selbst bewusste Bewusstsein, das ehrfürchtige Bewusstsein, das Ich-bin-*ich*-Bewusstsein hatte sich wie eine Rose entfaltet und aus dem anfänglichen Feuer mit der Zeit in die Seele verwandelt. Die menschliche Seele war aus dem 13,8 Milliarden Jahre währenden Aufflackern des uns bekannten Universums erblüht. Das Universum war und ist ein einziger evolutionärer Vorgang.

Genau wie die Schneeschmelze zu Bächen, Flüssen und schließlich zu Meer wird, überlegte ich.

Nach der Pause kamen die Studenten zurück und setzten sich wieder an ihre Tische. Thomas Berry stieg auf das kleine Holzpodium. Das Stimmengewirr verstummte.

»Gott hat ein Universum erschaffen, das sich immer wieder selbst erschafft«, wiederholte er.

Tränen des Wiedererkennens brannten mir in den Augen. Das große Einssein von allem Existierenden, wie es die Crow so achteten und der heilige Franziskus es intuitiv erfasste und lobpreiste, steckt direkt hier in der modernen Physik und in den empirischen Entdeckungen meines 20. Jahrhunderts. Der ausgebildete Paläontologe, Forscher, Priester und Mystiker Teilhard de Chardin hatte über viele Jahre daran gearbeitet, empirisches Wissen mit katholischer Tradition, Doktrin und Bedeutung zu verbinden. Und in diesem Seminarraum hörte ich es nun endlich direkt aus dem Inneren meiner jetzigen spirituellen Heimat.

Ich erinnerte mich an einen Antwortgesang im Stundengebet, der mir als junger Schwester in meinem spirituellen Leben häufig als Anker und Stütze gedient hatte. »Der Geist des Herrn erfüllt den Erdkreis.« In jenen Jahren erfüllte der Geist Gottes für mich die ganze Welt von oben und darüber hinaus. Es war ein ferner, von der Schöpfung getrennter Gott. Teilhards Erkenntnis ist eine andere, die tiefer geht und überdies heiliger ist. Durch jene heilige Kraft der Evolution entfaltet sich Gottes Heiliger Geist und erfüllt sich von innen heraus. Gott ist Einssein, Immanuel, wie wir in den Adventsliedern singen. Ganz nah. Der Geist durchdringt wie Licht die Materie. Ich fing an, die Bedeutung von Energie zu verstehen. Die in der Bibel niedergeschriebene Wirklichkeit und empirisches, aus wissenschaftlichen Methoden abgeleitetes Wissen bildeten in der spirituellen Erkenntnis für einen Augenblick eine harmonische Einheit. Auf meinem Stuhl hatte ich mich nicht einen Zentimeter bewegt, aber ich fühlte mich, als hätte sich gerade das gesamte Universum in mir verschoben.

Thomas Berry setzte seinen Vortrag fort, aber hängen blieb mir vor allem Teilhards wesentliche Erkenntnis, dass Materie mit Geist pulsiert und der Geist die Beziehungen der Materie benötigt, damit er sich entwickeln und existieren kann. An jenem Nachmittag im verschneiten Chicago begriff ich langsam, dass das Universum der Göttliche Bereich ist, wie Teilhard ihn nannte, erfüllt von Geist, immer und überall in der Materie, die selbstverständlich Materie/Geist-Energie in ständigem Austausch und in ständiger Erneuerung ist. Vielleicht ist dies die Wiederauferstehung. Materie ist niemals unbeseelt. Materie ist von Natur aus die Beziehung von Materie/Geist-Energie in bewegter Einheit. Schließlich ist $E = mc^2$.

Die Crow- und Northern-Cheyenne-Schüler wussten dies schon in der Mittelstufe!

Ich hatte fast Angst, es zu glauben. Es fühlte sich so befreiend an, so jenseits der Enge von dem, was mir über Gott, die Schöpfung, den Menschen und Seele – ja, sogar über Himmel und Erde – beigebracht worden war und woran ich geglaubt hatte.

Beflügelt von der glücklichen Erkenntnis, am richtigen Ort und im richtigen Studienprogramm gelandet zu sein, ging ich nach dem Vortrag nach Hause. Dieses Studium würde mir gute Dienste leisten in meinem Bestreben, die katholische Spiritualität und die katholischen Lehren harmonisch mit meinem Verständnis von der Heiligkeit der Erde und Natur zu verbinden.

Und mich erwartete noch mehr.

12

UNVERBRÜCHLICHE VERBINDUNG

EINE ZEREMONIE IM LAND DER CROW UND EIN VORTRAG IN CHICAGO

Er ist das Bild des unsichtbaren Gottes (…).
Denn in ihm wurde alles erschaffen (…).

BRIEF DES PAULUS AN DIE KOLOSSER 1:15, 16

Jedes Jahr im Frühsommer ehrt die katholische Kirche die Gegenwart Jesu im geweihten Brot, das wir als Heilige Eucharistie bezeichnen, mit einem Fest. Jeden Tag betet der Priester während der Messe bei Brot und einem Becher Wein mit den Worten, die Jesus, wie wir glauben, vor seiner Kreuzigung bei seinem letzten Mahl mit den Freunden aussprach: »Das ist mein Leib. Das ist mein Blut.« Wir glauben, dass durch diese Worte Brot und Wein tatsächlich zu Leib und Blut Jesu werden. Sie in der Gemeinschaft zu teilen, vereint uns mit Jesus und miteinander in Banden der Liebe und der Heilung. Die Gemeinschaft der Gläubigen *wird* zum Leib Christi. Wir sind miteinander in Jesus Christus vereint, und was eine Person betrifft, betrifft uns alle. Dieses spezielle

Fest ist Fronleichnam oder Corpus Christi, was auf Latein »Leib Christi« bedeutet.

Manch ländliche Pfarrei feiert dieses Fest noch immer mit einer Prozession. Der Priester trägt dabei eine kleine Hostie, den Leib Christi, in der Mitte einer golden glänzenden Monstranz, die eine Sonne darstellt. Während der Prozession werden bekannte Lob- und Dankeslieder gesungen. Manchmal sind bis zu drei Altäre im Freien aufgestellt, die mit weißen Spitzentüchern und frischen Blumensträußen aus den Gärten der Familien geschmückt sind. Die Prozession hält bei jedem Altar an, und es wird gebetet und ein Segen gesprochen. Mitunter wird am letzten Altar eine Messe abgehalten.

Ich liebte das Gebet und den Prunk dieses Fests im Land der Crow. Die fünf Pfarrgemeinden wechselten sich mit der Organisation ab, die eine aufwendige Planung und das Engagement einzelner Familien erforderte. Da die Vier in der Crow-Tradition als heilige Zahl die Ganzheit symbolisiert, gab es gewöhnlich vier Altäre im Freien, die jeweils vor einem großen weißen Tipi aufgestellt waren. Bunte, geometrisch gemusterte Tücher wurden über die Altäre geschlagen und ringsherum auf dem Boden ausgebreitet. Jeder Altar war von einer anderen Familie der Pfarrgemeinde gesponsort, die dann meist über den ganzen Altar verteilt Familienerbstücke in Form von Stickereien, Halsketten und Gürteln anbrachte. Manchmal wurden zum Gedenken an ein verstorbenes Familienmitglied Fotos des geliebten Verstorbenen zwischen Wildblumensträußen verteilt.

In dem Sommer, in dem ich das Land der Crow verließ, um nach Chicago zu ziehen, sponsorte die Gemeinde in Lodge Grass das Fest, und wir versammelten uns auf der Ranch der Real Birds auf einer Weide. Die Teilnahme an dieser Feier wurde dann auch mein Herzensabschied von der katholischen Crow-Gemeinde.

Die Erinnerungen daran nahm ich mit nach Chicago, wo sie mich nährten und mir Kraft schenkten.

In der Nähe des Festplatzes waren mehrere Tischreihen mit Essen, Tellerstapeln und Kisten mit Utensilien versehen worden. Die Familien der Gastgebergemeinde hatten Schüsseln mit Salaten, Körbe und Tüten mit Brot, Suppenkessel und Dessertplatten mitgebracht. Die Frauen grillten Fleisch. In einem Jahr hatten die Männer in Pryor die ganze Nacht vor dem Fest Bison in einem Erdloch gegart.

Auch die Pferde gehörten zur Feier dazu. Ihr Zaumzeug, die Sättel und Steigbügel waren wunderbar perlenbesetzt oder anderweitig handgefertigt und handbemalt. Bei manchen waren Federn oder andere heilige Gegenstände an die Mähnen und Schweife gebunden. Einige Reiterinnen trugen traditionelle perlenbesetzte Hirschlederkleider. Die Männer hatten bunte Hemden und mit Perlen- oder anderen Stickereien verzierte Hosen an. Junge Männer und Frauen, Clanleiter und Mütter mit Kleinkindern standen mit den Pferden da oder führten sie langsam herum, während sie im Schatten der Pappeln auf den Beginn der Prozession warteten. Pferde und Reiter leiteten die Prozession an, die um die Weide herumführte, und bewegten sich langsam von Altar zu Altar. An jedem Altar blieben sie an der Seite stehen, während wir beteten und langen Erklärungen auf Crow zuhörten, auf Englisch, Crow und Latein Lieder sangen, im Gras knieten und der Priester das Brot, den Leib Christi, anhob, um uns alle zu segnen.

Am Rand der Menge kniend nahm ich das wogende Grün und Gelb der vom Wind gebogenen Weidegräser im Sonnenlicht wahr. Hypnotisiert von dem heiteren Gesang und dem sanften Murmeln der Gebete um mich herum verspürte ich einen tiefen Frieden. Die Gräser schienen von innen her zu leuchten.

Ich nahm die Hand vom Herzen und ging förmlich in der strahlenden Schönheit der Welt, der Natur auf, in der ich einen alten, seltsam vertrauten Seelenort entdeckte. Ich öffnete die Tür zu meinem Wunsch, das Heilige zu erkennen. Ein neues Gewahrsein ging in mir auf. Ich spürte, dass es kein Außen gibt. Nur ein Innen. Wir alle sind innen, innerhalb einer Welt der Luft, innerhalb der Haut der Erde. Einer Erde als der Heimat unseres Gebets; einer Erde, die alles enthält, was wir lieben; einer Erde, die im Herzen der menschlichen Sehnsucht wohnt. Ich erlebte mich und meine Familie, die Menschen, die Pflanzen, alle Tiere in der heiligen Gemeinschaft der Schöpfung. In diesem süßen Einssein spürte ich Gottes Gegenwart.

Das Läuten der goldenen Glöckchen rüttelte mich wach. Sie zeigten einen segnenden Augenblick in der Zeremonie an. Ich kniete noch immer. Die Leute verbeugten sich. Manche machten das Kreuzzeichen. Und weiter ging es zum nächsten Altar. Neben mir schlief ein Kleinkind in einem Kinderwagen. Als die Mutter den Wagen mit seinen kleinen Rädern durch das dichte Weidegras zu schieben versuchte, wachte das kleine Mädchen auf.

Vielleicht hatten die ganzen Rosenkränze, die wir in unserem Wohnzimmer in Cincinnati mit den Nachbarn gebetet hatten, geholfen, mich auf diesen juniwarmen Moment im Land der Crow vorzubereiten. Vielleicht waren all die Rosenkränze, die wir Gott für den Weltfrieden dargebracht hatten, bereits eine subversive Einführung in diese Anerkennung der Gesamtgemeinschaft des Lebens gewesen. Womöglich ist es ganz einfach, beten zu lernen, wenn man darin verwurzelt ist und so aufwächst, dass man das Murmeln der Rosenkränze im Kreis der Familie und Nachbarn und das Leuchten der Gräser mit dem blauen Himmelsbogen und den staubigen Federn *mag*, die zwischen Pferdehufen wehen. Als ich mich bereit machte, diesen Ort zu verlassen und nach Chicago zu ziehen, nahm ich die Gewissheit mit, dass alles Leben heilig ist und dass sich kein Wesen und auch sonst nichts außerhalb der heiligen Gemeinschaft der Erde und des Universums befindet.

Seit der High School war ich von den Passagen im Neuen Testament fasziniert gewesen, in denen es um den kosmischen Christus geht, dessen Herrlichkeit die gesamte Schöpfung durchdringt und alles in Gottes Liebe vereint. Als junge Schwester lernte ich bei einem Vortrag in einem Karmeliterinnenkloster, dass Teilhard de Chardin diese Herrlichkeit als ein Strahlen beschreibt, das der Materie überall im Universum seit seinem Entstehen innewohnt. Ungeachtet dessen, wie wir dieses Einssein des Universums in Gottes Liebe zu benennen versuchen, habe ich an jenem Fronleichnamsnachmittag im Land der Crow gelernt, dass wir mitunter einen flüchtigen Blick auf diese Herrlichkeit zu werfen vermögen.

Obgleich ich nur eine vage Vorstellung davon hatte, wie sehr diese Erfahrung mein Leben beeinflussen konnte, trug ich diese Erinnerung noch viele Jahre in viele Kirchen hinein. Ich ging in die Kapelle unseres Mutterhauses in Indiana, in deren Säulenkapitelle Weinreben, Vögel und Blumen eingehauen waren, und hielt nach den Weidegräsern Ausschau. Ich sang mit Hunderten anderen Katholiken Montanas in der Kathedrale von Helena und hielt nach den Weidegräsern Ausschau. Ich saß still in der Basilika des heiligen Franziskus und der heiligen Klara in Assisi oder im Petersdom in Rom und wartete darauf, dass sich dieses Meer an Gemeinschaft in mir ergießen möge. Sogar in den kleinen Kirchen Papua-Neuguineas, deren aus Blättern gewebte Wände schon längst porös waren, suchte ich danach.

Damals auf der Weide bei jener Fronleichnamsfeier waren inzwischen alle aufgestanden. Ich auch. Mit einer leichten Gewichtsverlagerung und einem sachten Anheben der Zügel lenkten die

Reiter ihre Pferde zum vierten Altar. Ich reihte mich hinter der jungen Mutter mit dem Kinderwagen in die Prozession ein. Die Gräser streiften unsere Beine.

In der Hoffnung, dass mein Studium Schöpfungszentrierter Spiritualität das vervollständigen möge, was ich bereits von der allumfassenden heiligen Gemeinschaft des Lebens in der Schöpfung samt Wasser, Luft, Erde, Sonne, Mond und Sternen erfahren und in mir aufgesogen hatte, verließ ich das Land der Crow. Ich wollte die heilige Schöpfungsgemeinschaft auch in meiner katholischen Tradition durchscheinen sehen. Ich hoffte, neue wissenschaftliche Erkenntnisse über den Sinn des Lebens, die Lehren und die Auferstehung Jesu zu gewinnen, die über die Grenzen der Erlösung von der Erbsünde hinausgingen. Ich ahnte nicht, wie tiefgreifend sich meine Erwartungen erfüllen würden.

In jenem langen kalten Winter in Chicago wurde mir klar, dass ich mich mit meinem Studium auf einen dauerhaften Aufenthalt eingestellt hatte, da sich in meinem Verständnis von der Welt und von der Spiritualität auf mysteriöse Weise neue Räume öffneten. Meine Seele hatte sich hier allmählich eingelebt und fühlte sich wohl. Neue Ideen hatten sich in mein Denken geschlichen.

Dank eines frühen Vortrags von Pater Matthew Fox musste ich mich dem dualistischen, trennenden Denken meiner Kultur stellen, vor allem hinsichtlich der Dualismen von Materie/Geist, Mann/Frau, Körper/Seele, Himmel/Erde. Außerdem brachte uns Pater Matthew dazu zu begreifen, dass diese allgegenwärtigen Dualismen ungerechte Macht- und Kontrollstrukturen und eine ethnische und wirtschaftliche Ungleichheit in der Gesellschaft schufen. Es fiel mir schwer, die Tragweite seiner These zu verstehen. Obwohl dieses »dualistische Denken« offensichtlich meine Weltsicht durchdrang, war es ein ganz neues Konzept für mich!

Im Wesentlichen handelte es sich nur um drei neue, verblüffende Einsichten, doch brachten sie mich dazu, meinen spirituellen Weg zu vertiefen, und durchdrangen schließlich das Haus meines Glaubens wie der Duft der Sträuße violetter Iris, die meine Mutter immer auf den Esstisch gestellt hatte. Diese drei Einsichten kamen erstaunlicherweise aus der Wissenschaft. Sie warfen ein Licht auf meine kulturell bedingt getrübte Weltsicht und hatten das Potenzial, mein dualistisches Denken auseinanderzunehmen.

»Die Wissenschaft hat das Bedürfnis, die Geschichte von dem zu erzählen, was da ist«, sagte der Professor für mathematische Physik Dr. Brian Swimme zu Beginn seiner Vorlesung eines sonnigen Morgens im Mai, im letzten Monat unseres neunmonatigen Programms. Wir befanden uns in dem großen Seminarraum im ersten Stock einer weißen Marmorvilla, in der unser Programm untergebracht war. Das Sonnenlicht strömte durch die großen Fenster, die zu meiner Rechten und hinter mir lagen, in den ehemaligen Ballsaal des Herrenhauses. Wenn man nach draußen schaute, sah man den Lake Michigan.

»Die Religion konzentriert sich auf das, was sein könnte«, fuhr er fort. »Die Vergangenheit, die vor allem im Fokus der Wissenschaft steht, und die Zukunft, die Religion, treffen sich in der Gegenwart, in unserem jetzigen Leben.« Interessanter Einstieg, aber wozu soll das gut sein?, fragte ich mich.

Professor Swimme war der Artist in Residence jenes Jahres und gehörte zum studentischen Leben dazu. Alle sprachen ihn beim Vornamen an. Ich hatte Wissenschaftler nie als Künstler betrachtet oder gedacht, dass sie bereit wären, über Religion zu sprechen. Aber da stand er, die Studenten strömten zuhauf in seine Seminare und überredeten ihn immer wieder zu Diskussionsrunden außerhalb des Pflichtunterrichts.

Ich nicht.

Die Naturwissenschaften standen nicht auf meiner Liste der Dinge, die mich auf den Kirchendienst vorbereiten würden. Ich verstand nicht, was sie in unserem Programm Schöpfungszentrierter Spiritualität zu suchen hatten. Ich wusste inzwischen, dass ich nach Montana zurückkehren würde, um dort in sieben Crow- und Northern-Cheyenne-Gemeinden zu dienen. Ich sah keinen großen Zusammenhang zwischen dem Wissen über das Universum und dem mir bevorstehenden Dienst, Northern Cheyenne und Crow auf Führungsaufgaben in ihren Kirchengemeinden vorzubereiten. Die meisten meiner Freunde unter den Priestern und Schwestern im Institut besuchten die Bibel- und Theologieseminare, und genau dorthin ging auch ich. Ich hatte mir zudem akribisch Wahlfächer zusammengestellt, von denen ich dachte, dass sie mich darauf vorbereiten würden, auf Augenhöhe mit den Priestern an Planungsgesprächen teilzunehmen, die die Kirche betrafen.

So konnte ich darüber hinwegsehen, dass ich mich eigentlich in der Gesellschaft von Studenten schrecklich unzulänglich fühlte, die die Bedeutung der Naturwissenschaften für die Spiritualität begriffen zu haben schienen. Sie erfassten Zusammenhänge, die ich nicht nachvollziehen konnte. Sie waren redegewandt und motiviert. Sie dachten mit einer Begeisterung, die in meiner Welt keinen Sinn ergab, über die wissenschaftlichen Zusammenhänge nach.

Warum sollten mich die neuesten Erkenntnisse der Naturwissenschaften, wie etwa Details über subatomare Teilchen und die im großen Stil gesammelten Daten über das gesamte Universum, interessieren oder irgendeine Bedeutung für mich haben? So fasziniert ich über die Jahre von Teilhards Büchern gewesen war, wollte ich doch meine Spiritualität durch eine solche Wissenschaft nicht unnötig verkomplizieren.

Ich bin keine Wissenschaftlerin, sondern eine katholische Schwester, sagte ich mir, und meine Berufung besteht darin, uns

Menschen dabei zu helfen, unserem Leben mithilfe der Religion einen Sinn zu geben. Die Schwestern unter uns, die in meinen Grundschulklassen Naturwissenschaften unterrichteten, taten dies völlig losgelöst von unserem Glauben an Gott und unserer Art zu beten. Ich wollte die Bibel, die Liturgie und Theologie studieren. Die Naturwissenschaften und die Religion waren vollkommen verschiedene Welten, verbunden allein durch die Kluft, die sie trennte.

Trotz meines Wunsches, die Beweise für Milliarden von Evolutionsjahren in die biblische Schöpfungsgeschichte zu integrieren, wollte ich meine lang gehegten und mir teuren Überzeugungen über Gott und die Welt nicht durch die Macht wissenschaftlicher Information und Theorie infrage stellen. Mehr noch, ich ehrte diese Überzeugungen, sie waren das Fundament meines Lebens als Schwester. Ich setzte Glaube mit *Überzeugung* gleich und fand darin weder Platz für fortlaufende *Entdeckungen* von Gott in der Wissenschaft, Himmel noch mal!, noch für die bewusstseinsverändernden Wunder der Technik, die Hightech-Blicke in die Schönheit der Natur ermöglichten.

Daher schrieb ich mich für keines von Swimmes Wahlfächern ein. Wenn er in den Spiritualitätsseminaren unterrichtete, dem dreimal wöchentlichen Pflichtteil unseres Programms, machte ich mir sorgfältig Notizen, überflog diese beim Schreiben meiner Resümees und trabte dann zum nächsten Bibel- oder Theologieseminar.

Da ich mich vor allem auf die Kirchenarbeit vorbereiten wollte, vermied ich sorgfältig jedes Nachdenken über das Universum, das womöglich zu einem wesentlichen Teil meines spirituellen Strebens hätte werden können. Tatsächlich schafften es mein Glaube und ich durch fast ein ganzes Studienjahr, vom Schwert der wissenschaftlichen Forschung und Erkenntnisse unangetastet zu bleiben. Ungeachtet der Anstrengungen, die Swimme und andere Professoren unternahmen, um uns auf das neuartige Terrain der Integration von Wissenschaft und Glaube – von einer Wissenschaft, die den Glauben bereicherte, und einem Glauben, der die Wissenschaft inspirierte – zu führen, war nach meinem Verständnis ja schließlich beides durch jene Kluft getrennt.

Ich begriff nicht, dass der Antagonismus zwischen Wissenschaft und Glaube zu den tödlichsten Dualismen unserer Kultur gehört. Nun lernte ich, dass Glaube ohne Wissenschaft blind war für unsere Abhängigkeit vom Rest der natürlichen Welt, aus der wir eigentlich gewebt sind. Und Wissenschaft ohne Glauben oder religiöse Sensibilität konnte zu einer materialistischen Weltsicht degenerieren und ausbeuterische Ökonomien stützen, die die lebensunterstützenden Systeme der Erde zerstörten. Dadurch, dass ich mich sträubte zu lernen, die Wissenschaft in meine Glaubensperspektive zu integrieren, verpasste ich erfolgreich den wichtigsten Teil unseres gesamten Programms. Aber nur bis zu jenem Morgen im Mai.

Dr. Swimme wiederholte, die wissenschaftliche Arbeit bestehe darin, zu versuchen zu lernen und die Geschichte dessen, was da sei, des gesamten Universums, der Sterne am Himmel und der Käfer im Garten zu erzählen. Interessant. Das Universum sei eine Geschichte, sagte er. Er zitierte einen sehr berühmten, bedeutenden Philosophen, von dem ich noch nie gehört hatte: Alfred North Whitehead. Dieser hatte geschrieben, dass es in einer Zeit des kulturellen Zusammenbruchs oder kultureller Unzulänglichkeit hilfreich sei zu untersuchen, wie wenig diese Kultur grundsätzlich die *miteinander verbundenen* Realitäten erfasse.

»Wir sind hier, um zu lernen, wie es unserer Kultur misslingt, mit sich und der Welt in Übereinstimmung zu sein. Dies ist heute Morgen meine erste wichtige These«, sagte er.

Und schon war ich abgelenkt. Ich hatte bereits viele kulturelle Zusammenbrüche und Unzulänglichkeiten erlebt. Ich hatte in den Dörfern von Reservaten, wo es an den einfachsten Dienstleistungen mangelte, inmitten von Armut gelebt. Und das im reichsten Staat der Welt. In manchen unserer Städte lagen die wohlhabenden Viertel gerade mal einen Hügel oberhalb von bitterer Armut. Wie können wir ökonomische und kulturelle Systeme schaffen, in denen Unterkunft, Gesundheit und Bildungsvorteile für manche Menschen selbstverständlich und für andere unerreichbar sind, und das für akzeptabel halten? Wie kann es sein, dass wir die Entbehrungen und das Leid von Familien sehen und nicht das Gefühl haben, etwas an der Art und Weise ändern zu müssen, wie wir die Gaben unserer Kultur und Nation verteilen? Ich hörte die Stimme meines Vaters in mir, wie er dagegen protestierte, Geld für die Renovierung einer Kirche auszugeben, wo doch nur wenige Häuserblocks entfernt verzweifelte Familien in minderwertigen Unterkünften hausten.

Swimme setzte seinen Vortrag fort und beantwortete zu meiner Überraschung tatsächlich auch schon meine Fragen. Ich erfuhr, dass die westlichen Kulturen in den vergangenen fünfhundert Jahren eine Art Wissenschaft geschaffen hatten, die das Universum nicht als *Geschichte* betrachtete, sondern als eine Ansammlung voneinander getrennter und verschiedener Objekte, zusammengehalten allein durch Gesetze oder Kräfte wie die Schwerkraft und den Elektromagnetismus und funktionierend wie eine *Maschine*.

»Wir haben das Leben, den Planeten und sogar das Universum erforscht«, erklärte er, »indem wir sie mit unserem Verstand und in Experimenten auseinandernahmen. Dann haben wir die einzelnen *Teile* untersucht. Schlimmer noch, wir haben dies mit der Einstellung getan, dass alles Nicht-Menschliche *außerhalb* und getrennt von uns existiert. Auch die Naturgesetze werden so dargestellt, als befänden sie sich *außerhalb* von uns Menschen, obwohl wir von ihnen beeinflusst werden.«

Ich übersetzte es so für mich, dass die Wissenschaft die heilige Gemeinschaft der Natur, den Leib Christi, im Stich gelassen hatte. Ich wusste, dass ich recht hatte, wenn ich die Wissenschaft nicht mit dem Glauben vermischen wollte.

Er fuhr fort: »Zwangsläufig zeigen sich mit der Zeit die inneren Widersprüche einer Kultur, wie zum Beispiel die ungleiche Verteilung der Gesundheitsversorgung in einem Land, das sich dem Grundsatz verschrieben hat, dass alle Menschen gleich sind. Einige Leute sind dagegen und versuchen, gerechtere Systeme zu entwickeln. Viele andere aber, vor allem die Mächtigen und diejenigen, die von dem gegenwärtigen System profitieren, neigen dazu, sich auf die persönliche Erfahrung und die Bedürfnisse ihrer Familien zu konzentrieren, als hätte dies mit niemandem und nichts sonst etwas zu tun. Dass Menschen, die im Allgemeinen gut sind und klar denken, so handeln können, ergibt Sinn aus einer Weltsicht, nach der das Universum eine aus einzelnen Teilen bestehende Maschine ist. Dieses Denken beeinflusst alle unsere Kultursysteme: Regierung, Gesundheitswesen, Wohnen und Bildung. Aber zu diesem Denken gibt es eine Alternative, die auf unseren neuesten Erkenntnissen über die eigentliche Struktur des Universums beruht. Es ist alles andere als eine aus getrennten, wechselwirkenden Teilen bestehende Maschine.«

Er wandte sich erwartungsvoll der Klasse zu. »Das hier wird Ihnen gefallen.«

Er zog ein Buch aus der Tasche, hielt es hoch und sagte begeistert: »Jetzt stellen Sie sich vor! Dieses Buch befindet sich nicht nur in meiner Hand. Sobald ich es so halte, dass Sie es sehen können, wird es auch zu einem Teil von Ihnen. Es befindet sich jetzt in jedem von Ihnen und auch in mir«, sagte er. »Unsere Augen sind *in* unserem Kopf; das Sehen findet *in* jedem von uns statt. Der Anblick des Buches aktiviert unseren Verstand und wird augenblicklich mit unseren Erinnerungen und Bildern von Büchern verknüpft. Zuallererst erkennen wir das Buch als solches. Wir wissen, dass es keine Zeitschrift und kein Radio ist. Es weckt Gefühle. Wie unsere Mutter uns vorgelesen hat. Wir erinnern uns, wie schwer der Bücherstapel für unsere Hausaufgaben war. Wir erinnern uns an den Geruch unseres Lieblingsmärchenbuchs. Alle diese Eindrücke werden individuell zusammengefügt. Dinge, wie dieses Buch, befinden sich keinesfalls nur an einem Ort, wie etwa in meiner Hand. Das Buch ist in meiner Hand und unverzüglich Teil von jedem von uns. Es gibt kein *Dort draußen*, das von uns getrennt wäre.«

Ich schüttelte den Kopf im Versuch, meine geliebten Erinnerungen an die Offenbarung beim Fronleichnamsfest abzuschütteln: Es gibt kein Außen, wir alle sind im Leib Christi miteinander verbunden. Das dort war spirituell gewesen. Dies hier dagegen war rationale Wissenschaft und interessante Philosophie.

»Beziehung *ist* die Grundlage aller Wirklichkeit. Sind Sie sich dessen bewusst, dass das ganze Universum spazieren geht, wenn Sie spazieren gehen?«, fragte Brian.

Im Ernst? Natürlich war ich mir dessen nicht bewusst. Der Gedanke lag mir völlig fern. Es zeigte sich, dass dies seine zweite wichtige These war.

Plötzlich befand ich mich wieder in dem abgedunkelten Kino im Besucherzentrum der Bighorn Canyon National Recreational Area mitten im Herzen des Landes der Crow. Meine Freundinnen und ich warteten auf den Beginn des Einführungsfilms. Das Fundament des Gebäudes ist in einer 150 Meter tiefen Schicht von Dolomit und Kalkstein aus dem Ordovizium und Kambrium verankert. Vor über 500 Millionen Jahren begannen die Erde und winzige riffbildende Flachmeer-Lebewesen damit, dieses graue Gestein zu bilden. Der Canyon ist ein Bollwerk aus geschichtetem, uraltem Gestein, das den Bighorn River mit seinem sommerlichen Wassergetöse kanalisiert. Seit Jahrhunderten fasten die Männer und Frauen der Crow am nahe gelegenen Pretty Eagle Point mit seiner großartigen Aussicht auf den oberen Canyon in der glühenden Julihitze vier Tage ohne Essen und Trinken auf der Suche nach Vision und Einsichten, die ihrem Leben eine Richtung geben sollen.

Diesen Einführungsfilm habe ich mit Familie oder Freundinnen, wenn sie zu Besuch kamen, viele Male angeschaut. Zu Beginn sieht man die Großaufnahme eines gelbschwarzen Schwalbenschwanzes, der aus violetten Bartfaden Nektar zieht. Der Erzähler, ein Crow-Ältester, sagt, dass die Geister ihrer Ahnen noch immer durchs Land ziehen und dass jedes Lebewesen, dem wir begegnen, unser Leben lang Teil unseres Lebens bleibt. Er erklärt, dass die guten Gedanken, die wir hinterlassen, das Land bereichern und diejenigen berühren, die hier leben oder zu Besuch kommen. Diese Aussagen und die Schönheit des Films berührten mich jedes Mal wieder aufs Neue.

Als ich mich in jenem Mai im Seminarraum in Chicago an diesen Film erinnerte, wurde mir bewusst, was ich von den Crow gelernt hatte: Ihrer Vision vom Kreislauf des Lebens zufolge gehören Vergangenheit, Gegenwart und Zukunft zusammen. Ich wendete meine Aufmerksamkeit wieder Swimmes Vortrag zu und notierte mir, dass die Menschen, die ich kennengelernt hatte und denen ich vertraute, nicht in der »einfach strukturierten« Welt meiner Kultur lebten, in der alles »getrennt und außerhalb« ist. Sie schienen verstanden zu haben, welches Geheimnis und welche Schönheit ein Gesamtuniversum birgt, das spazieren geht, wenn wir spazieren gehen.

»Also«, sagte Brian gerade, »ist es unsere Aufgabe, eine Zivilisation aufzubauen, die über das dualistische Denken hinausgeht, das uns vom Rest des Universums und der Erde ebenso wie von bestimmten Menschengruppen trennt. Ein anderes Wort für dieses maschinell verstandene Universum lautet *Materialismus*. Alles, was wir als *Ding* bezeichnen, wird als reine Materie gesehen, sodass nur die Menschen mit Seele und Tiefe ausgestattet wären. Damit wir die Unzulänglichkeiten dieses Denkens überwinden können, sollten wir den westlichen Materialismus und die westliche Kultur weiter studieren und uns eingehend mit der tiefgreifenden, alles durchdringenden Vernetzungsfähigkeit des Universums befassen.«

Ich wartete auf eine tiefe spirituelle Einsicht. »Diese Vernetzungsfähigkeit durchdringt alles. Es ist eine Präsenz«, sagte er. Selbst hier in dem Seminarraum konnte ich die Weidegräser aus meiner Erfahrung beim Fronleichnamsfest förmlich riechen. »Wir nennen sie die Feldtheorie des Elektromagnetismus.«

Ich hatte keine Ahnung, was das sein sollte.

Ein paar Hände gingen nach oben. »Feldtheorie des Elektromagnetismus?«

»Hier zunächst ein paar Hintergrundinformationen. Zur Theorie komme ich noch, versprochen.«

Ich versuchte krampfhaft, Schritt zu halten mit Brian, der die Landschaft subatomarer Theorien und Experimente im Galopp durchquerte. Er sagte, das Wichtigste, was wir von der Evolution verstehen könnten, sei Folgendes: *das Auftauchen immer wieder echter Neuheit im Universum*. Er zeichnete die vier Bausteine des DNS-Proteins, dargestellt durch die Buchstaben G, A, T und C in quadratischen Kästchen, die er durch kleine Linien miteinander verband. Plötzlich sah die DNS aus wie Eisenbahnwaggons, die nach einem bizarren System aneinandergereiht waren.

»Jedes« – und dieses Wort betonte er so stark, dass ich das Wort in meinen Notizen doppelt unterstrich – »Lebewesen besteht aus diesen DNS-Proteinelementen.« Genau die Proteine, die meine Größe und mein widerspenstiges Haar bestimmten, die mein Wachstum in der Jugend steuerten, genau diese Proteine schufen in einer anderen Anordnung die Wildpferde in den Pryor Mountains. Oh je, also hatten die Crow ja doch recht, wenn sie lehrten, dass alle Lebewesen einschließlich uns Menschen miteinander verwandt sind. Und ebenso der heilige Franz von Assisi, der das Rittertum seiner Zeit neu erfand, indem er alle Lebewesen – den Wurm, die Grillen, die Esel, Vögel, Fische, einen Wolf – als »Brüder« und »Schwestern« bezeichnete. Ich rundete meine Aufzeichnungen mit einer eigenen Aneinanderreihung von Ausrufezeichen ab. Wir sind alle miteinander verwandt!

Mittlerweile hatte der Professor seinen Gedankengang fortgesetzt. Wenn sich ein komplexes Proteinmuster in einem Individuum nicht haargenau wiederhole, gehe ein neues Wesen aus dieser Arbeit des Universums hervor. Brian betonte, das, was wir gewöhnlich Mutation nennen würden, sei in Wahrheit eine Manifestation der natürlichen Kreativität des Lebens, des Universums. Über dreieinhalb Milliarden Jahre habe sich das Leben auf dem Planeten Erde als Reaktion auf Veränderungen im Klima, in der Nahrung, im Wasser und der chemischen Zusammensetzung der Atmosphäre immer wieder neu gestaltet. Diese beständige Evolution des Lebens sei nicht einfach eine mechanische Neuanordnung der Materie. Das Leben sei keine Maschine. Eingebettet in einen Planeten, der innerhalb einer von Millionen Galaxien an einen Stern gebunden sei, *sei* das Leben das tätige Universum. Das Universum sei niemals eine Maschine; es sei nichts Mechanisches. In Wahrheit sei das Universum wahrhaft schöpferisch tätig und erzeuge über Zeit und Raum hinweg unermüdlich frische, neue Wesen. Wie ein Mensch, der kreativ sei. Wie *Gott.*

Einen Großteil meines Erwachsenenlebens war ich auf der Suche danach gewesen, wie ich diese zärtliche, unermüdliche Liebe benennen sollte, die all diese unwürdigen und ständig von uns getroffenen Lebensentscheidungen unerträglich macht, die im Gegensatz zu den von uns in die Welt gebrachten Gaben stehen. Beeinflusst von der Frauenbewegung der 1960er-Jahre, fand ich die traditionellen Gottesnamen unangemessen und einschränkend, da sie weibliche Bezeichnungen für Gott ausschlossen und nur männliche Pronomen zuließen. Namen, die Stärke und Macht, strenges Urteil und Verurteilung betonten, stießen mich ab.

Als junge Nonne fing ich an, die Gebete und Psalmen in unseren Gebetbüchern zu überarbeiten und dem »Er« eine »Sie« hinzuzufügen, dem »Vater« eine »Mutter« oder die ganzen männlichen Pronomen zu einem »Du/Ihr« (engl. you) zu korrigieren. Das war lästig und ermüdend. Es machte mich wütend, dass ich das überhaupt tun musste. Ich fühlte mich isoliert, wenn ich in einer Gruppe laut betete. Aber ich blieb dabei, denn ich spürte beim Beten Gottes Nähe. Ich spürte etwas Wahres, Gutes dabei. Und obwohl ich Sorge hatte, mich damit auf unbekanntes, unorthodoxes Territorium zu begeben, vertraute ich auf die Genesis, in der steht, dass die Menschen – Männer und Frauen, wir alle – nach Gottes Ebenbild geschaffen wurden.

Als ich ins Land der Crow kam und dort einer Sprache begegnete, die weder männliche, noch weibliche Pronomen verwendete, vermochte ich mir kaum vorzustellen, wie befreiend es sein konnte, sich ohne jedes »er«, »sie« oder gar »es« auf Menschen und andere Lebensformen zu beziehen. Es fühlte sich so inklusiv und egalitär an. Auch der Begriff der Crow für den Unaussprechlichen, den Lebensspender hatte keine Geschlechtszuordnung.

Eines der Wörter, die im Englischen dem Crow-Wort Akbaatatdia für Gott am nächsten kommt, ist vielleicht der Begriff des Schöpfers. Doch dürfen wir ihn nicht als einen fernen, unbeteiligten, mechanischen Schöpfer verstehen, der das Universum kontrolliert und bestimmt. Es handelt sich eher um eine dynamische Präsenz, die das Universum – die Erde und alles, was existiert – beseelt und unterstützt. Von innen heraus. Und zugleich jenseits von jeder Wirklichkeit, die wir uns vorstellen können.

Dies fühlte sich einfach, wahr und vollkommen an. Ich hieß den »Schöpfer, Akbaatatdia« in meiner Seele willkommen und begann zu beten: »Liebender Schöpfer, schön und gut ...«

Im Unterricht an jenem Tag hörte ich einen Naturwissenschaftler reden und traf überraschend auf ein schöpferisches Universum. Wie zünde ich Kerzen an, verbrenne Weihrauch und verneige mich vor einem *Schöpfer*universum? Ich ahnte, dass dies ein jahrelanger Lernprozess werden würde. Inzwischen ging es um die Feldtheorie des Elektromagnetismus, Brians dritte wichtige These, und ich versuchte, mich wieder auf meine Notizen zu konzentrieren.

»Und dann sind wir im Gegensatz zu dem, wie unserer Vorstellung nach das Universum funktionieren sollte, in unseren wissenschaftlichen Versuchen auf ein riesiges Feld von Vernetzungen gestoßen – in einem solchen Ausmaß, dass wir es weder sehen noch messen können. Schaut euch das an«, sagte Brian. Eilig kopierte ich die Zeichnungen, die er gerade an die Tafel kritzelte, in mein Notizheft. »Das sind die Elektronen, die um den Kern eines Atoms kreisen, aber sie sind überhaupt nicht mit den Planeten vergleichbar, die die Sonne umkreisen. Man stellt sie sich besser wie eine Wolke von Potenzialen vor, manchmal wie Wellen, manchmal wie Teilchen, die von einer Position zur nächsten springen können, ohne den dazwischenliegenden Raum zu durchqueren. Ein bestimmtes Elektron kann einfach verschwinden und an einem anderen Ort wieder auftauchen, ohne die geringste Spur zu hinterlassen.«

Unmöglich, dachte ich. Woher wollen Wissenschaftler das wissen? Was verbindet diese Elektronen? Was hält sie?

»Und da ist noch mehr. Nehmt zwei Teilchen, die ein System bilden, sagen wir zwei Elektronen, die sich in verschiedene Richtungen drehen. Lasst sie auseinanderdriften, bis sie weit voneinander entfernt sind, und ändert dann die Drehrichtung eines der beiden. Auch die Drehrichtung des Partnerteilchens wechselt *augenblicklich* in genau derselben Geschwindigkeit die Richtung, sodass es wieder passt. Die räumliche Entfernung kann ihre Verbindung nicht stören. Was sie verbindet, können wir weder sehen, noch fühlen oder riechen. Wir können ihre tiefe Bindung nur beobachten.«

Im selben Moment durchströmte mich direkt dort in diesem Raum in Chicago eine Welle sich neigender Präriegräser. Plötzlich begriff ich, dass ein Feld, eine Präsenz das Universum durchdringt. In diesem Universum bedeutet Entfernung keine Trennung von oder zwischen den Lebewesen. Sie ist eher ein Maß für die Reichweite der Einflussnahme zwischen ihnen, dafür, wie weit und unterschiedlich eines das andere und jedes alle berührt. Wenn wir beten, erkennen wir dieses wunderbare Geheimnis an. Das Gebet ist die Bereitschaft, diese Intimität, die im gesamten Universum vorhanden ist, die das Universum *ist*, zu akzeptieren und sie zu leben. Dies bezauberte mich so sehr, dass ich das Klingeln kleiner Glöckchen geradezu brauchte, um wieder in den Raum zurückkehren zu können. Brians Bemerkung, diese Verbindung, die das Universum *sei*, nenne sich Nichtlokalität, und die Kraft, die dies geschehen lasse, würden wir als Elektromagnetismus bezeichnen, hörte ich nur am Rande. Doch irgendwie bekam ich es hin, das alles zu notieren.

Es war das Jahr 1982, und obwohl es sich bisher nur um eine Theorie handelte, hatte ich allen Grund zu glauben, dass es bereits eine Menge von Beweisen gab, die auf die tatsächliche Existenz dieser jenseits unserer sinnlichen Wahrnehmungsfähigkeit angesiedelten Wirklichkeit deuteten. 1997 wurde das Phänomen von dem Physiker Nicolas Gisin und seinem Team an der Universität Genf endgültig nachgewiesen. Sie sandten Photonen etwa zehn Kilometer entfernt voneinander in entgegengesetzte Richtungen, was auf uns übertragen eine ganze Galaxie Entfernung bedeuten würde, und zeigten, dass die Einwirkung auf eines der beiden eine augenblickliche Reaktion des anderen hervorrief. In dem Versuch, diese verbindende Seele der Materie genauer zu beschreiben, erhielt die Nichtlokalität noch einen weiteren Namen: *Quantenverschränkung.*

Unterdessen setzen meine geliebten Präriegräser täglich ihre sonnengesteuerte Energie ein, um Wurzeln zu bilden, die unglaubliche 1,8 bis 3 Meter tief in die Erde wachsen. Diese bemerkenswerte Leistung versetzt sie in die Lage, jahrelange Dürren ebenso zu überstehen, wie die Absorption von Regen zu maximieren, wenn dieser die Ebenen durchweht. Ein einziger Quadratmeter Moskito- und Büffelgras kann bis zu acht Kilometer dicht verwobene Wurzeln umfassen, sodass sich die ursprüngliche Grasnarbe der Prärie kaum pflügen lässt. Der Boden bebte förmlich, wenn der Stahlpflug ihn durchbrach und sein Netz aus Wurzeln umkehrte. »Wilde stürmische Musik«, nannte es der Sohn eines Weizenanbauers Jahrzehnte später in der Erinnerung.

Die Präriegräser auf den Weiden im Land der Crow lagen einen halben Kontinent von meinem Unterrichtsraum in Chicago entfernt, doch die Erkenntnisse, die mich damals bei der Fronleichnamsfeier förmlich überfallen und mir die Verbindung der Erde zu allem Leben gezeigt hatten, erklangen plötzlich in wilder wissenschaftlicher Musik. Das Wissen über das Sich-Drehen von Teilchen in enger Partnerschaft wurde zu einem unmittelbaren, entscheidenden Wendepunkt in meinem Gottesgefühl, das nun das gesamte miteinander verbundene Universum umfasste. Ich wagte es nicht, Gott, die Nichtlokalität und die Quantenverschränkung in einen Topf zu werfen. Ganz und gar nicht. Doch ich wusste, dass ich nun über eine echte Möglichkeit verfügte, mir die alles durchdringende, alles einschließende Präsenz Gottes in mir und in allem, was existiert, in der schimmernden Erde und im gesamten, uns bekannten Universum vorzustellen. Und in allem, was weit über alles hinausgeht, das wir wissen können. In dieser Weite spürte ich eine liebevolle Nähe Gottes. Und in Gott eine Nähe zu allem, was ist. Diese Erfahrung hatte ich wohl kaum bei einem Vortrag eines Naturwissenschaftlers erwartet, in der dritten Reihe eines Seminarraums in der Nähe eines Sees, dessen Blau sich im Himmel verlor.

Ist das eine Art Evolution?, fragte ich mich. Taucht da etwas wirklich Neues auf in der Art und Weise, wie ich meine Welt, wie ich das Universum wahrnehme? Bildet sich die DNS des biblischen Glaubens dank einer Geschichte über das Universum, die sich auf wissenschaftliche Informationen gründet, zu etwas Neuem? Und nicht nur für mich persönlich. Bin ich nur eine unter vielen, die entdecken, dass dieses Wissen von einem verschränkten Universum in der Tat die spirituelle Erkenntnis von der heiligen Gemeinschaft des Planeten bereichert und vertieft?

Diese Notizen brauchte ich nicht einzurahmen und über meinen Schreibtisch in Chicago neben das Bild von Jesus und seinen Freunden beim Passahmahl, ihrem letzten gemeinsamen Abendmahl, zu hängen. Ich brauchte bloß die Jalousie vor meinem Schreibtisch hochzuziehen mit dem Blick auf die Platane mit ihren großen Blättern und die aus vibrierenden Atomen bestehenden Backsteinmauern Chicagos. Etwas zu sehen bedeutet, alles zu sehen und das Heilige überall zu erkennen: eine treue, Milliarden Jahre alte Gemeinschaft.

13

WAS DER
CROW-ÄLTESTE WEISS

LODGE GRASS

Unser Gebet stieg auf wie Weihrauch.

»Wir dachten schon, du würdest vielleicht nach deinem Leben in einer großen Stadt wie Chicago gar nicht mehr zu uns ins Indian Country zurückkehren wollen«, sagte eine meiner Freundinnen aus Pryor zu mir.

»Ich habe die Pferde vermisst«, antwortete ich, und sie nickte. Das heißt, ich hatte jene Wildheit und Kraft vermisst, die sich im Gewimmel einer Stadt nicht finden ließen. »Pferde« hieß so viel wie: die umwerfenden Weiten an Gräsern, den Beifuß mit seinem Duft im Frühling, wenn es geregnet hatte, und die Klapperschlangen, die ich mitunter vor der Haustür zusammengerollt vorfand. Als begeisterte Neubesitzerin von kistenweise Theologie- und Wissenschaftsbüchern sowie einem Master in Religionswissenschaften hatte ich dennoch den täglichen Singsang der Sprache, die Kultur und Traditionen der Crow vermisst, die an den Rändern meines katholischen Glaubens und meiner persönlichen Träume herumspukten. Ich hatte die ganze große Gemeinschaft in Pryor und Umgebung vermisst, die für mich Familie bedeutete, besonders aber Gwennie und Larry Plain Bull, meine Adoptiveltern nach Art der Crow.

Und vor allem hatte mir Mary Frances Flat Lip gefehlt, die mir den Wolf geschenkt hatte, »der sich uns zeigte«. Also war ich wiedergekommen.

Wir zwei setzten uns in der Schule zu Sandwiches mit gegrilltem Käse, zu rotem Wackelpudding und Birnen aus der Dose zusammen und unterhielten uns über ihre Enkelkinder, über den Sohn, der schon lange nicht mehr da gewesen war, und darüber, wie sie betete.

Ende Mai hatte ich das Studium der Schöpfungsspiritualität abgeschlossen, war aber den Sommer über in Chicago geblieben, um zusätzliche Theologie- und Bibelkurse zu belegen. Pater Dan Crosby, der Leiter der Seelsorge aller sieben Pfarreien im Land der Crow und Northern Cheyenne, hatte mich im Januar kontaktiert und mich gefragt, ob ich nicht ein neues Programm für eine Laienausbildung in allen sieben Pfarreien erstellen wolle. Die Seelsorgeteams der Pfarreien hatten sich einhellig für ein solches Programm entschieden und Dan ermutigt, mich zu bitten, den Job zu übernehmen. Zudem würde ich in der Gemeinde von Lame Deer im Team der Blessed Sacrament Church mitarbeiten und dort die Leitung der Kirchenmusik übernehmen. Im August hatte ich meine Sachen gepackt und war bereit, Chicago für meine neue Aufgabe im Land der Northern Cheyenne zu verlassen.

Ich freute mich auf das Zusammenleben mit Schwester Claver Ehren, die mich bei meiner ersten Schwitzhüttenzeremonie Jahre zuvor in Pryor unterstützt hatte. Sie war in der Kirchengemeinde die neue Leiterin des Religionsunterrichts für Kinder und besuchte gleich zu Beginn ihres neuen Dienstes die Eltern, um sie als Lehrer zu gewinnen. Sie war eine groß gewachsene, stets zum Lachen aufgelegte Frau, die über scheinbar grenzenlose Energie verfügte. Sie machte zahllose Hausbesuche, verteilte Materialien und schulte die Eltern, damit sie ihre Kinder zu Hause selbst unterrichten konnten. Wenn Claver abends zum Essen heimkam und lebhaft von ihrem Tag erzählte, spürte ich, dass die Eltern überzeugt waren, sie könnten etwas tun, was sie nie für möglich gehalten hatten, weil Schwester Claver so sicher war, dass sie es konnten.

Ich kannte in Lame Deer, Montana, niemanden außer Claver und dem Priester und Franziskanerbruder. Ich wusste so gut wie nichts über die Geschichte der Northern Cheyenne. Der Pfarrer unserer Gemeinde Pater Paul Reichling ermutigte mich, einen Kurs zu besuchen, der in jenem Semester am Dull Knife Memorial College angeboten wurde. Ich schrieb mich ein. Die Professorin war eine Northern Cheyenne, eine Anwältin namens Gail Small.

Ich arbeitete halbtags in der Pfarrgemeinde der Blessed Sacrament Church, half bei den wöchentlichen Messen und sang bei den vielen Beerdigungen. Darüber hinaus fuhr ich jede Woche in einem alten, leuchtend orangefarbenen Ford Fiesta in sechs weitere Dörfer des Reservats, um dort in den katholischen Crow- oder Northern-Cheyenne-Pfarreien einen Kurs zu geben, damit sich die Menschen vor Ort an liturgischen Aufgaben beteiligen konnten. So zogen wöchentlich fast 500 Meilen Präriegräser, Beifuß und Pferde an meinem Ford Fiesta vorüber.

Doch bevor ich mit dem Unterrichten anfing, breitete ich auf meinem Schreibtisch meine Kursnotizen aus, und auf dem Boden neben dem Stuhl stapelte ich die Bücher, die ich mir in Chicago besorgt hatte. In Zusammenarbeit mit den Priestern und Nonnen jeder Pfarrei stellte ich einen sechswöchigen Kurs für liturgische Aufgaben zusammen. Jede Kurseinheit beinhaltete Input über die katholische Messe und den göttlichen Ruf, sich als Laien an den verschiedenen liturgischen Aufgaben zu beteiligen.

Danach war geplant, gemeinsam zu beten. Und im dritten Teil des Unterrichts würde es um die Praxis in dem Bereich gehen, den jede Person als Aufgabe für sich gewählt hätte: wie man sich dem Altar nähert, wie man aus der Bibel vorliest oder die heilige Kommunion austeilt.

Im Oktober und November hatte der Pfarrer der Kirchengemeinde von Lodge Grass Pater Jim Antione im Sonntagsbulletin Einladungen veröffentlicht, in denen er für den neuen Kurs warb und die Menschen zu einer Teilnahme ermutigte. Die Franziskanerin Schwester Cecily Schroepfer, die bereits mehrere Jahre Mitglied im Pastoralteam war, lud die Menschen, von denen sie wusste, dass sie für derlei Aufgaben geeignet waren, persönlich ein. Und so kam es, dass ich schließlich eines Tages im Pfarrzentrum von Lodge Grass einen Unterrichtsraum betrat.

Zwei Paare und einige Frauen hatten sich angemeldet und saßen nun an einem hufeisenförmigen Tisch zusammen. Cecily war sichtlich erfreut über die Beteiligung. Zu Beginn dankte sie den Anwesenden für ihr Kommen und stellte mich vor. Die Teilnehmer saßen still, fast ein wenig steif da. Das Ganze hier war für sie etwas vollkommen Neues. Normalerweise machte der Priester in der Messe außer der Kollekte alles selbst. Nur ab und an bat Pater Jim einen Ältesten, ein Gebet auf Crow zu sprechen. Schwester Cecily als erfahrene Musikerin und ein Chor von Crow-Frauen übernahmen einen Großteil des Gesangs. Ansonsten war die Messe Sache des Priesters und ganz gewiss nicht ihre.

Nie hatte in ihrer Anwesenheit ein Crow, also einer von ihnen, bei der Messe eine Aufgabe übernommen. So etwas war bisher nie erlaubt gewesen. Als ich sie fragte, warum sie sich für den Kurs gemeldet hatten, sagten die meisten, Schwester Cecily hätte sie eingeladen. Manche fügten hinzu, sie seien sich nicht sicher, ob ihresgleichen sie dann noch akzeptieren würden. Andere fühlten sich einer solchen Aufgabe unwürdig. Manche wunderten sich, warum der Kurs überhaupt angeboten wurde.

Ich wiederholte, was Schwester Cecily bereits mit jedem persönlich besprochen hatte. Ich sagte, dass der Heilige Geist Gottes sie mit Gaben für den Dienst an ihrer Familie, an der Gemeinschaft und an der Pfarrgemeinde erfüllt und gesegnet habe. Ich las Bibelstellen über die Gaben vor, die die frühen Christengemeinden erhalten und weitergegeben hatten. Ich betonte, dass die größte dieser Gaben die Liebe sei. Und gewiss liebten sie doch ihre Pfarrgemeinschaft. Die meisten nickten. Nun werde diese Liebe auf eine neue Art und Weise benötigt.

Cecily lächelte. Ich spürte unter den Leuten eine zaghafte Bereitschaft, den Versuch zu wagen, und schlug eine Kaffeepause vor, bevor wir uns in der Kirche treffen würden, um füreinander zu beten.

Cecily und ich stellten im Kreis Stühle auf. Gemeinsam luden wir die Leute ein, sich zu setzen. Wir hatten Holzkohle angezündet und Zedernholz aufgelegt, das einen leichten Willkommensduft verströmte. Sie saßen, die Köpfe gesenkt, da und beteten. Warteten ab.

Ich fragte, ob jemand bereit wäre, das Gebet zusammen mit uns anzuleiten. »Wir beginnen mit dem Verbrennen des Zedernholzes«, sagte ich. »Möchte jemand die Räucherschale übernehmen und um unseren Kreis tragen?«

Ich ahnte nicht, dass ich an diesem Abend etwas lernen würde, das mein Gebet für den Rest meines Lebens verändern würde.

Die bekannte katholische Praxis der Beräucherung einer Gemeinde mit duftendem Harz, das aus dem Nahen Osten importiert wird, schenkt einer Messe mehr Feierlichkeit. Mit dem Weihrauch, der die Luft still erfüllt, ehrt man gewissermaßen die Menschen. Er segnet alle. In den Crow-Gemeinden wird diese

Praxis ein wenig verändert. Duftendes Zedernholz, das in spirituellen Zeremonien der Crow und Northern Cheyenne wie der Schwitzhütte oder dem Sonnentanz über Jahrhunderte verwendet wurde, kommt dort nun ebenfalls in den katholischen Kirchen zum Einsatz.

Wenn die Schale an den Menschen vorbeigetragen wird, ziehen sie den Zedernrauch in ihr Herz hinein.

Mich erstaunt es jedes Mal, wie dieses einfache Ritual eine Gemeinde mitsamt den Kindern beruhigt, wenn sich die Menschen dem Rauch entgegenneigen und seinen stechenden Segen mit Körper, Stirn und Herz aufnehmen. Und es hat etwas sehr Handfestes, in Gegenwart eines Duftes zu beten, der von dem Ort stammt, an dem wir leben. So gut wie jeder weiß, wo die duftintensivsten Zedern wachsen.

JW, ein einheimischer Vietnamveteran, nun Farmhelfer, bot an, die qualmende Schale zu Beginn unseres Gebets um unseren Kreis zu tragen. »Und immer, wenn Sie an jemandem vorbeigehen«, rief ich JW ins Gedächtnis, »sprechen Sie ein Gebet für diese Person.«

In dem Augenblick erhob sich Alex LaForge, ein hochgewachsener Crow mit gekrümmtem Rücken und zerfurchtem Gesicht, langsam von seinem Stuhl und kam zu mir. Er war eine geachtete Führungsperson in der Gemeinschaft. Mir war es beinahe peinlich, ihn in meinem Unterricht zu haben, weil er so erfahren war, ein echter Ältester.

»Du hast es vergessen, Schwester«, sagte er mir leise ins Ohr. Ich hatte keine Ahnung, was ich vergessen haben sollte. »Wenn JW an den einzelnen Leuten vorbeigeht, braucht er nichts zu sagen. *Das Verbrennen des Zedernholzes ist das Gebet.*«

Natürlich bat ich Alex, sein Wissen mit der Gruppe zu teilen. Dann trug JW mit steifen Gliedern humpelnd und so versehrt, wie

161

wir es nicht ermessen können, schweigend das nach Zedernholz duftende Gebet der Erde um die Gruppe herum zu unseren Herzen. Dankbar überließ ich mich dem Schweigen und stimmte in ein Gebet mit ein, das keiner menschlichen Worte bedarf.

Ich lernte. Über Nacht bei einem kranken Kind zu sitzen, *ist* das Gebet. Monat für Monat darauf zu hoffen, dass ein Sohn das Gefängnis überlebt, *ist* das Gebet. Mit dem Ehepartner oder einer Freundin geduldig ein Missverständnis aus dem Weg zu räumen, *ist* das Gebet. »Alles, was existiert, betet. Die Felsen, Pflanzen und Tiere beten zu Gott«, stand auf einem Plakat in der Schwesternkapelle in Pryor. Langsam lernte ich es.

Als JW sich wieder setzte, sang Cecily zum Abschluss des Gebets mit uns das Lied »Spirit of the Living God, fall afresh on us«.

Nach einem Augenblick der Stille waren wir bereit, mit dem Üben für die einzelnen Aufgaben zu beginnen.

Cecily rief die Leute um den Altar, die sich dafür interessierten, bei der heiligen Kommunion zu helfen. Sie gab jedem einen kleinen Teller mit einem Stück Brot. Ich hörte, wie sie sagte, dieses Brot komme direkt aus der Plastiktüte und sei nicht während der Messe vom Pater geweiht worden, sondern einfach Brot zum Üben. Sie zeigte ihnen, wie sie die Hostie halten und vor der Person anheben sollten, die sie empfangen würde.

»Und jetzt kommt der wichtigste Teil«, sagte sie. »Schaut die betreffende Person an, während ihr sagt: ›Leib Christi.‹ Ihr redet hier nicht nur über das Brot, sondern sprecht die Person bei ihrem wahren Namen als Christ oder Christin, als Leib Christi, an.«

Ich führte meine Gruppe zu dem erhöht stehenden Lesepult. »Ihr übt und lernt euren Text natürlich schon vorab zu Hause. Erinnert euch, wenn ihr hier steht und zu lesen beginnt, dass die Welt Gottes eine lebendige Welt ist. Sie hat die Kraft, den Geist und das Herz der Menschen zu berühren, die die Worte hören, und ihnen zu helfen. Es ist *eure* Stimme, die das lebendige Wort Gottes in die Herzen der Menschen trägt. Ist das nicht wunderbar?!«

Die Gruppe kam im Stuhlkreis wieder zusammen.

»Möchte jemand ein Schlussgebet sprechen?«, fragte ich. Alex nickte und stand auf. Er betete in seiner Sprache, auf Crow, und nannte jeden und jede im Kreis beim Namen. Tränen brannten mir in den Augen.

In den vier Jahren, in denen ich in den sieben Pfarreien arbeitete, brachte ich nicht einmal das Gespräch auf die Wunder des Universums, auf die Nichtlokalität, auf die psychisch-spirituelle Dimension aller Materie. Gelegentlich zeigte ich Claver meine Notizen, häufig verwendete ich sie in meinen Meditationen. In meine formale Arbeit aber brachte ich das Universum nie ein. Zuerst dachte ich, ich wäre mit diesem Studium gescheitert, und es hätte eine Menge Geld gespart werden können, wenn ich mich auf ein paar Theologie- und Liturgiekurse per Fernstudium beschränkt hätte.

Aber ich liebte die Arbeit und die Menschen, mit denen ich arbeitete. Heute weiß ich, dass die großartigen Kräfte des Universums in uns wirkten, als wir diese neuen, von Herzen kommenden Verbindungen zueinander und zu Gott schufen und uns zu erwachseneren Glaubensgemeinschaften entwickelten, bei denen viele ihre Gaben einbringen konnten. Ich wusste, dass wir Gemeinschaften waren, in denen auch das Universum betet, wenn wir beten. Das genügte mir. Es machte nichts, dass niemand sonst diese Worte hörte. Die Liebe ist schließlich die größte Gabe.

TEIL IV
EIN NEUER WEG

14

EINE FRAU WEIST DIE RICHTUNG

LEADERSHIP CONFERENCE REGIONAL MEETING DONALDSON, INDIANA

Du tränkst die Berge aus deinen Kammern (…)
Du lässt Gras wachsen für das Vieh und Pflanzen
für den Ackerbau des Menschen, damit er Brot gewinnt
von der Erde.

PSALM 104: 13–14

Katholische Schwestern werden wir meist aus dem Wunsch heraus, einem Ruf Gottes zu folgen. Dieser Ruf ist gewöhnlich nichts im Außen Vernehmliches, sondern nur im Herzen hörbar, wie ein Traum, der uns von innen her ins Kloster zieht. Mitunter lädt eine Lehrerin, die Ordensschwester ist, eine junge Frau ein, sich zu überlegen, dem Kloster beizutreten, mitunter ist es auch eine Freundin. Nun wird auch die Gemeinschaft Teil des Rufes. In einem Vorgang, der aus Gebet, Beobachtung, Gespräch und dem Horchen nach Innen besteht, klären die Betreffende und die Gemeinschaft gemeinsam, ob sie dazu berufen ist, dieses Leben zu führen.

Unsere Bezeichnung für diesen Vorgang lautet »Unterscheidung der Geister«. Dazu bedarf es der Ehrlichkeit, gegenseitiger Achtung und Offenheit in Herz und Geist für unerwartete Ergebnisse. Sie ist von innerem Freisein geprägt. Vor allem geht es darum, frei zu sein von Angst und dem Bedürfnis nach Kontrolle. Das Gefühl der Berufung setzt sich das ganze Leben fort. Berufen zu sein für eine andere Aufgabe oder eine besondere Gruppe von Menschen, berufen, einem neu entstandenen Bedarf in der Gesellschaft oder in der Kirche nachzukommen oder in einem fremden Land zu dienen. Berufung ist etwas Lebendiges, Energiegeladenes; sie verändert sich mit dem Alter, den erworbenen Fähigkeiten und Interessen der jeweiligen Schwester. Und fließt wie ein Fluss tief in ihrer Seele, sich verändernd und doch beständig in ihrem Strömen.

Im Spätwinter meines vierten Jahres in Lame Deer erhielt ich einen Anruf von einigen unserer Schwestern mit der Bitte, mich für eine Führungsposition in unserer Ordensgemeinschaft zur Verfügung zu stellen.

Das erschütterte mich. Falls mich die Schwestern wählten, würde ich vier Jahre zusammen mit vier weiteren Schwestern für das Wohlergehen der gesamten Kongregation verantwortlich sein. Es würde meinen Umzug nach Oldenburg, Indiana, bedeuten. Eine solche Aufgabe wollte ich eigentlich nicht, hatte aber das vage Gefühl, dazu berufen zu sein, ohne es ganz zu verstehen oder ignorieren zu können.

In jenem Jahr hatte der Frühling schon früh Einzug gehalten. Ich fragte mich, wohin ich gehen konnte, um in Stille und Einsamkeit Klarheit zu finden. Es zog mich in die Berge. Ganz besonders in die Pryor Mountains oder genauer in die abgelegenen, zerklüfteten Canyons und Bergkämme der Pryor Mountain Wild Horse Range. Ich wollte an einem Ort sitzen und nachdenken, wo weite

Ausblicke mir die Seele öffnen und die unberührte Natur mein Denken inspirieren konnten.

Nur mit Schlafsack, Zelt, etwas zu essen, meiner Bibel, meinem Tagebuch und Stiften bepackt, würde ich von Lame Deer über die Bighorn Mountains und dann über das offene Land weiter zu den Pryors fahren. Zufrieden mit meinem Plan machte ich mich auf den Weg. Als ich am Fuß der Bighorn Mountains in dem Dorf Ranchester anlangte, zog ein Schneesturm auf, die Berge waren hinter Wolken und Wind verborgen. Ich hatte keine Chance, sie sicher zu überqueren.

Und keinen Plan B.

Da erinnerte ich mich an ein kleines Benediktinerinnenkloster, das erst kürzlich auf einer Ranch irgendwo in der Gegend gegründet worden war. In Ranchester gab es eine Bibliothek. Der beste Ort, um mich nach der Lage eines Klosters zu erkundigen. Und tatsächlich war die Bibliothekarin im Stande, mir die Telefonnummer zu besorgen. Die Nonnen hatten ein Gästezimmer für mich frei. Ich wurde herzlich eingeladen, einige Tage bei ihnen zu verbringen.

Erste Lektion in der Unterscheidung der Geister: die Bereitschaft, Pläne zu ändern und den Wildpferden Adieu zu sagen. Es blieb stürmisch in den Bergen. Ich sah sie zwischen den Wolken auftauchen, wenn ich morgens und nachmittags lange Spaziergänge über die Farmweiden machte und dem Vieh möglichst weiträumig auswich. Ich versuchte, mir ein entschiedenes Nein zu der Bitte der Schwestern einzureden. Doch das verursachte einen Sturm in mir, der alles Leben, alle Schönheit und Entwicklungsmöglichkeit ausschloss. Bei unseren gemeinsamen Mittagsessen hörten mir die Benediktinerinnen zu, wenn ich meine gemischten Gefühle und den Widerwillen gegenüber einer so großen Veränderung beschrieb. Sanft halfen sie mir, mein Herz zu öffnen. Endlich begriff ich, dass ich mich zumindest bereiterklären konnte, mit meiner Gemeinschaft eine Unterscheidung der Geister vorzunehmen.

Als ich ein paar Tage später wieder in Lame Deer war, unterschrieb ich das entsprechende Formular und reichte meinen Namen beim Wahlkomitee ein.

Ich fuhr mit dem Pastoralteam von Lame Deer zu den Chico Hot Springs, wo wir auf vereisten Pfaden an Bächen entlangwanderten, im nahe gelegenen Yellowstone Park Langlaufen gingen und morgens und abends in heißen Quellen badeten, und versuchte, die Unterscheidung der Geister zu vergessen. »Ich bin gerne hier, und ich liebe diese Arbeit«, sagte ich zu Pater Reynold Rynda, während der Bach neben uns rauschte. Er nickte und sagte, das Team und die Gemeinde würden uns im Fall meiner Wahl vermissen, zugleich sei es aber wichtig, offen zu bleiben für Gottes Ruf in eine Führungsaufgabe. Ich hatte gehofft, er würde mich drängen, meinen Namen von der Liste zurückzuziehen, doch er war ein für die innere Stimme des Heiligen Geistes empfänglicher Mensch. Als ich in jenem Frühling eines Tages gerade den Herd bei mir zu Hause in Lame Deer putzte, klingelte das Telefon, und unsere aktuelle Generaloberin Schwester Marie Kathleen sagte mir, ich sei in den Generalrat gewählt worden.

Die Gemeinde von Lame Deer bereitete mir ein Abschiedstreffen und schenkte mir eine handgefertigte Elchledertrommel mit einem wunderschön perlenbesetzten Trommelschlägel. Von Leuten aus den verschiedenen Pfarrgemeinden bekam ich Perlenketten, eine Decke, einen Schal geschenkt. Wieder einmal packte ich unter Tränen meine Sachen, um Indian Country zu verlassen.

In der letzten Juniwoche kamen zwei befreundete Schwestern mit dem Van von Indiana angefahren, um mich und mein Gepäck samt Bücherkisten abzuholen. Einige Tage darauf erreichten wir spätabends Oldenburg. Sie halfen mir, meine Sachen in eines der Gebäude des Mutterhauses zu schleppen, in dem mein neues Zimmer lag.

Ich fühlte mich dünnhäutig, verletzlich. Ich durchwühlte meine Stapel von Kisten, bis ich Schlafsack und Zeltplane gefunden hatte. Dann ging ich hinaus und breitete sie in der warmen Nachtfeuchte Indianas unter einem Ahorn hinter dem Mutterhaus aus, um dort auf dem feuchten Gras zu schlafen. Als ich mich am nächsten Tag im Speisesaal zum Mittagessen an einem Tisch niederließ, sprachen mich Schwestern an, die ich kaum kannte: »Wir hörten, dass du heute Nacht draußen geschlafen hast.« Ich war schockiert. Mit dem Privatleben war es offenbar aus. Am 2. Juli feierte die Gemeinschaft die offizielle Zeremonie zur Einsetzung des neuen Generalrats, bestehend aus den Schwestern Kate Holohan, Julie Hampel, Carol Ann Sunderman, Joan Laughlin und mir.

Am Tag nach unserer Ernennung ging ich in den noch freien Büroraum, um meine neue Arbeit anzutreten. Mit 40 Jahren war ich das jüngste Mitglied des fünfköpfigen Verwaltungsteams der Sisters of St. Francis. Wir waren gewählt worden, um unseren Schwestern zu dienen und sie zu leiten. Ich hatte keine Ahnung, was das konkret an Arbeit bedeutete.

Ich packte meine Lieblingsbücher über die Heilige Schrift und die Earth Spirituality aus und stapelte sie, da es kein Bücherregal gab, in meinem geöffneten Überseekoffer, den ich mit einer bunt gestreiften traditionellen Decke mit angepinnten Wildenten- und Moorhuhnfedern drapierte. In einer Kiste fand ich zwischen Büchern ein tänzelndes Messingpferd, das mir Pater Reynold geschenkt hatte, und stellte es direkt vor mir vorne auf den Schreibtisch.

Ich hatte keine Ahnung, was ich als Nächstes tun sollte. In einer halben Stunde würden wir uns im Versammlungsraum zu unserer ersten Sitzung treffen. Kate und Julie waren bereits Mitglieder im vorhergehenden Rat gewesen. Ich vertraute darauf, dass sie uns drei Neulinge durch das Gewirr der Verantwortlichkeiten geleiten würden.

Ich seufzte und zog eine Schublade auf, aus der ich einen Stapel mit kleinen Fotoporträts der fast fünfhundert Schwestern hervorholte, die wir nun leiten würden. Ihre Namen standen auf der Rückseite der Fotos. Mehr als zweihundert Schwestern waren im Ruhestand und lebten hier in Oldenburg. Ich ging die Bilder einzeln durch und versuchte, mir die Namen zu merken. Außer ein paar ehemaligen Lehrerinnen und Schwestern, mit denen ich gelebt oder studiert hatte, kannte ich keine von ihnen. Ich kämpfte gegen die Tränen der Angst und Einsamkeit an, die in mir aufstiegen.

Bei der Generalratssitzung an diesem Tag und bei den späteren im Sommer und Herbst darauf lernte ich nach und nach, was es bedeutete, Verantwortung für das Wohlergehen aller dieser Schwestern zu tragen. Wir waren verantwortlich für das Gesamtbudget, das ihre Gesundheitsversorgung, Bildung, berufliche Entwicklung und die alltäglichen Bedürfnisse absicherte. Fast 300 Schwestern arbeiteten in katholischen Schulen, Pfarrgemeinden und in sozialen Einrichtungen in neun US-Bundesstaaten sowie in einer High School in Kenia, einem verarmten Barrio von Guayamas, Mexiko, und im Hochland im Süden Papua-Neuguineas. Wir fünf freuten uns darauf, alle zwei Jahre diese Orte zu besuchen.

Spätestens bei unserer dritten Sitzung hatten wir auch die letzten der verschiedenen Verantwortungsbereiche unter uns aufgeteilt. Meiner schloss eine Zusammenarbeit mit dem Office of Life Development ein, von dem eine leitende Kraft Schwestern Beistand leistete, wenn sie Probleme mit ihrer Aufgabe hatten oder in ihrer Arbeit eine neue Richtung einschlagen wollten. Außerdem war ich in unserem Ausschuss für Gerechtigkeit und Frieden engagiert. Darüber hinaus wurde ich beauftragt, die besonderen Bedürfnisse derjenigen Schwestern zu beurteilen und zu berücksichtigen, die in Übersee und anderen Kulturen in den Vereinigten Staaten tätig waren.

Je besser ich die anderen vier Schwestern kennenlernte, desto mehr genoss ich den Kontakt und gewann sie lieb. Ich lernte schnell, dass ich ihrem Wissen über die Schwestern und die Gemeinschaft sowie ihrer Hingabe an Gott und die gestellte Aufgabe trauen konnte. Nach und nach gewöhnte ich mich an die Routine der Büroarbeit, an den Zeitplan der Gebete und Mahlzeiten im Mutterhaus und daran, dass ich kein Privatleben mehr hatte.

Bald nach meinem Umzug nach Indiana begann ich, lange Spaziergänge auf der nahe gelegenen Farm unserer Kongregation zu unternehmen. Da es billiger war, die Nahrungsmittel für die Gemeinschaft des Mutterhauses und die Seminaristinnen anliefern zu lassen, hatte der Orden schon in den 1960er-Jahren aufgehört, die Farm zu bewirtschaften. Ich entdeckte abgeschiedene Buchentäler, wo keine Häuser zu sehen und kein Verkehr, nicht einmal das Rumpeln von Lastwagen, zu hören waren. Eines Tages war ich schon früh unterwegs und genoss die Stille einer am Hang gelegenen Weide im Leuchten des Sonnenaufgangs. Ich lief um unsere aus Backsteinen gebaute Scheune herum, die größte in Indiana mit einem freitragenden Dach. Ich sah, dass das kleine Pumpenhaus, das über einem tiefen, von zwei algenbewachsenen Retentionsbecken gespeisten Brunnen gemauert worden war, bis zur Decke mit Schutt gefüllt war. Außerdem waren zwischen den Bäumen der verschiedenen kleinen Waldungen Gegenstände »gelagert«: kaputte Betten und Geschirrspüler, Porzellanwaschbecken und Klosetts. Und haufenweise Müll. Es zerriss mir das Herz zu sehen, was wir der Landschaft antun, sogar dann, wenn das Land uns gehört.

Unterstützt und ermutigt von den anderen vier Schwestern aus unserem Leitungsteam, schickte ich an alle Kongregationsmitglieder einen Brief, in dem ich den Zustand unserer Farm beschrieb und um Hilfe zum Aufräumen bat. Ich suchte Freiwillige, die die Vision einer möglichen Wiederbelebung der Farm teilten und die Machbarkeit untersuchen wollten.

Als gute Nonnen bildeten wir einen Ausschuss und organisierten Aufräumtage für die Farm. Spätestens in meinem zweiten Jahr in Indiana durchkämmten mindestens dreißig Schwestern an den Frühlingswochenenden und Sommersamstagen das Land, sammelten den Müll, der zu einer richtigen Müllhalde transportiert werden sollte, leerten das Pumpenhaus und lagerten die noch verwertbaren Sachen nach Kategorien in der großen Garage. Schwestern, die schon im Ruhestand waren, saßen in dem freigeräumten, ausgefegten Schlachthaus auf Metallklappstühlen, rollten Ballengarn zusammen und unterhielten sich über Gartenbau. Am Ende jedes dieser Aufräumtage versammelten wir uns zu Gebet und Gesang in dem rustikalen Pumpenhaus. Wir wollten das Land neu segnen.

Als Leitungsteam hatten wir keine klare Vision für die Wiederbelebung der Farm. Ein Großteil des Landes war im Zuge der Ortserweiterung verkauft worden, sodass auf saftigem Weideland eine Vorortsiedlung gebaut werden konnte. Nach und nach wurde Ackerland zerstört, Land, in das die Schwestern ihr Herzblut gesteckt und für das sie den Rücken krumm gemacht hatten, Land, das den Orden mitsamt Seminaristinnen und Waisenkindern über ein Jahrhundert lang ernährt hatte.

Da erschien die Dominikanerin und Gründerin der Genesis-Farm, Schwester Miriam MacGillis, auf der Bildfläche. Sie sollte als Hauptrednerin bei einer regionalen Versammlung von leitenden Schwestern der fast zwanzig Orden auftreten, deren Hauptsitze sich in Michigan und Indiana befanden. Schwester Joan und ich hatten vor, daran teilzunehmen.

Ich hatte gelesen, dass Schwester Miriam eine neue Vision für einen alten Milchviehbetrieb entwickelt hatte, den ihr Orden im Westen New Jerseys im Durchbruchstal des Delaware River geerbt hatte. Zunächst hatte sie ein Jahr lang bei dem Kulturhistoriker und katholischen Priester Dr. Pater Thomas Berry die Evolution des Universums und der Erde studiert, sich dann mit solidarischer Landwirtschaft (SoLaWi) und Biolandwirtschaft beschäftigt. Ausgebildet als Kunstlehrerin, setzte sie ihre Talente für Earth Literacy ein und entwickelte einen zwölfwöchigen Kurs für Schwestern mit Hochschulabschluss. Die Genesis-Farm bildete den Campus, das Farmhaus die Unterkunft für acht bis zwölf Kursteilnehmerinnen, darunter vor allem Schwestern, die über einen Dienstwechsel nachdachten und sich dem Wohl der Erde widmen wollten. Ich freute mich sehr auf die Gelegenheit, sie persönlich zu erleben.

Ihr Vollzeitdienst bestand darin, die rund 60 Hektar Land der Genesis-Farm zu überwachen, die mehr als hundert Familien wöchentlich mit frisch geerntetem Gemüse und Obst versorgte, alles mithilfe von kompostiertem Naturdünger und ohne Pestizide oder Herbizide angebaut. Sie arbeitete mit fünf Gärtnern auf der Farm zusammen. Sie sammelte samenfestes Saatgut, organisierte vegetarische Kochstunden und rief Freunde zu Sonnenwend- und Tag-und-Nachtgleiche-Festen zusammen. Sie unterrichtete die Geschichte des Universums als überzeugenden Kontext für die Bestimmung der Rolle der Menschheit in der Lebensgemeinschaft der Erde und brachte den Leuten bei, wie man eine Farm führt.

Darüber hinaus hielt Miriam zahlreiche Vorträge. An jenem Nachmittag hängte sie in einem Raum voller Führungskräfte aus den Orden Indianas und Michigans in einem Mutterhaus in Donaldson, Indiana, zu Beginn ein abgenutztes Plakat aufs Podium. Es war das NASA-Foto der Erde, vom Weltraum aus betrachtet. »Das seid ihr«, sagte sie.

Sie war klein und hatte silbergraues Haar. Beim Sprechen legte sie den Kopf schief, als würde sie auf etwas lauschen. Auf die Erde weisend fuhr sie fort: »Das atmen, essen und trinken wir. Hier beten wir, feiern Kindergeburtstage und beerdigen unsere Eltern.

Hier erleben wir das Göttliche, begeistern uns für das Mysterium des Lebens, werfen reihenweise Bomben aufeinander, auf Flüsse und Gärten, auf andere Tiere und Pflanzen«, fügte sie hinzu und gab damit auf mir fast unheimliche Weise genau den Überzeugungen Ausdruck, die ich schon lange tief im Herzen hegte. »Die Erde ist Heimat. Sie geht vor«, betonte sie. »Ohne sie gibt es uns nicht.«

»Und doch«, fuhr sie fort, »benehmen wir uns so, als ginge das vor, was *wir* tun, und die Erde käme erst danach dran. Wir konstruieren unsere Regierungen, Gesetze und Bildungssysteme so, dass wir die Gaben der Erde weiter ausbeuten können. Wir behandeln die Erde so, als existiere sie nur, um uns Ressourcen für jedweden Gebrauch nach unserem Ermessen zur Verfügung zu stellen. Doch dem ist nicht so. Die Erde geht vor.« Sie deutete ehrfürchtig auf das Plakat.

Ihre melodische Stimme wurde sanfter, sie klang wie die heiligste spirituelle Führerin, die man sich nur vorstellen konnte.

»Die Erde geht vor«, wiederholte sie, »und unsere Religionen, unsere Politik und Wirtschaft, unsere landwirtschaftlichen, Bildungs- und Gesundheitssysteme sind in Wahrheit alle von der Erde abgeleitet und von ihr abhängig.« Wieder deutete sie mit der Hand auf den wunderbaren Planeten, der mitten aus dem schwarzen Raum heraus leuchtete.

Natürlich. Es gab eine Ebene, auf der ich das wusste. Wir alle wussten es, machten es uns aber, wenn überhaupt, nur selten bewusst oder lebten auch nur ansatzweise danach.

»Daher muss alles, egal, was wir tun, was wir essen, wie wir unsere Häuser beheizen, welche Autos wir fahren, welche Versicherungspolicen wir haben, wen wir wählen – *alles* muss danach beurteilt werden, ob es der Erdgemeinschaft insgesamt schadet oder sie fördert. Denn die Erde geht vor. Die Fürsorge für unsere Familien, der Schulunterricht, die Arbeit in den Pfarrgemeinden, alles hat mit der Erde zu tun und muss danach beurteilt werden, wie es sich auf die Erde auswirkt.«

Miriam stand jetzt vor dem Podium und wies wieder auf die Erde. »Also, wo fangen wir an?«, fragte sie. »Sucht euch eine Sache aus, ganz egal, was. Euer Wasser. Informiert euch, woher es kommt, wie kontaminiert es ist und durch wen, und wie genau es zu Trinkwasser aufbereitet wird. Informiert euch über eure Nahrungsmittelversorgung. Findet heraus, wo euer Müll landet. Was werdet ihr der nächsten Generation zum Aufräumen hinterlassen?

Überprüft die Leitlinien, Prioritäten und Ziele eures Ordens. Und die Budgets, vor allem die Budgets. Spiegeln sie die Tatsache wider, dass die Erde vorgeht? Sind sie von Ehrfurcht und Achtung vor einem heiligen Planeten getragen? Was tut ihr als Führungskräfte, um dem künftigen Leben und allem Leben zuliebe für einen gesunden Planeten zu sorgen?«

Als sie fertig war, tat ich etwas, was ich noch nie getan hatte. Ich bin normalerweise zu schüchtern, um einen Redner anzusprechen. Diesmal eilte ich noch während des Applauses nach vorn und stellte mich als Letzte in die Schlange. Als ich an der Reihe war, sagte ich: »Das war wunderbar. Unsere Farm ist heruntergewirtschaftet. Können Sie uns helfen?«

Beim gemeinsamen Mittagessen machten wir Pläne. Sie bot an, nach Oldenburg zu kommen, sich mit mir zusammen die Farm anzusehen und die Möglichkeiten zu erörtern. Sie sagte, sie wolle gern einen Gesprächsabend mit dem Farmausschuss und interessierten Schwestern anbieten. Sie empfahl mir, den Jesuitenpater Al Fritsch, einen Landwirt und Wissenschaftler aus Kentucky und Gründer der gemeinnützigen Organisation *Appalachia – Science in the Public Interest*, damit zu beauftragen, das Potenzial und die Ressourcen der Farm von den Gebäuden und Retentionsbecken bis hin zu den Weiden zu beurteilen. Ich war so aufgeregt, dass ich kaum einen Bissen herunterbekam.

Während ich auf den Beginn der Nachmittagsveranstaltung wartete, bekam ich nichts von den Gesprächen um mich herum mit. Gedankenverloren starrte ich aus dem Fenster in die weichgezeichneten Herbstfarben hinaus. Wenn ich das, was Miriam sagte, ernst nahm, folgte daraus, dass Jesu Gebot, deinen Nächsten zu lieben wie dich selbst, in einem *Planeten* verwurzelt ist. Die Erde ist der Nächste, ist das Selbst, sie ist Wir. Die Erde zu lieben bedeutet, uns selbst und unsere Kinder und den überall vorhandenen Nächsten wie uns selbst zu lieben. Das Wasser zu vergiften, die Berge zu roden, Fische mit Quecksilber zu kontaminieren und das Klima zu verwüsten bedeutet, uns und unsere Kinder arm zu machen und brutal zu belasten. Die Verletzung unseres Planeten ist eine Verletzung unserer selbst und unserer Kinder. Das will niemand wirklich.

Und doch tun wir es. Hauptsächlich aus Geld- und Profitgier.

Die Worte des heiligen Johannes in seinem ersten Brief an die frühen christlichen Gemeinden konnte ich auswendig: »Wenn jemand sagt: Ich liebe Gott!, aber seinen Bruder hasst, ist er ein Lügner. Denn wer seinen Bruder nicht liebt, den er sieht, kann Gott nicht lieben, den er nicht sieht« (1. Johannes 4:20). Hier bin ich und sehe die Erde, sehe sie immer. Der heilige Franziskus sah die Erde als »unsere Schwester Mutter Erde«, als unsere *Schwester*. Ob wir die Erde, die anderen, das Selbst oder Gott lieben – es ist ein und dieselbe Liebe.

In jener Nacht konnte ich, wollte ich nicht schlafen und tat so gut wie kein Auge zu.

Endlich, nach fünfundzwanzig Jahren als Ordensschwester, die an städtischen sowie an Schulen in Pfarrgemeinden der Crow und Northern Cheyenne gearbeitet hatte, konnte ich zugeben, was ich manchmal sogar vor mir selbst verheimlicht hatte. Ich hatte versucht, mein Leben und mein Herz der Liebe zu Gott und dem Dienst an den geliebten Kreaturen Gottes zu widmen, vor allem den Menschen, die ökonomisch schwach waren. Doch die ganze Zeit hatte eine andere Liebe an mir genagt, eine Liebe, die mit der Hingabe an Gott nicht vereinbar schien. Nämlich genau diese. An erster Stelle und mit ganzem Herzen und ganzer Seele hatte ich die Erde geliebt. Ich hatte Körper und Seele eines Planeten geliebt.

Ich wollte meine Gelübde von ganzem Herzen leben. Und war dennoch ruhelos. Oft fragte ich mich, was mein Herz erobern würde. Konnte es Gott sein? Ich wollte lieben, bodenlos und hart auf hart.

Mit weit aufgerissenen Augen starrte ich an die nackte Decke eines Gästezimmers in Donaldson. Ich musste mir zugestehen, dass genau das geschehen war. Nicht in einer Kapelle mit Gewölbe und buntem Fensterglas mit Darstellungen von Jesus, Maria und den Heiligen. Nicht bei einer der frühmorgendlichen hypnotischen Gebetswachen. Nicht beim Singen von Lobliedern in wunderbaren Harmonien, die Gott selbst das Herz brechen konnten. Nicht dort.

Sondern auf einer schmalen, von Felsen gesäumten Straße in Montana, weit oben in den Beartooth Mountains, die mir zur Linken fast viertausend Meter aufragten, während zur Rechten der Himmel tief in ein von Gletschern eingeschnittenes Tal stürzte.

Und hinter einer Kurve beim Blick auf die Fleckenteppiche von Alpen-Vergissmeinnicht und auf glasklare Seen, hervorglitzernd unter Schneebänken, die über glimmernde Granitvorsprünge hinüberhingen.

Es schien mir unmöglich, mich etwas Kleinerem, weniger Aufregendem zu widmen. Ich hatte mich hingekniet, um an diesen Blumen zu riechen. Nun erhob ich mich wieder und sagte JA zu meiner herzzerreißenden Liebe zu dieser Schönheit, zur Erde. Endlich konnte ich, gestärkt durch Schwester Miriams Klarheit, diese Liebe für mich beanspruchen. Ich liebe die Erde. Ich liebe Körper und Seele eines Planeten. Ich liebe die Luft einer Winternacht, den messingfarbenen Widerschein der Sonne auf einem Gebirgsbach. Ich liebe die Erde, wenn vom Wetter Gefahr droht und wenn die Wildblumen blühen. Ich liebe die Erde im fließenden Lied einer Wiesenlerche, im Stich einer Biene, im Vollmondlicht. Ich liebe diesen Planeten. Unverhältnismäßig intensiv. In diesem Augenblick begriff ich, dass ich so sein wollte wie Schwester Miriam.

Die vertrauten Selbstzweifel stiegen in mir auf. Allein im Dunkeln liegend, rang ich mit meinen Gedanken und Gefühlen, mit mir. Diese Liebe zur Erde lenkte mich doch von der Liebe zu Gott ab. Sie kam mir gar anomal und die Energie und Leidenschaft, die damit einhergingen, verboten vor. Ich bezweifelte, dass die Liebe für den Planeten im spirituellen Leben einen akzeptablen Platz einnehmen konnte. Sie würde bestenfalls zum Lob Gottes für die Gaben der Schöpfung passen. Und schlimmstenfalls würde sie das Herz spalten, das Gott in der Schöpfung anbetete.

Ich wusste von der Häresie des Pantheismus, der die Schöpfung als Gott anbetete. Ich hatte akzeptiert, dass dies stets zu vermeiden war, und beschlossen, mich gegen dieses verführerische Böse zu wappnen und mit ganzem Herzen den Lehren, Gebeten und spirituellen Praktiken zu widmen, die der physischen Erde abseits von Gott Exil und Leid zuwiesen. Dem Himmel kam das Privileg zu, als Wohnstätte Gottes über und jenseits der Erde zu stehen und die wahre Heimat der Seele zu sein.

Immer noch hellwach, sprangen meine Gedanken in alle Richtungen. Als junge Schwester hatte ich mich in Kansas City schwergetan, der scheinbar spirituellen Anziehungskraft von fallendem Schnee, Tauben, die vor einem lodernden Sonnenuntergang kreisten, oder dem Anblick von gesprungenem, im Regen glitzerndem Asphalt zu widerstehen. Bei den paar Schritten von der Schule zum Kloster hielt ich gern inne, um in allem zu baden, was auch immer die Aufmerksamkeit der erschöpften Lehrerin erregte und sie erfrischte. Um dann – wieder einmal verspätet – zum Gemeinschaftsgebet zu eilen.

In den 1960er- und 1970er-Jahren war ich mir nur vage der wachsenden Gefahr bewusst, die die Industrieemissionen und das nukleare Wettrüsten für das Leben bargen. Ich wusste von dem immer schnelleren Artensterben und akzeptierte es irgendwie als traurige Normalität. Die Flutwelle an Bewusstwerdung und politischer Entschlossenheit, die Rachel Carsons Buch *Der stumme Frühling* 1962 auslöste, ging komplett an mir vorüber. Von den historischen Gesetzen des Clean Air Act (1963), Clean Water Act (1972), Endangered Species Act (1973) und Wilderness Act (1964) bekamen weder ich noch die Schwestern, mit denen ich zusammenlebte, oder meine Familie etwas mit. Es war, als würde ich in einem anderen Land leben.

Und nun gab es da plötzlich Schwester Miriam, die sich der gewachsenen Herausforderungen für die Erde so überaus bewusst war und ihr Leben der Erforschung und Schaffung von Lösungen widmete. Schlaflos wälzte ich mich im Bett hin und her. Was sollte ich tun?

Auf der Heimfahrt am nächsten Morgen schüttete ich Joan, die ebenfalls als Generalratsmitglied an der Veranstaltung teilgenommen hatte, mein Herz aus. Ich versuchte mir einzureden, dass es in Ordnung oder gar normal sei, einen Planeten zu lieben. Schwester MacGillis hatte die Fürsorge für die Erde in den Mittelpunkt ihres Lebens gestellt. Konnte ich das nicht auch?

Ich war so aufgewühlt, dass ich weinen musste, während ich Joan zwischen Schluchzern und Taschentüchern zu erklären versuchte, was ich meinte.

»Ich habe noch nie jemanden in der Kirche darüber predigen gehört, Marya«, sagte Joan und sah mich vom Fahrersitz aus an, »aber ich halte es für eine gute Sache, die Erde zu lieben.«

Als ich Jahre später an diese Fahrt mit ihr zurückdachte, wurde mir klar, dass dort der große Umbruch in meinem Leben einsetzte. Wie ein Erdbeben, das mit einem winzigen Riss in der Erdkruste beginnt und dann weiter strahlt, bis es Berge erschüttert, den Meeresboden absenkt, einen Tsunami auslöst. Dieser Umbruch strahlte mir unerbittlich in Herz und Seele, stellte jede meiner Überzeugungen infrage und zwang mich dazu, alles auf die große Frage hin zu überprüfen: Schadet es der Lebensgemeinschaft der Erde oder schützt und fördert es sie? Jede Aufgabe, die ich mir suchte, jede Entscheidung hinsichtlich meiner Lebensweise, jedes Gebet, das ich betete, und jedes Loblied, das ich sang, prüfte ich ab da vor dem Hintergrund dieser Frage. Es war berauschend, deprimierend und aufreibend. Doch ich spürte, dass ich es nicht sein lassen konnte. Wegen genau dieser Liebe.

»Ich halte es für eine gute Sache, die Erde zu lieben«, wiederholte Joan.

Ich machte es mir auf dem Autositz bequem und starrte aus dem Fenster auf das Ackerland Indianas, um dies alles erst einmal wirken zu lassen. Miriam betrachtet *nichts* als losgelöst von allem anderem. Die Fürsorge für den Planeten ist nicht einfach ein weiterer Punkt auf der ohnehin zu langen »To-do«-Liste jeder Schwester. Wie wir unseren Planeten behandeln, ist in jedem Punkt auf der Liste enthalten. Es *ist* die Liste.

Daher machten der Farmausschuss und ich uns daran, unseren Franziskanerinnenorden davon zu überzeugen, dass es tatsächlich ein »Dienst an Gott und der Jugend« war, unsere Farm wieder urbar zu machen, die Scheune zu restaurieren, biologisch zu gärtnern und Vieh zu züchten, das stets draußen auf der Weide sein und nur von Gras ernährt werden sollte. Miriam kam, wie versprochen, und lief mit uns und Paul Wissel, dem älteren Bauern, der als Letzter für uns gearbeitet hatte, das Land ab. Dabei sprühte sie nur so vor Ideen. Am selben Abend hängte sie vor mehr als zweihundert versammelten Schwestern ihr Plakat auf und schaffte es in den zwei Stunden, die ihr Vortrag dauerte, uns davon zu überzeugen weiterzumachen. Selbst jene Schwestern, die sich wegen der begrenzten finanziellen Ressourcen Sorgen um unsere anderen Aufgaben gemacht hatten, waren bereit, der Farm eine zweite Chance zu geben. Viele der älteren Schwestern waren auf Farmen aufgewachsen; sie liebten das Land und trauerten um seine Vernachlässigung und sein Schrumpfen. Manche hatten während ihrer Exerzitientage Wanderungen durch die gesäuberten Waldungen genossen. Andere hatten in dem stillen Pumpenhaus gebetet, das zu einer Einsiedelei umfunktioniert worden war. Wieder andere fragten sich, ob die Fürsorge für das Land echter Dienst an Gott oder gar ein Ruf Gottes sein konnte.

Schlussendlich stimmten wir ab. Und beschlossen mehrheitlich die Wiederbelebung der Farm. Nun ging es mit der Arbeit erst richtig los.

15

SONNENTANZ ZUM JAHRESTAG

*Dort erschien ihm der Engel des HERRN in einer
Feuerflamme mitten aus dem Dornbusch. Er schaute
hin: Der Dornbusch brannte im Feuer, aber der
Dornbusch wurde nicht verzehrt.*

2. MOSE 3:2–3

Es gab für mich zwei Gründe, nach Montana zu fliegen. Eine unserer wichtigsten Leitungsfunktionen bestand darin, die Schwestern an den Orten zu besuchen, an denen sie lebten und arbeiteten. Darüber hinaus sollte ich mich um die besonderen Bedürfnisse derer kümmern, die in Übersee und in den USA in anderen Kulturen arbeiteten. Bis dahin hatte ich die Schwestern in Papua-Neuguinea, Mexiko und Kenia, im Land der Navajo und wieder einmal im Land der Crow besucht und von ihnen gelernt. Zu meiner Überraschung sollte sich bald noch ein dritter Grund für einen Besuch in Pryor und bei den beiden Schwestern ergeben, die dort arbeiteten.

Kurz nach meiner Ankunft sagte mir Pater Randolph, sein Freund Heywood Big Day wolle mich treffen. Anscheinend ging es um einen speziellen Sonnentanz, den Heywood plante. Einige

Tage darauf saßen Heywood und ich nachmittags an dem ovalen Tisch, der das Erdgeschoss der winzigen Bibliothek in der Schule der St. Charles Mission nahezu ausfüllte. Heywood heizte wie gewohnt mehrmals pro Woche seine Steine für die Schwitzhütte und war außerdem noch immer der Sprach- und Kulturberater von Pater Randolph.

Heywood setzte mit der Bemerkung ein, es sei gut, dass wir uns träfen, denn er habe einen Plan für den fünfzigsten Jahrestag des Crow-Sonnentanzes ausgearbeitet, der im Sommer in Pryor stattfinden sollte. Er wolle das Andenken an etwas feiern, was sein Vater William 1941 getan habe. Ich hatte keine Ahnung, warum er mir dies speziell mitteilte.

»Weißt du, warum mein Vater uns Crow den Sonnentanz zurückgebracht hat?«

»Pater Randolph hat es mir gesagt«, antwortete ich. »Aber ich würde gern mehr von dir darüber erfahren.« Heywood nickte.

Er erzählte mir, dass er als Säugling wochenlang krank gewesen sei und kontinuierlich Gewicht verloren habe. Ein Arzt habe eine doppelseitige Lungenentzündung diagnostiziert. Verzweifelt habe sein Vater William das traditionelle Gebet für Heilung gesprochen. Er habe seinen apathischen kleinen Sohn ausgezogen und hinaus in die kalte Märzbergluft getragen. Er habe ihn zum Himmel hochgehoben und die aufgehende Sonne gegrüßt, während er zu dem einen Göttlichen Wesen gebetet habe: »Wenn du meinen Jungen am Leben lässt, verspreche ich, dass ich meinem Volk den Sonnentanz zurückbringe.«

Dies war ein mächtiges Gelöbnis. Das Baby wurde kräftiger, bis es zu dem Mann geworden war, der nun hier in der Bibliothek der St. Charles School vor mir saß.

Zwei Jahre nach seinem Gelöbnis brachte William im Sommer 1941 die heiligste Zeremonie der Prärie-Stämme zurück ins Land der Crow. Seit 1875 hatte es keinen Crow-Sonnentanz mehr gegeben, da er von der US-Regierung verboten und von christlichen Missionaren verunglimpft worden war. Auch 1941 hätten die US-Behörden noch eingreifen können. Doch jener Sonnentanz verlief friedlich und zog mit jedem Jahr mehr Teilnehmer an.

Zu meiner Überraschung schob Heywood nun den Ärmel seines Hemdes bis zum Ellbogen hoch und legte seinen dunklen Unterarm neben meinen blassen. »Obgleich unsere Haut sehr unterschiedlich aussieht und du keine Crow bist«, sagte er, »steht dir jede Tür in diesem Tal offen.«

Ich nickte verdutzt.

»Vielleicht weißt du, dass am dritten und letzten Morgen des Sonnentanzes vier Frauen den Tänzern und Tänzerinnen das Wasser bringen, das ihr Fasten beendet. Sie haben drei volle Tage nichts gegessen oder getrunken. Sie haben getanzt. Zum Julivollmond wird es sehr heiß sein. Die Frauen, die das Wasser bringen, müssen Älteste sein und den Traditionen der Crow mit Achtung begegnen. Ich möchte dich als eine der Frauen dabeihaben. Mary Lou wird dir beistehen.«

Ich versuchte, mir meine Erschütterung nicht anmerken zu lassen. Ich konnte es nicht fassen. Ich war sechsundvierzig und wohl kaum eine Älteste. Andererseits achte und wertschätze ich, was ich über die Traditionen der Crow weiß. Innerlich zitternd ließ ich die Einladung auf mich wirken. Am Rande hatte ich bereits Sonnentänzen beigewohnt, überwältigt von ihrer Erhabenheit, den Opfern, die die Tänzer und Tänzerinnen darbrachten, der Fähigkeit der Zeremonienleiter, sich die zahllosen Details der Heilungsrituale, Lieder und Restriktionen ebenso zu merken wie den übergeordneten Fluss einer Zeremonie, die Menschen heilt und das Universum neu ausrichtet, das durch menschliche Ignoranz, Nachlässigkeit und Plünderung gestört ist.

185

Heywood lehnte sich zurück, schob den Ärmel wieder zum Handgelenk herunter und wartete auf meine Antwort.

»Dass du mich darum bittest«, sagte ich langsam, »weiß ich sehr zu schätzen. Ich fühle mich zutiefst geehrt und werde eine Menge Unterstützung und Anleitung benötigen, damit ich weiß, was ich tun und lassen soll. Mary Lou wird mir die beste Lehrerin sein.«

»Danke dir, Schwester.« Wir gaben einander die Hand. Als er gegangen war, blieb ich noch eine Weile allein in der Bibliothek sitzen und ließ die Tragweite von Heywoods Bitte auf mich einwirken. Am selben Abend luden die Schwestern Pater Randolph zum Essen ein. »Dass Heywood dich gebeten hat, eine der vier Frauen zu sein, sagt viel aus.«

»Ich bin jetzt schon nervös«, sagte ich, »aber ich weiß, dass du mir dabei helfen wirst.«

An dem betreffenden Tag im Juli stand ich vor dem Morgengrauen auf und zog mir das königsblaue, langärmelige Crow-Kleid an, das Gwennie mir geschenkt hatte, als sie und Larry mich adoptiert hatten. Ein breiter perlenbesetzter Gürtel und knöchelhohe weiße, mit Blumenmuster verzierte Mokassins sowie die Halskette meines Clans rundeten die traditionelle Ausstattung ab.

In der Einfahrt hörte ich ein Auto hupen. Es ging los. Mit dem neuen Zinkwassereimer und der Schöpfkelle, die mir Mary Lou am Tag zuvor ins Kloster gebracht hatte, saß ich kurz darauf steif und aufrecht in Randolphs Wagen. Er bog in den vertrauten, ausgefahrenen Weg zum Sonnentanz-Zelt ein, das – vom Haus der Big Days aus – am gegenüberliegenden Ufer des Pryor Creek lag.

»Heywood hat seit Beginn der Zeremonie fast ununterbrochen Leute behandelt«, sagte Randolph. »Und heute sind für den Abschluss noch ein paar hundert dazugekommen.« Er schüttelte den Kopf. »Eine Riesenverantwortung.«

Die anderen drei für das Wasser verantwortlichen Frauen standen bereits mit Mary Lou am Eingang der Big Lodge. Wir warteten auf Anweisungen. In der Nähe stand ein Pick-up, beladen mit vier nagelneuen großen Zinkabfalltonnen.

Auf ein Zeichen von Mary Lou drängten die drei Ältesten und ich uns mit ihr zusammen in den Pick-up. Heywood junior saß am Steuer. Mehrere junge Männer sprangen hinten auf die Ladefläche mit den Abfalltonnen. Der Junior legte den ersten Gang ein, und schon schlingerten wir vorwärts, rumpelten über die Holzbohlenbrücke über den Pryor Creek und den Weg hinunter zur asphaltierten Straße. Von hier war es nicht weit bis zum Chief Plenty Coups State Park. Die Tonnen schepperten gegeneinander, als der Pick-up über eine Wiese mit hochgewachsenen Gräsern und weißen Wildblumen zur Plenty-Coups-Quelle polterte, die sich neben dem Haus und Handelsposten des früheren Häuptlings befand.

Wir stiegen aus und stellten uns gemeinsam in den nassen, glitschigen Schlamm am Rande eines klaren Wasserbeckens, das von hohen Pappeln umgeben war. Die Quelle sprudelte unter Felsen und Baumwurzeln hervor. Eine nach der anderen stützten wir uns schwer auf den Junior und beugten uns steif nach vorn, um unsere Kelle mit Wasser zu füllen und in unseren Eimer umzugießen. Ich sah zu, bevor ich es den anderen als Letzte sorgfältig nachtat und jeweils, bevor ich Wasser aus der Quelle schöpfte, betete.

Der blaue Himmel zog sich unendlich weit über die Pappeln und die Quelle. Die Gräser und Blumen nickten in der Morgenbrise sanft mit den Köpfen. Stille umhüllte uns, leicht durchsäuselt vom Rascheln der Pappelblätter.

Wir traten von der Quelle zurück. Die jungen Männer füllten das Wasser aus unseren Eimern schnell in die Abfalltonnen und wuchteten sie auf die Ladefläche des Pick-ups. Mary Lou forderte den Junior auf, langsam zu fahren.

»Heywood hat es nicht eilig«, sagte sie.

Wieder in der Lodge angekommen, reihten wir uns barfuß am Eingang auf und warteten. Es war noch früh am Morgen, aber die Sonne schien mir bereits warm auf den Nacken. Dann gingen wir vier Frauen auf ein Zeichen Mary Lous in die Mitte der Lodge hinein.

Die Heiligkeit und besondere Ehre dieses Augenblicks nahmen mir den Atem.

Die 104 Männer und Frauen saßen, zum Großteil geschwächt, an Stangen gelehnt im Kreis neben ihren Ruhematten. Manche hatten sich hingelegt. Während des Fastens hatten sie stundenlang in der Hitze getanzt. Die Lodge war von ihren Gebeten und ihrem Leid erfüllt. In diesen Schmelzofen demütiger Gebete, die die Bedürfnisse der Crow, aller Menschen, der ganzen Welt, des Universums umfassten, war auch ich nun hineingetreten.

Wir reihten uns hinter Heywood auf. Er stand neben dem dicken Baumstumpf im Zentrum der Lodge, der die Dachsparren der zum Himmel offenen Lodge trägt. Der Tür Richtung Osten zugewandt, hielt er die Arme der glühenden Sonne entgegen. Adlerfedern hingen ihm von den Handgelenken herab.

Junge Männer hievten und schleiften die randvollen Gefäße in die Lodge. Wasser spritzte. Heywood betete auf Crow ein Dankesgebet für das Wasser und für die Frauen, die mit dem Wasser Leben hervorbringen. Obwohl erschöpft vom Fasten und den Behandlungen, setzte er sein langes Schlussgebet dennoch fort und hielt mit seinen Worten getreulich den unendlichen Durst zurück, um seinem Volk den Weg in die Freiheit zu ebnen.

Die leuchtenden Farben der Decken, Röcke, gewobenen Gürtel und Kattunkleider der Fastenden verschwammen vor meinen Augen. Hier wehte nicht das leiseste Lüftchen, allein die Hitze und Heywoods kaum hörbares Gebet füllten die Lodge. Ich sah an ihm vorbei, durch den Rauch der reinigenden Feuer hindurch, ins volle Sonnenlicht hinein, das sich über die Prärie bis in die Lodge hinein ergoss und mich umhüllte.

Und plötzlich stand ich nicht einfach nur im Sonnenlicht. Es erfüllte mich und zog mich in die Sonne hinein. Ich wurde eins mit der Sonne. Und dann sah ich die Tiere und Pflanzen, die Flüsse und Meere, die Berge, das Pryor Valley, uns alle in diesem Sonnenlicht, allesamt eins mit der Sonne. Alles, was ich je an Trennendem gelernt hatte, löste sich in Luft auf. Das Gewebe der Schöpfung war hier, in diesem Strahlen, lebendig, es zitterte im Auf und Ab von Heywoods Stimme im Gebet.

Jemand zupfte mich am Ärmel und zeigte auf eines der Gefäße und das Viertel des Kreises, dem ich Wasser servieren sollte. Ich kniete mich vor dem ersten Mann nieder. Bebend reichte ich ihm die Schöpfkelle, kostbares Wasser tropfte herab.

Ich bewegte mich langsam. Die Männer beugten sich nacheinander vor und trieben mich an. »Wir sind durstig, Schwester!« Sofort bedauerte ich mein Trödeln und machte schneller weiter.

Das Gebet endete, schon durch das nur schlückchenweise verabreichte Wasser belebt, rollten die Tänzer und Tänzerinnen der Reihe nach ihre Matten zusammen und gingen wie frisch auferstanden aus der Lodge. Ich stand mit den Armen an den Seiten hängend, die Schöpfkelle tropfend in der Hand, daneben und beobachtete sie. Heywood ging als Letzter.

Nun war die große Big Lodge leer, zugleich aber angefüllt und still.

Die Menschen saßen sich an langen Tischen gegenüber, vor sich Platten mit Wassermelonenscheiben, Äpfeln, Orangen, Grapefruits und ganzen Bananen. Eiswürfel und Zitronenscheiben schwammen in glitzernden Wassergläsern. Die Sonne stand hoch am Himmel und tauchte die Szenerie in einen herrlichen

Glanz. Das Leben stieg gurgelnd auf wie Wasser aus einer tiefen Quelle.

Ich setzte mich mit Heywood, Mary Lou und ihrer Familie an einen Tisch. Nach dem Essen gab mir Randolph ein Zeichen, dass er mich zurück zum Kloster fahren würde. Wie sollte ich bloß in jene Welt zurückkehren? Wie sollte ich beschreiben, was ich erlebt hatte? Und durfte ich das überhaupt? Das Einzige, was ich damals wusste, war die lebhafte Erinnerung an jene zeitlose, vibrierende Stille in der Lodge, an das große Einssein, das Jahrtausende durchzog und mich willkommen hieß, mich im Kreislauf des Lebens und der Erde trug.

16

SCHWESTER CLAIRE HANDELT

Niemand zündet eine Leuchte an und stellt sie in
einen versteckten Winkel oder unter einen Scheffel,
sondern auf den Leuchter (...).

LUKAS 11:33

Sie überraschte mich. »Wie bitte?«, fragte ich. »Du würdest gern auf die Michaela-Farm ziehen und dort arbeiten?«

Schwester Claire Whalen hatte als Leiterin der Fakultät für Erziehungswissenschaften und später dann Dekanin des Marian College, der heutigen Marian University, in Indianapolis gearbeitet. Sie war die Leiterin der Weiterbildungsabteilung unserer franziskanischen Ordensgemeinschaft. In dieser Funktion hatte sie mich fast zwanzig Jahre zuvor überredet, mitten im Kalten Krieg einen höheren Abschluss anzustreben.

Sie war klein, drahtig, tatkräftig und hatte schönes, dichtes weißes Haar. Mit ihrem Lächeln brachte sie einen vollen Saal zum Dahinschmelzen, auch wenn das angesichts ihres überwältigenden Wissens, ihrer Logik und ihrer leidenschaftlichen Weisheit gar nicht nötig gewesen wäre. Sie hatte gerade erst ein Sabbatical hinter sich und wollte auf unserer neu getauften Michaela-

Farm eine neue Arbeitsstelle mit der Bezeichnung »Leiterin des Bildungsprogramms« schaffen. Da sie unser Rentenalter bereits überschritten hatte, würde sie ehrenamtlich arbeiten. Sie würde in Gemeinschaft mit anderen Schwestern leben und kein Gehalt oder Stipendium benötigen. Außerdem wollte sie Bäume pflanzen, Tausende Bäume.

»Und ich denke, ich könnte helfen, ein Praktikumsprogramm auf die Beine zu stellen«, fügte sie hinzu. »Ich bin zwar nicht auf einer Farm aufgewachsen, aber ich komme aus der Zeit der Kriegsgärten. Wann immer es in meinem Leben möglich war, hatte ich einen kleinen Gemüsegarten.«

Bei unserer nächsten Generalratssitzung, die monatlich stattfand, reichte ich ihren Vorschlag, eine Stelle für eine Bildungsprogrammleiterin auf der Michaela-Farm zu schaffen, ein und teilte dort auch gleich mit, dass sich Claire dafür bewerben würde. Allen war klar, dass Claire beträchtliche Fähigkeiten einbringen würde, die für das Projekt zur Wiederbelebung der Farm dringend benötigt wurden.

Im Jahr 1993 begann sie mit ihrer neuen Aufgabe »im Dienst unserer Schwester Mutter Erde« und machte sich daran, all das, was sie sich vorgestellt hatte, zu verwirklichen. Sie begann mit den Bildungsprogrammen, zu denen es auch gehörte, die Leiterin der Farm, Schwester Anita Brelage, bei dem Praktikumsprogramm zu unterstützen. 1997 half sie bei der Einführung eines offiziellen Berufspraktikums. In den darauffolgenden sechs Jahren wurden 21 junge Frauen und Männer als Praktikanten aufgenommen und durch die Farm und die Farmer und Farmerinnen ausgebildet, darunter Schwester Anita Brelage, Schwester Donna Graham und Schwester Claire. Die Praktikantinnen und Praktikanten lernten landwirtschaftliche und gärtnerische Fertigkeiten, schrieben Artikel für den wöchentlichen Newsletter der Farm und machten ihre

Erfahrungen mit den unvermeidlichen Herausforderungen und Belohnungen des Gemeinschaftslebens.

Währenddessen beaufsichtigte Claire die Pflanzung von knapp neun Hektar Bäumen auf den brach liegenden Feldern der Farm. In einem stark vom Wind geschädigten Wald wurden junge Setzlinge mit Baumschützern umzäunt. Claire organisierte eine Baumspenderinitiative. Menschen von überall her schenkten Bäume und Baumschützer im Gedenken an ihre Verstorbenen. Claire trug auf einer Karte ein, wo die Schenkungsbäume standen. »Du kannst den Baum deines Vaters besuchen«, sagte sie mir, »es ist ein Judasbaum in der Nähe der Einsiedelei gleich hinter den Retentionsbecken.«

Sie stellte Recherchen über die Beschaffenheit der Böden auf der Farm an. Als echte Geografin fertigte sie umfangreiche Karten der vielfältigen Farmgebäude und Gärten, Böden, Waldstücke und Farmgrenzen sowie der Wanderwege zum Genießen und Meditieren an. Sie sorgte für die Produktion eines Farmvideos, das den Zuschauern Land und Tiere zeigte und zu jedem Thema Lehrreiches anbot.

Sie erkannte die ureigene Schönheit der Michaela-Farm, arbeitete mit den Mitarbeiterinnen und Praktikanten zusammen, wenn es um das Streichen der Ställe, das Pflanzen von Blumen und Anlegen von Gemüsegärten in den Wirtschaftshöfen der Farm ging, die jahrzehntelang vernachlässigt worden waren. In den 1990er-Jahren wurde die Michaela-Farm zu einem Ort, der zwanzig bis dreißig Familien und die Gemeinschaft des Mutterhauses versorgte, die aus über einhundert Schwestern bestand. Die wiederhergestellte, ertragreiche Schönheit erweiterte und belebte Claires persönliche Vision und ihr Sendungsbewusstsein nur umso mehr.

Da sie so viel über die Vorteile einer lokalen, nachhaltigen Landwirtschaft lernte, suchte sie nun fest entschlossen nach einem

Weg, auch die Menschen, die sich einen solchen »Luxus« nicht leisten konnten, mit frischem Gemüse zu versorgen. 2001 wendete sie sich an geistliche Gemeinschaften, deren Mitglieder – Frauen und Männer – an den Kirchen der zwei Nachbarorte Batesville und Brookville, Indiana, tätig waren, um den Zuschuss, den sie von den Dominikanerschwestern in Springfield, Illinois, erhalten hatte, aufzustocken. Sie erklärten sich einverstanden. Mit diesen Mitteln aus beiden Quellen kaufte sie frische Produkte von der Michaela-Farm und im Laufe der darauffolgenden drei Jahre auch von mehreren anderen Farmen. Unter dem Namen »Share the Bounty« bot das Programm einkommensschwachen Familien in drei umliegenden Orten und dem Umland während der Vegetationsperiode nährstoffreiches Essen ebenso wie Kochkurse an.

Claire führte akribisch Buch über das Programm, samt Einkauf und Vertrieb der Produkte. Sie arbeitete mit Kathy Cooley zusammen, einer Ernährungsberaterin am nahe gelegenen Margaret Mary Community Hospital, und mit Frauen in Brookville, die über eine Außenstelle der Kreisverwaltung mit einkommensschwachen Familien arbeiteten. Sie gaben Share-The-Bounty-Kochkurse und halfen bei der Suche nach Familien, für die das Programm infrage kam.

Im Jahr 2005 gründeten die Farmer, die sich an dem Programm beteiligten, und das Sozialdienstnetzwerk eine weitere Graswurzel-Initiative: die Food and Growers Association (FGA). Von Claire in die Wege geleitet und ermutigt, konzentrierte sich diese Gruppe auf die Organisation eines größeren Bauernmarktes in Batesville. Außerdem förderte die FGA ein SoLaWi-Programm. Claire übernahm die Leitung der FGA, gab sie aber bald an Kathy Cooley weiter.

Ermutigt von den Mitgliedern der neu gegründeten Food and Growers Association, organisierte Claire im Frühjahr 2006 eine

Bauernkooperative. Schon im Juni stellte die Laughery Valley Growers Cooperative (LVG), bestehend aus acht Farmern vor Ort, 30 SoLaWi-Kisten für lokale Abonnenten bereit. Die Genossenschaft nannte ihr Direktvermarktungsprojekt »FarmFresh CSA«. Währenddessen lernte ich einige der Vorteile des SoLaWi-Systems kennen. Zunächst gibt es Einzelpersonen und Familien die Gelegenheit, zu Beginn der Vegetationsperiode von den Erzeugern Anteile an den lokal angebauten Produkten zu erwerben, indem sie eine Pauschale für ihre Wochenkiste zahlen. Während der gesamten Saison tragen die Anteilseigner und Erzeuger ebenso das Risiko niedriger Erträge, wie sie Nutznießer von Rekordernten sind. Manche SoLaWis richten ein Tauschsystem mit den Anteilseignern ein, sodass diese ihre Anteilskosten gegen Gartenarbeit senken können. SoLaWis stärken die Gemeinschaft vor Ort.

Claire führte die Bauernkooperative weiter, die sich heute »Laughery Valley Growers« nennt. Spätestens 2010 verteilte ihre beliebte SoLaWi einhundert Kisten pro Woche mit frischem Gemüse, Salat, Beeren und anderem Obst an Kunden von Batesville, Indiana, bis hin nach Cincinnati, Ohio. Claire sammelte auch weiterhin Spenden von der Batesville Area Ministerial Association. Mit diesen Mitteln wurden von weiteren Genossenschaftsbauern frische Produkte gekauft, um die von den lokalen Kirchen betriebene Speisekammer zu bestücken. In all den Jahren war die Michaela-Farm Mitglied der Genossenschaft und wichtiger Lieferant für die SoLaWi.

Alle diese Projekte erforderten stundenlange Buchhaltung, Planung und Koordination von Erzeugern, Kistenpackern, Lieferanten und ehrenamtlichen Helfern. Doch dabei beließ es Claire nicht. Sie entwickelte Rezepte für die Newsletter von FarmFresh CSA, die an die Kisten der Anteilseigner geheftet wurden. Die Leser und Leserinnen erfuhren vieles über ihre Erzeuger und die

Farmen sowie über den nährwertbezogenen und ökologischen Vorteil des Verzehrs von lokal angebauten Produkten. Der Newsletter war auf der Webseite der Genossenschaft abrufbar, zusammen mit vielen Rezepten – etwa für Gemüseaufläufe, Salate oder Soßen – für die Zubereitung köstlicher Mahlzeiten auf Grundlage der Inhalte der SoLaWi-Kisten. Die FarmFresh CSA hatte 84 Abonnenten.

»Ich halte meine Augen und Ohren offen für alles, was unseren Erzeugern nutzen kann«, sagte Claire, als ich sie einmal besuchte. »Ich lerne gern und teile meine Erkenntnisse gern mit anderen.« Sie erfuhr, dass das Christ Hospital in Cincinnati seinen Angestellten ermöglichen wollte, SoLaWi-Kisten zu beziehen, und traf mit dem Krankenhaus eine Vereinbarung, die sowohl den Erzeugern als auch dem Krankenhauspersonal zugutekam: Während der gesamten Anbausaison wurden den Mitarbeitern des Krankenhauses allwöchentlich Gemüsekisten geliefert.

Bei all den Wundern, die Claire vollbracht hatte, spürte ich, dass sie von etwas Tiefgründigem angetrieben wurde. Ging es vielleicht um die Würde der Farmer, der Erzeuger, der einzelnen Menschen und Familien, die sich ernähren müssen? Oder war sie einfach sehr auf Integrität und Gerechtigkeit eingestimmt? War es die Vision moralischer Schönheit, eine wahrhaft franziskanische Vision, die die Erde und die Menschen mit Liebe umhüllt? Ich vermutete, dass alle drei dahinterstanden, und als ihre fortwährende Praktikantin lernte ich weiter von ihr, nachdem ich meine Leitungsaufgabe wieder abgegeben hatte und herauszufinden versuchte, wie ich der von mir geliebten Erde dienen konnte.

17

ICH ERFINDE MICH NEU

Sucht und ihr werdet finden (…).

MATTHÄUS 7:7

Ohne dass Claire es wusste, bestärkte mich ihr Handeln in meiner Entschlossenheit, mich in meiner Arbeit für die Erde einzusetzen. Unser Leitungsteam würde am 1. Juli jenes Jahres seine zweite Amtszeit beenden. Was stand nun für mich an? Wohin würde mich Gottes Ruf führen, was brauchte die Welt von mir? Im Frühjahr 1994 fing ich an, selbst Pläne für ein Sabbatical zu schmieden.

Anfangs jedoch kam ich auf meinen alten Traum zurück, in Bibelstudien zu promovieren. Ich konnte mir sogar vorstellen, dass ein solcher Abschluss womöglich in ein weiteres Studium und letztendlich in eine Ordination in einer anderen christlichen Konfession als der römisch-katholischen mündete.

Ich entschied mich für die beste Hochschule für Theologie, die ich kannte: die Catholic Theological Union in Chicago. An der dortigen Fakultät lehrten einige der besten Bibel- und Theologieprofessoren, und das Kursprogramm beinhaltete ein Semester in Palästina. Ich reichte meine Bewerbung ein und wartete auf eine Antwort.

Als ich gerade zum Mittagessen gehen wollte, fand ich den Brief im Briefkasten vor meinem Büro. Mit klopfendem Herzen riss ich den Umschlag auf und ging langsam den Flur mit den hohen Fenstern mit Blick auf den Innenhof hinunter. Ich hielt an, um den Brief zu lesen. Direkt vor mir in der gegenüberliegenden Wand befand sich eine Nische mit einer lebensgroßen Statue des heiligen Franziskus. Sie repräsentierte eine Tradition, die mich in meiner Unterscheidung der Geister stärkte.

Meine Hände zitterten, als ich den Brief auseinanderfaltete und las: »Herzlichen Glückwunsch. Wir freuen uns, Sie bei uns aufnehmen zu können …«

Ich erstarrte, bekam Platzangst, konnte kaum noch atmen. Meine Reaktion schockierte mich. Warum freute ich mich nicht? Warum rannte ich nicht los, um meinen Kolleginnen die freudige Nachricht zu erzählen? Doch plötzlich begriff ich: Es war falsch, gar nicht mein Weg, nicht meine Berufung. Ich spürte, dass mein Leben im »kirchlichen Dienst« abgeschlossen war.

In der darauffolgenden Woche sagte ich der Theological Union ab. In der Antwort zeigte man sich enttäuscht und sicherte mir im Falle einer Meinungsänderung einen Platz zu. Im selben Monat nahm ich an einem Workshop über globale Probleme teil, der von den Vereinten Nationen und den Global Education Associates gesponsort war, einer gemeinnützigen Organisation, die meine Freunde Gerry und Patricia Mische gegründet hatten. Viele Redner und Rednerinnen auf der Konferenz äußerten ihre Besorgnis über die Umweltzerstörung. Darunter auch Schwester Miriam MacGillis. Ich nahm eine Broschüre über einen Masterstudiengang des mir bis dato unbekannten California Institute of Integral Studies mit, das mich anzog, weil dort Professoren und Professorinnen für Naturwissenschaften, Umweltwissenschaften und Feminismus arbeiteten, deren Arbeiten mich schon seit Langem inspirierten. Darüber hinaus gab es dort verschiedene Kurse zu Geschichte und Wesen des Universums.

Ich wusste, dass ich ein wenig Zeit brauchte, um meine Seele zur Ruhe kommen zu lassen und wirklich offen für die Unterscheidung der Geister zu sein. Ich brauchte einen vertrauten Ort unter Freunden, um darüber nachzudenken, welche Richtung ich künftig einschlagen wollte. Als Leitungsteam hatten wir mit einer Gruppe von Frauen der Crow und Northern Cheyenne zusammengearbeitet, die einen sicheren, ruhigen Ort für Frauen schaffen wollten, wo diese ihre Geschichten miteinander teilen und voneinander lernen, ihre Erfahrungen und das Wissen ihrer Traditionen vertiefen konnten, um selbstbewusstere Eltern zu werden. Eine Northern Cheyenne namens Carolyn Martin und ihre Tochter April Martin Chalfont hatten zu diesem Zweck 1,6 Hektar Land von ihrer Farm abgezweigt. Die Sisters of St. Francis kauften Misty, einer zweiten Tochter Carolyns, einen 5 mal 4,2 Meter großen Wohnwagen ab, und schon war das Frauenzentrum – von den Gründungsfrauen »Prayer Lodge« genannt – Wirklichkeit. Am Hang eines breiten Tals gelegen, das im Osten zu den Rosebud Mountains und im Süden zu den Wolftooth Mountains anstieg, bot es den Frauen einen heimeligen Ort, der ihre Träume erfüllte.

Konnte es einen besseren Ort für meine Unterscheidung der Geister geben? Ich schrieb Schwester Mary Ann Stoffregen, der Leiterin vor Ort, eine Anfrage, ob ich für einige Monate kommen könne. Ab Ende Juli saß ich morgens bei Sonnenaufgang in der Morgenfrische und abends unter einem Sternendach samt Milchstraße auf der nach Süden weisenden Terrasse im täglichen Gebet. Tagsüber besuchte ich Freunde, vor allem Vonda Limpy und ihre Familie, und half bei den Haushaltspflichten aus.

Allmählich kristallisierte sich mein nächster Schritt heraus. Da ich spürte, dass ich noch nicht bereit war für das California Institute, nahm ich Kontakt zu der Organisation auf, die zusammen mit den Vereinten Nationen das Programm für globale Probleme gesponsort hatte, also zu den Global Education Associates (GEA) in New York City. Ich fragte an, ob ich im darauffolgenden Kalenderjahr 1995 als Volontärin für sie arbeiten dürfe. Die Büroleiterin, Schwester Sharon Fritsch, schrieb mir ihre Zustimmung. Ich freute mich sehr darauf und konnte die Prayer Lodge nun friedlichen Herzens verlassen.

Im Januar zog ich mit zwei weiteren Ordensschwestern in eine Wohnung in East Harlem. Erstaunt stellte ich fest, dass mich das Leben in New York anregte. Ermutigt durch die beiden gebürtigen New Yorker Schwestern, mit denen ich zusammenlebte, machte ich zu jeder Jahreszeit lange Spaziergänge im nahe gelegenen Central Park, lernte mich im Verkehrs- und Metrosystem zurechtzufinden, ging mit Freunden nach der Arbeit ins Theater und besuchte die vielen Museen der Stadt.

Bei meinen Recherchen für Förderanträge für die GEA lernte ich neue Fertigkeiten. Viele ihrer Programme konzentrierten sich auf globale Umweltthemen. Es gehörte zu meiner Arbeit, Gerry und Pat zu den Vereinten Nationen zu begleiten, wenn sie Vorträge besuchten oder an Podiumsdiskussionen über die globalen Zusammenhänge zwischen Armut, Umweltzerstörung und Mangel an Bildung vor allem bei Mädchen teilnahmen. Dr. Pat Mische als Co-Direktorin wurde meine Mentorin. Sie half mir, überzeugende Antworten auf zahlreiche Förderanträge zu verfassen. Sie war eine hervorragende Redakteurin. Im Frühjahr bewarb ich mich um die Aufnahme in einen Studiengang der Philosophie, Kosmologie und Bewusstseinsentwicklung des California Institute of Integral Studies. Als die schriftliche Zusage kam, war ich wirklich begeistert und glücklich. Und so zog ich im Januar 1996 von East Harlem nach San Francisco.

Innerhalb der folgenden zweieinhalb Jahre studierte ich dort das Universum und Kosmologie, Bioregionalismus, Tiefenökologie, globale Wirtschaftssysteme und feministische Spiritualität. Als sich der Abschluss näherte, wusste ich, dass ich innerhalb der institutionellen Kirche keine Arbeit mehr antreten konnte. Beim Gebet tauchten die Worte »Earth Hope« – Hoffnung der Erde – in mir auf.

Ich begann, Pläne zu schmieden, was ein Dienst im Sinne von »Earth Hope« beinhalten könnte: Forschung, Lehre, Schreiben, Gartenarbeit und eine langsame, nachhaltige Rückkehr zu einer Lebensweise, die weniger von den Gaben der Erde in Anspruch nähme. Ich würde versuchen, ein Leben nach der Devise »Die Erde geht vor« zu leben. Ich verließ mich von fern auf Schwester Miriam Therese MacGillis, Pater Thomas Berry und Schwester Claire und lernte von dem, was sie lehrten und vor allem taten.

Herzensfroh folgte ich einer Einladung zurück ins Land der Northern Cheyenne. Nachdem ich 1998 mein Sabbatical und die damit einhergehenden Studien beendet hatte, beglückte mich die Anfrage seitens der Frauen des Vorstands der Prayer Lodge, ob ich mit ihnen zusammen an einem ihrer Ziele arbeiten wolle: auf gute Weise mit Mutter Erde zu leben. Das schien mir zu meiner Earth-Hope-Berufung zu passen.

Es war ein Privileg für mich, mit den Vorstandsfrauen der Prayer Lodge zusammenzuarbeiten. Stets mit ihrem Ziel im Hinterkopf forschte ich über die Jahre mit ihnen und half bei der Umsetzung von Plänen und dem Fundraising für Wind- und Solarenergiesysteme, Erdwärme-Heizung und -Kühlung, für den Bau eines Gewächshauses, ein Wasserauffangsystem und die Wiederherstellung der ursprünglichen Prärie. Durch ihre natürliche Achtung vor dem Leben und vor Mutter Erde geleitet, fand ich meinen eigenen Weg, um unserer geliebten Schwester zu dienen.

Darüber hinaus entwickelte ich in der Prayer Lodge den Earth-Hope-Dienst und bot landesweit in Retreat-Zentren, deren Leiter oder Leiterinnen mich aufgrund meiner Studien oder meiner Jahre als Führungskraft kannten, Workshops und Retreats zum Thema Earth-Care-Spiritualität an. Schwester Miriam MacGillis lud mich ein, für acht Jahre jeweils acht Wochen pro Jahr im Team für das Masterprogramm in Earth Literacy auf der Genesis-Farm in New Jersey mitzuarbeiten. Die Spiritualitätsaspekte des Programms nutzend, leitete ich die Rituale und Gebete auf der Grundlage der Geschichte des Universums und der ökologischen Prinzipien. Durch Miriams Vorlesungen über nachhaltige Landwirtschaft lernte ich dort weiter und bekam zugleich köstliche vegetarische Mahlzeiten, die aus den Erzeugnissen der Genesis-Farm gekocht wurden. Die Köchin Laura Greenspan entpuppte sich als wahre Künstlerin im Umgang mit Gemüse, Gewürzen und Kräutern. Immer mehr erschlossen sich mir die Verbindungen zwischen meinen Aufgaben in der Prayer Lodge und dem, was ich in meinem Sabbatical und bei der Arbeit im Earth-Literacy-Programm gelernt hatte: auf gute Weise mit Mutter Erde zu leben. Es machte mich sehr glücklich, in den Earth-Hope-Dienst berufen worden zu sein.

TEIL V
DIE HOFFNUNG DER ERDE, DEN MENSCHEN NEU ZU ERFINDEN

18

EIN NEUER, ECHTER NAME

Er führte mich hinaus ins Weite, er befreite mich,
denn er hatte an mir Gefallen.

PSALM 18:20

»Wann kommst du denn nun zu uns?«, fragte mich meine gute Freundin Vonda Limpy am Telefon. »Francis und ich können dir auch gern in der Prayer Lodge beim Einzug helfen.« Ich konnte es kaum erwarten, sie und ihren Mann zu sehen. Direkt nach meiner Ankunft in der Prayer Lodge hatte ich sie angerufen.

So viele lange Gespräche, wenn wir an einem Bach im hohen Gras auf einer Decke, an ihrem Küchentisch oder an langen Nachmittagen in ihrem Wohnzimmer saßen, wo jederzeit die Enkelkinder von der Schule hereinstürmen konnten, und immer, wenn wir zusammen kochten, in ihrer Küche oder im Bergcamp auf dem Bear Butte, während Francis weiter oben auf dem Berg allein fastete und betete.

»Auf diesem Berg haben wir ganz schön viele Leute mit Essen versorgt. Beim gemeinsamen Kochen auf dem Bear Butte haben wir jede Menge gute Gedanken ausgetauscht. Unser Gebet ist ins Kochen geflossen und hat das Essen besonders gut gemacht! Und das viele Geschirrspülen und Saubermachen. Denk nur an die ganzen Hindernisse, an den Wind und die Regenfälle. Weißt du noch, wie uns dieser plötzliche Sturm deine Pfannkuchen direkt aus der Pfanne gefegt hat?! Und unser Sohn ist hinterhergerannt, hat sie mit Schinkenspeck auf Teller verteilt, und die Leute haben sie in ihren Autos verzehrt. Egal, was war, die Leute kamen gern zu den Gebeten. So ein guter Ort zum Zusammensein. Außerdem mochten sie wahrscheinlich unsere Küche.« In unsere Erinnerungen versunken saßen wir still da.

Wenn Francis fastete, achteten wir darauf, uns an die spirituellen Praktiken zu halten. Das bedeutete auch, dass jede Aufgabe sorgfältig und behutsam erledigt werden musste. Ohne Hetze, ohne Eile. Als ich einmal eine Tischdecke kräftig im Wind ausschütteln wollte, ermahnte mich Vonda: »Lass sie auf dem Tisch liegen und bürste die Krümel vorsichtig ab.«

Francis hatte den im Fasten sehr erfahrenen Charles Little Old Man gebeten, ihn anzuleiten. Charles' Frau Marcelline zeltete mit uns, ihren Adoptivsohn Clayton, der noch nicht in der Schule war, und einen Welpen hatte sie auch bei sich. Clayton und der Welpe waren ein quirliges Paar. Als sie es eines Tages einmal zu wild trieben, ging Marcelline zu Clayton hinüber und sagte: »Mein Sohn, deine Beine haben vergessen.« Er sah verwirrt seine Beine an: Was mochten sie vergessen haben? »Denk dran«, sagte sie, »hier rennen wir nicht. Das reizt die Geister und macht es schwerer für Francis zu beten und zu fasten.« So lernte ich und spürte, wie der Geist der Weisheit über mich kam.

Wenn wir abends mit den Arbeiten im Camp fertig waren, breiteten Vonda, Marcelline und ich unsere Decken auf dem Boden aus und beteten Richtung Berg für Francis, Charles, sämtliche Familienmitglieder und schließlich für die ganze Welt.

In jenen Tagen beteten wir alle für die Abschaffung der vielen Langstreckenraketen, die entlang der Highways von Montana und

Dakota stationiert waren. Wir stellten uns vor, wie die Raketen aus der Erde hochpoppten und die Silos leer zurückließen. Tatsächlich schaffte die Regierung sie am Ende fort. Das Opfer, das Francis darbrachte – indem er weder Nahrung noch Flüssigkeiten zu sich nahm – und unsere Gebete auf den Decken, wenn die Nacht die Sterne anzündete und der lange Hang des Bear Butte den halben Planeten zu umfassen schien, verhalfen der Welt zu mehr Frieden.

Nach meiner Rückkehr ins Land der Northern Cheyenne freute ich mich nun darauf, unsere Gespräche und Gebete wieder aufzunehmen.

Daher rief ich Vonda eines Spätsommermorgens an und lud mich selbst bei ihnen ein. »Ich bringe etwas zum Mittagessen mit«, sagte ich. Ich hatte eine Kartoffelsuppe mit Wildbret-Trockenfleisch gekocht, Gurkensalat nach einem Rezept meiner Mutter vorbereitet und Brownies gebacken. Auf der Hinfahrt kaufte ich im Laden noch einen Beutel von den kleinen Mandarinen, die Vonda so gern mochte.

Die Prayer Lodge liegt fast zwanzig Meilen von Lame Deer entfernt, und von dort geht es noch mal einige Meilen in die Ausläufer der Rosebud Mountains hinein. Ich bog in den vertrauten ausgefahrenen, steinigen Weg zu ihrem Haus ein, das umrahmt von Gras und hohen Ponderosa-Kiefern dasteht. Die Bäume hatte ich fast fünfzehn Jahre zuvor mitgepflanzt, als ich zum ersten Mal in Lame Deer war. In den Jahren meiner Abwesenheit waren sie merklich gewachsen. Den Hang hinauf war am Bergkamm rosa- und ockerfarbener Felsen zu sehen.

Francis' Garten war schon abgeerntet: Die Maisstängel lagen am Boden, die Kartoffeln waren ausgegraben, die Bohnen und Tomaten längst verschwunden. Eine Hacke stand ans Tor gelehnt, sie wirkte fast erleichtert. Neben dem Garten lagen Holzstämme von Bäumen, denen ein Feuer den Garaus gemacht hatte. Bald würden sie gesägt und gespalten werden, um im Winter Wärme zu spenden.

Ich parkte direkt unterhalb des Hauses und ging die steile Auffahrt zu der Betonfläche hoch, die für ihre eigenen Fahrzeuge – seinen grünen Pick-up, ihren grauen Van – reserviert waren. Ich duckte mich unter den Zweigen einer Heckenkirsche durch und stieg die Betonstufen zur überdachten Veranda hinauf.

Hier stand ein Tisch, darauf ordentlich gestapelt eine Auswahl an Campingausrüstung: ein Kochherd, ein Propangasbehälter, zwei rote Kühlboxen auf Rädern und verschiedene große Metalltöpfe mit verbeulten Deckeln. Unter dem Tisch befand sich eine Kiste mit zitternden Katzenjungen, die mich ansahen, als hätten sie noch nie einen Menschen gesehen. Auf einer Bank gegenüber lagen ein Paar abgenutzte Arbeitshandschuhe, eine Puppe mit rabenschwarzem Haar und ein großer Stein, womöglich zum Gebrauch in der Schwitzhütte. Ein rosafarbenes Kinderfahrrad lehnte an der einen Seite der Bank.

Ein Holzbienen-Windspiel hing von der Dachkante über die Bank und klackerte im Wind. Vondas Vater wurde von allen »Bee« (Biene) genannt. Mit diesem kleinen Bienenschwarm sei ihr Vater immer in ihrer Nähe, hatte sie mir einmal erklärt. Unter der Bank stand zwischen einem Haufen Bälle, einem Schläger und einer Lassospule ein Paar Jungen-Cowboystiefel. Ein Kranz mit metallenen Libellen hing über der Tür. Es waren ihre Helfer, ihr Anblick stärkte sie. Ich klopfte an.

»Es ist offen«, rief sie. Und schon trat ich ins Warme und mitten in ihre Umarmung hinein. »Setz dich doch.«

Francis machte zischend eine Dose Pepsi Cola, sein Lieblingsgetränk, auf und reichte sie mir. »Oder magst du lieber Pfefferminztee?« Dankbar nahm ich die Pepsi und trank.

Mir fiel auf, dass der Fernseher jetzt gegenüber dem Pelletofen in einer Ecke stand. Zwei Schaukelstühle und zwei kleine Sessel standen um den Couchtisch aus Eichenholz. Alles im Haus war nach Funktionalität und Haltbarkeit ausgesucht – die Enkelkinder kamen häufig – außer dem hübschen Kronleuchter, dessen feine, wie Flammen geformte Glühbirnen von blumenverziertem Glas umfasst waren.

»Mach ihr einen heißen Tee«, sagte Vonda. »Tee mag sie lieber als deine Pepsi. Und bring Honig mit, nicht nur dich selbst! Du weißt schon, was ich meine.«

Dann ging es los mit Geschichten über die Kinder und Enkelkinder: wer im letzten Jahr Basketball gespielt hatte, wer dieses Jahr seinen Abschluss machen würde, wer gern las und wer nicht. Trish hatte ihre Kosmetologie-Lehre in Billings beendet und schon drei Kinder; Justin und Smiley wollten unbedingt »rodeoreiten«.

»Ich mag es zwar überhaupt nicht, vor allem dieses Bullenreiten kann ich nicht leiden, aber ich fürchte, sie haben es von ihrem Grandpa Bee geerbt.« Auch die Angst nahm ich wahr. Wir hatten in den vier Jahren, in denen ich in Lame Deer den Kirchenchor geleitet hatte, fast jedes Jahr bei der Beerdigung eines Bullenreiters gesungen. Von einem Huf aufgespießt oder darunter zerquetscht, ein Tod, der den seltenen Siegeskick nicht wert ist. Zumindest fanden wir Älteren das.

Diese ungezwungene schwesterliche Vertrautheit. Und Schwestern waren wir. Als ich einige Jahre zuvor aus Indiana zu Besuch gewesen war, hatte sie mich gefragt: »Kommst du im Sommer wieder?«

Ich nickte.

»Gut. Denn ich möchte dich zu meiner Schwester machen. Ich hab schon Beaver gefragt, ob er die Zeremonie leitet. Er wird dir einen Cheyenne-Namen geben. Der Sommer ist eine gute Zeit.«

Ich erinnere mich noch gut an den Kloß im Hals, an die Tränen, die mir in den Augen brannten.

Wir umarmten uns.

»Es wird Zeit, endlich amtlich zu machen, was ohnehin da ist«, fuhr sie fort. Francis stimmte von seinem Sessel aus zu. »Erinnerst du dich an alle die Male, wo du hier auf dem Sofa gesessen und den Kindern Märchen vorgelesen hast? Und daran, wie oft wir zusammen gekocht haben? Und unsere Gespräche. Ich habe Beaver gesagt, dass ich das tue, weil mein Herz verletzt ist, seit ich meine kleine Schwester verloren habe. Und so ist es die ganzen zwanzig Jahre seit ihrem Tod geblieben. Dann stellte ich fest, dass der Schmerz nachließ, als wir uns mit der ganzen Kocherei, dem Beten und unseren Besuchen immer näherkamen. Du bist mir eine Schwester geworden.«

Ihre Schwester zu sein und der mir neu gegebene Name Many Roads Woman, Frau der vielen Wege, wurde gleich zu einem selbstverständlichen Teil meiner Seele. Am Tag meiner Adoption stand ich, umgeben von Vondas Familie, auf einer Decke und einem wunderschön gefransten Tuch auf der Hügelkuppe vor der Prayer Lodge. Beaver Two Moons stand, die großen Hände auf meine Schultern gelegt, hinter mir. Er sang meinen Cheyenne-Namen, während wir uns der jeweiligen Himmelsrichtung zuwandten, nach Osten, Süden, Westen und Norden. Danach sagte er: »Jetzt werden die Geister dich hören und wissen, wer du bist, wenn du betest.«

Mein Gebetsname war stimmig für mich. Ich hatte viele Wege eingeschlagen: von Cincinnati nach Oldenburg, dann nach Evansville, Kansas City und schließlich den von mir am meisten ersehnten Weg in die Heimat der Crow und Northern Cheyenne. Der so angefüllt war mit Neuem und kulturell so Anderem, und so überaus reich an Freundlichkeit, Geduld und Vergebung mir gegenüber, wenn ich unbeholfen, mal mutig, meist schüchtern, in Zeremonien und Freundschaften hineinstolperte oder mich mit dem Lernen der Traditionen schwertat.

Am Ende lernte ich, mein Denken zu verlangsamen, besser zuzuhören, das Urteilen sein zu lassen und abzuwarten, bis sich neue Erkenntnisse entfalteten. Ich lernte, mich nach den Regeln bei der Tabakzeremonie, bei Powwows, bei der zeremoniellen Weitergabe von Besitztümern, bei Geburtstagsfesten und sogar Stäbchenratespielen zu erkundigen: welche Kleidung angemessen war, wo ich mich hinsetzen sollte, wann man sich etwas zu essen holte. Bei den Crow und Northern Cheyenne war für mich der Weg zur Erde als meiner wahren Heimat akzeptabler und beglückender geworden.

Eile, ohne dass deine Schritte Staub aufwirbeln, auf dem Weg besonnenen Glücks hin zu deiner göttlichen Berufung, so in etwa hatte die heilige Klara von Assisi die – äußere und innere – Reise in ein wahreres Selbst beschrieben. Sie sprang kopfüber in die Besitzlosigkeit und ins Leben in einer Klostergemeinschaft ohne jede materielle Absicherung, aus purer Freude heraus. Sie erlebte die Freude in ihrer aufrichtigen Nachahmung Jesu Christi.

Ich fand sie bei der Erde, genau hier. Bei der Erde und den Menschen, eingebettet ins Universum.

Durch mein Studium lernte ich mit der Zeit, dass sich alle Lebenswege um ein Universum drehen, das eins mit sich ist. Alles passt zusammen: Die Galaxien, Planeten, Lebewesen sind allesamt miteinander verbunden. Kein Wesen steht isoliert für sich allein. Alle sind miteinander verwandt.

Beaver, der Häuptling der Kit Fox Society, der den Namen für mich ausgesucht hatte, und meine neue Schwester, die ihn befürwortete, segneten all diese Wege, indem sie sie mir zuordneten. Many Roads Woman. Ein alter Name. Der Name von Beavers Schwiegermutter. Und mit dem Einverständnis seiner Frau Ernestine, nun auch mein Name.

Als ich nun einige Jahre später als Schwester von Vonda mit ihr und Francis zusammensaß, wusste ich, dass unser gemeinsamer Weg nach Hause zur Erde führen würde, nach Hause zu unseren vielen Verwandten. Ich wusste, dass wir uns stets helfen und füreinander beten würden. Denn das ist es, was Schwestern tun.

»Lass uns morgen Traubenkirschen pflücken gehen«, sagte sie gerade. Ich ahnte nicht, dass mich eine weitere Lehre erwartete, die die Tiefe unserer Verwandtschaft mit allem Leben verdeutlichen würde. Meine unerwartete Lehrerin: eine rätselhafte Frau, die einer anderen Zeit und Kultur angehörte. Grandma Nellie Robinson hatte ein Jahrhundert davor gelebt, ihre Kinder großgezogen und war still und leise gestorben. Wie sich zeigte, konnte sie dank ihrer Enkelin Vonda die zeitliche Kluft überwinden und mir eine Lehre erteilen.

»Ich bringe Wurstbrote und Orangen mit«, sagte ich.

»Und ich Pepsi Cola«, erklärte Francis.

19

GRANDMA NELLIE UND DIE VÖGEL

Selig die Sanftmütigen (…).

MATTHÄUS 5:5

Alle Gattungen und Arten können unsere Verwandten sein. Wie der Blitz vermag uns ihre Schönheit zu treffen. Wir hängen in unserer persönlichen und unserer Gattungsexistenz eindeutig vom gesamten Netz des Lebens ab. Ich wusste, dass das Ziel der Prayer Lodge,»auf gute Weise mit Mutter Erde zu leben«, alles Leben beinhaltete. Doch was nützt dieses Wissen, wenn wir es nicht auch selbst fühlen? Und wie lernen oder erfahren wir diese *gefühlte* Verwandtschaft mit allem Leben? Wie könnte das unser Verhalten verändern?

In der Heimat der Northern Cheyenne hatte der Spätsommer Einzug gehalten, die süßen Wildpflaumen waren reif. Beaver und Ernestine, Vonda, Francis und ich rückten im Pick-up zusammen. Ich freute mich aufs Pflücken der saftigen Pflaumen. Doch bald schon lernte ich, dass wir sie nicht etwa *pflückten*! Die scharfen Stacheln an den Zweigen machten jedes Pflücken gefährlich und schmerzhaft. Ich half also, auf dem Boden Planen unter den Sträuchern auszubreiten, während Beaver und Francis begannen, diese zu schütteln. Ein Pflaumenregen ergoss sich auf die Planen, manche schlugen uns sogar auf die Köpfe. Es ging ungestüm und lustig zu.

Kurz darauf kamen *endlich* die Traubenkirschen an die Reihe, die entlang der Bäche, in Straßengräben, Senken und Mulden an Berghängen wuchsen, überall dort, wo sich die Feuchtigkeit in der Erde hielt. Eine stille Wanderung begann.

Diese Wanderung geht gewöhnlich in aller Stille vor sich, denn nichts wird so gut geheim gehalten wie die geliebten Standorte, die stets eine saftige, reiche Ernte versprechen. In der Erntezeit spielt Privatbesitz keine Rolle, das von den Müttern an die Töchter weitergegebene Wissen über Standorte, an die sich die Großmütter mit ihren tief zerfurchten Gesichtern ganz genau erinnern, hat Vorrecht. Abgesehen von den Sträuchern, die in direkter Nähe eines Hauses wachsen, gehören die Früchte der gesamten Gemeinschaft.

Als wir am Tag zuvor beschlossen hatten, dass wir Pflücken gehen würden, hatte Vonda gesagt: »Die Zubereitung von Traubenkirschsirup oder Dessert wird meinen alten Knochen an kalten und frühen Winternächten guttun.« Dazu hatte sie mit den Zähnen geklappert. Und ich hatte gelacht.

Bald war ich zusammen mit ihrer Tochter Brenda und einigen ihrer Enkelkinder am Pflücken. Das vertraute Greifen nach den blauvioletten Traubenkirschen rief die Erinnerung in mir wach, wie ich meinem Dad in unserem Garten in Cincinnati beim Himbeerpflücken geholfen hatte.

»Übersieh keine von ihnen«, sagte er damals immer, und da ich an Moms Marmelade oder Himbeeren auf Cornflakes mit Milch dachte, tat ich das auch nie. Akribisch untersuchte ich jeden Zweig und pflückte jede einzelne Beere. Hier im Land der Northern Cheyenne lief ich den Kindern hinterher und streifte die Zweige ab. Natürlich aßen wir auch sofort welche. Allerdings mag ich die scharfen Beeren, die das Zahnfleisch zusammenziehen, nicht so sehr, sodass ich es nach dem ersten Beutezug sein ließ. Und gleich auch nicht mehr an die Himbeeren denken musste.

Plötzlich war Vonda neben uns am Pflücken. »Erinnert ihr euch noch, was Grandma Nellie mir beigebracht hat?«, fragte sie. Drei Kinder und zwei Erwachsene, alle mit violett gefärbten Lippen, drehten sich zu ihr um.

Als junges Mädchen verbrachte Vonda Robinson Limpy ihre Sommer gern oben auf der Robinson Ranch im Muddy Creek Valley bei ihrer Grandma Nellie. Egal, was sie zusammen erledigten – Wäsche aufhängen, Kochen, mit einem Besen Staub von einem Teppich klopfen, der über eine Hecke gehängt war – es fühlte sich einfach gut an, bei ihr zu sein, von ihr zu lernen. Wenn sie an einem alten Tisch unter einer Pappel saßen, um Stängel und Blätter aus einem Haufen Beeren auszusortieren, die auf dem Tisch verteilt waren, erzählte Grandma Nellie, wie man die Beeren zu Sirup einmachte. Das Zusammensein mit Grandma Nellie war friedlich gewesen, und es hatte Spaß gemacht, von ihr zu lernen. Daher wollte Vonda, als sie erwachsen war, ihren Enkeln gern Ähnliches bieten.

»Wenn ich mit Grandma Nellie Beeren pflücken ging, sagte sie uns immer, wir sollten ein paar von den besten Beeren für die Vögel übrig lassen. Und falls ihr vergessen habt, eure ersten großen Beeren als Opfergabe und Dankeschön an Mutter Erde und an den Regen auf die Erde zu legen, könnt ihr das jetzt noch nachholen.«

Wir hielten inne und bildeten zwischen den Sträuchern einen stillen Kreis, suchten in unseren Eimern nach den größten Beeren und legten sie auf den Boden. »Hahó«, sagten wir. »Danke.« Vonda lächelte und nickte.

Ich wendete mich wieder den Traubenkirschen zu. Nach Grandma Nellies Verständnis gehörten die Vögel mit zur Familie. Sie und ihr Mann versuchten als Bauern verzweifelt, einen trockenen, kühlen Ort in den Bergen zu finden, um ihre Familie zu ernähren. Dennoch oder vielleicht gerade deswegen lebte sie im Geist und im Herzen innerhalb einer Gemeinschaft von Leben, die auch den Respekt vor den Bedürfnissen der Vögel umfasste. Und wahrscheinlich hatte sie dies wiederum von ihrer Großmutter gelernt. Genau hier, im 21. Jahrhundert, zwischen den Traubenkirschen, die gehäuft an belaubten Zweigen hingen, befand ich mich in einem Kreis von Northern-Cheyenne-Frauen und -Mädchen aus fünf Generationen. Von diesem Kreis aus sah ich deutlich, dass meine Welt alles, was existiert, als Quellen allein für den Menschen, für seine Entwicklung und seinen Profit definierte. In der industriellen Welt, in der ich aufwuchs, wurde kein wildes Geschöpf als familienzugehörig betrachtet. Wir überließen den Vögeln nie absichtlich Himbeeren, geschweige denn die besten.

Heute ist sich die Mehrheit der Biologen und Naturwissenschaftler darüber einig, dass wir uns mitten in einem Massenaussterben befinden. Weitgehend unbemerkt und entschieden zu wenig von den Medien beachtet, bedeutet dieses Aussterbeereignis, dass tagtäglich zwischen fünfzig und einhundert Arten verschwinden, mindestens hundertmal schneller als die natürlichen Artenaussterbezahlen; schneller als jemals in den letzten 65 Millionen Jahren. Damals war der Übeltäter ein Asteroid, der auf der Halbinsel Yucatán einschlug. Heute ist der wahrscheinliche Übeltäter die industrialisierte, klimaverändernde und lebensraumzerstörende Menschheit. Wir sind es.

Der renommierte Biologe Edward O. Wilson beschreibt die aktuelle Artenaussterbezahl als katastrophal hoch und betont, man könne bei der derzeitigen Quote der Abholzungen und anderer

Formen von Umweltzerstörung mit Sicherheit davon ausgehen, dass bis 2030 mindestens ein Fünftel und bis zum Ende des Jahrhunderts die Hälfte der Pflanzen- und Tierarten nicht mehr da sein oder dem Aussterben anheimfallen werde.

Das Ausmaß dieses Verlustes an Leben ist für mich kaum fassbar.

Aber ich kann über diese Welt nachdenken, darüber, wie wir das Grundgewebe unseres Lebens *abnutzen*. In den heute stark abgeholzten Wäldern im Osten der USA ist die Population des kleinen Blauwaldsängers, eines blau-weißen Singvogels, um etwa 70 Prozent zurückgegangen. Sein Gesang könnte noch zu meinen Lebzeiten ganz verstummen. Werde ich es bemerken?

Wir können versuchen, diese Fakten in uns aufzunehmen oder sie stillschweigend als Tragödien abtun, die uns nichts angehen. Mit ein wenig Überlegtheit spüren wir vielleicht, wie unsere Vorstellungskraft, Kreativität und Liebe durch das Abnehmen und Verschwinden anderer Arten reduziert werden. Können wir fühlen, wie einsam wir ohne sie als unsere Verwandten sein werden?

Rachel Carson bezeichnete diese Einsamkeit als »stummen Frühling«. Als ich sie hörte, spürte ich das Frösteln im Herzen. Diese Stummheit können wir uns heute vorstellen. Keine Greifvögel mehr, die sich über meinem Haus mit der Thermik in die Lüfte erheben. Keine Präriegrassamen mehr, die einem herbstlichen Vollmond entgegenfliegen. Hätten wir uns ohne die Vögel je Flugreisen vorstellen können? Was fehlt in der Seele eines Kindes, das nie eine Wildblumenwiese zu Gesicht bekommt?

Als Grandma Nellie zusammen mit ihrer Großmutter Beeren pflückte, wusste sie nicht, dass alle Arten der Erde in einem langsamen, unermesslichen Tanz aus gemeinsamen Vorfahren hervorgegangen sind, die vor mehr als drei Milliarden Jahren in den Meeren lebten. Mit der Zeit haben das Erdklima, die kontinentalen Bewegungen und die Räuber-Beute-Beziehungen die Samen mit ausreichend Kraft ausgestattet, dass sie Dürre und Eis zu überleben vermochten, Kiefer und Zähne sowie flinke Körper ausbildeten, die schwimmen und fliegen konnten, und ein Bewusstsein entwickelten, das Wolfswelpen Futter verschaffte.

Dank der modernen Wissenschaft haben wir den empirischen Beweis für das, was indigene Völker und die meisten Religionen schon immer gewusst haben: dass wir alle miteinander verwandt und voneinander abhängig sind. In meiner christlichen Tradition bilden Pflanzen und Tiere eine heilige Gemeinschaft. Während des Pfingstfestes beten wir jedes Jahr die Worte aus dem Buch der Weisheit, die meine Seele berührten, als ich eine junge Nonne war: »Der Geist des Herrn erfüllt den Erdkreis.«

Die Erde dreht sich und umkreist innerhalb einer aus etwa 200 Milliarden Sternen bestehenden Galaxie einen Stern. Die Milchstraße, die sich in sanfter Schönheit über den Nachthimmel ergießt, ist unser vertrautes galaktisches Zuhause. Grandma Nellies Volk nannte sie die Himmelsstraße, die für den Geist der Verstorbenen eine Brücke bildete. Allein innerhalb des letzten Jahrhunderts haben wir gelernt, dass die Milchstraße eine von 100 Milliarden Galaxien ist, die allesamt in einem kosmischen Tanz auseinanderströmen, getrieben von einer Urkraft, die wir Expansion nennen. Trotz dieser Größe haben wir es noch nicht fertiggebracht, einen zweiten Blauwaldsänger, Urwald, Monarchfalter oder Eisbären zu finden.

Das Lied des Blauwaldsängers begann mitten auf einem Stern, dessen starke Hitze komplexe chemische Elemente aus einfacheren Elementen zusammenschmiedete, die auf einem noch früheren Stern zusammengeschmiedet worden waren. Als der Stern zweiter Generation als Supernova explodierte, wurden diese Elemente in den umliegenden Weltraum geblasen, wo eine andere Kraft, die

Schwerkraft, sie über Jahrtausende zu einem Planeten zusammensammelte. Dieser Planet brachte schließlich aus all diesen Elementen die Knochen, Muskeln und Lungen eines wunderschönen Vogels hervor, der die wilde Absicht hatte, eine Partnerin zu finden. Dieselben Elemente sorgten auch dafür, dass wir zum Mittag einen Thunfischsalat essen können, sie sorgten für die Blätter, die sich in den Espenhainen gelb verfärben und zur Erde fallen, für die Finger, die dieses Manuskript tippen, und für die Augen und den Verstand, mit denen es gelesen wird. Unsere Verwandtschaftslinie reicht nach unseren jüngsten Schätzungen 13,8 Milliarden Jahre zurück. Das ganze Universum *ist* ein einziger Körper.

Walt Whitman wusste es intuitiv, als er schrieb: »Ich glaube, ein Grashalm ist nicht geringer als das Tagwerk der Sterne.« Die Großmütter unter den Northern Cheyenne machten aus ihrer Ahnung von dieser langen, tiefgreifenden Gemeinschaft eine Ethik: Lass ein paar von den besten Früchten für deine anderen Verwandten übrig.

In der Sprache der Cheyenne gibt es kein Wort für »es«. Es gibt auch weder »er« noch »sie«. Die dritte Person Singular besteht dagegen aus Wörtern, die jeden und jede einzeln ansprechen und respektvoll als »du« bezeichnen. Ich versuche mir vorzustellen, wie es sich wohl in dieser Sprache lebt. Ohne »es«. Stets ich-du, *niemals* ich-es. Ohne unbelebte oder seelenlose Wesen.

Die Lyrikerin Mary Oliver hat sich über diese Ich-Du-Realität Gedanken gemacht. »Warum sollte ich eine (Seele) haben und das Kamel nicht?«, fragt sie. »Wenn ich darüber nachdenke: Was ist mit den Ahornen?/Was ist mit der Schwertlilie?/ … Was ist mit Rosen, Zitronen, ihren glänzenden Blättern?/ Was ist mit dem Gras?« Das Gras!

Was könnte ein Erwachen ins Selbst, in alle beseelten Wesen, für uns bedeuten?

Aufgrund des Einflusses der menschlichen Kräfte auf alle Planeten- und Lebenssysteme bestimmen die Entscheidungen, die wir heute treffen, welche Lebensräume und Arten bis ins nächste Jahrhundert existieren werden. In *diesem* Jahrhundert sind wir dank unserer globalen Wirtschaftssysteme, die die natürliche Welt ausbeuten, Wälder und Fischgründe durch Überfischung zerstören und Luft, Wasser und Böden auf alarmierende Weise verschmutzen, zu einer planetaren Macht geworden, die vergleichbar ist mit dem Klima, den Kontinentalverschiebungen und der Räuber-Beute-Beziehung. Diese planetare Macht, die wir noch nie zuvor in einem solchen Ausmaß besessen haben, fordert uns eine Seele in der Größe des Planeten ab, eine planetare Spiritualität – etwas ganz Neues, Herausforderndes und Vielversprechendes also für eine Industriegesellschaft. Wir haben Mentoren. Walt Whitman, Mary Oliver und Grandma Nellie. Jesus, der die Spatzen zählte. Franz von Assisi, der *all* die anderen Geschöpfe als Brüder und Schwestern der Menschheit erlebte und dafür Gott lobpreiste.

Ich bin überzeugt, dass der Mensch von diesem Planeten hungrig geboren wird: hungrig nicht nur nach Milch und Trost, sondern auch nach Liedern. Nach den Gesängen der Singvögel, der Alpha-Wölfin, nach Wasser, das sauber über Steine plätschert. Mein Vater tröstete mich als Säugling in seinen Armen, indem er das Lied der Wolgaschlepper sang und mich nah an die singenden Kanarienvögel hielt, die meine Mutter neben ihren vier Töchtern großzog. Vielleicht ist das Universum ein einziger großer Gesang: Er ertönt in den uns alle verbindenden Elementen und bildet eindringliche Melodien, die wie uralte Ursprungsgeschichten durch Gras, Steine und Knochen fließen.

Während ich in der Spätsommersonne Traubenkirschen pflückte, war ich einfach nur dankbar für die Früchte, für einen Schwarm Vögel in der Nähe, für den Sommertag. Dank Grandma

Nellie ließ ich einige der schönsten Früchte für die Vögel zurück und hoffte, dass es auch in fünf Generationen noch Vogelgesang in den nahe gelegenen Bäumen geben wird. Und vielleicht sogar nistende Blauwaldsänger in den Wäldern im Osten unseres Kontinents.

20

RICHTE VOR ALLEM KEINEN SCHADEN AN

DIE PRAYER LODGE IM LAND DER NORTHERN CHEYENNE

Wir müssen uns zusammentun,
um eine nachhaltige Weltgesellschaft zu schaffen,
die sich auf Achtung gegenüber der Natur,
die allgemeinen Menschenrechte, wirtschaftliche
Gerechtigkeit und eine Kultur des Friedens gründet.

AUS DER ERD-CHARTA, PRÄAMBEL

Im Jahr 1992 gegründet, war die Prayer Lodge die Verwirklichung eines Traums von klugen, entschlossenen Frauen, ehrgeizigen Ehrenamtlichen und großzügigen Spendern und Spenderinnen. Mit ihrer einzigartigen Umgebung bot sie einen sicheren, ruhigen Ort, an dem Frauen aller Ethnien und Kulturen und egal welchen spirituellen Hintergrunds willkommen geheißen, inspiriert und gestärkt wurden. Hier fanden Kultur- und Kunstveranstaltungen statt, es gab Workshops zu den traditionellen Tänzen der Crow und Northern Cheyenne, zu Perlenstickerei, der Anfertigung von Mokassins und Rezepten wie frittiertem Fladenbrot und Beerenpuddings. Die Frauen kamen informell zusammen, um sich Geschichten zu erzählen, zu beten, zu weinen und zu lachen. Es gab Zugang zu Computern und Raum für Massage und Körperarbeit. Das gründliche Recyclingsystem, die Kompostierung von Tisch- und Küchenabfällen und der Einbau effizienter, luftdichter Fenster und Türen zeugten vom Respekt für Mutter Erde. Die Traditionen der Crow und der Northern Cheyenne lehren, dass wir alle miteinander verwandt sind, und genau das wurde in der großen Gemeinschaft, die die Prayer Lodge vorantrieb, und in ihrem respektvollen Umgang mit der Natur vorgelebt.

Jeden letzten Samstag im Monat bot der Vorstand ein Retreat an, bei dem sich die Frauen in dem winzigen Wohnzimmer zusammendrängten. Darüber hinaus wurden Kurse zum Nähen von Quilts angeboten. Wenn Wohn- und Esszimmer zu voll wurden, setzten sich die Frauen in die Schlafzimmer, um zu nähen oder sich gegenseitig zu besuchen. Ich gab in der schmalen kleinen Küche Kochkurse zum Thema »Vegetarische und fettarme Mahlzeiten«. Northern-Cheyenne-Männer von der traditionsbewussten Kit Fox Society bauten eine Schwitzhütte. Charles Little Old Man, Beaver Two Moons, Francis Limpy und Tom Rockroads, allesamt Mitglieder der Vereinigung, wechselten sich beim Erhitzen der Steine und der Leitung der Zeremonien für diejenigen ab, die sich zu diesem heilenden Ritual versammelten. Danach servierten wir Mahlzeiten für die bis zu dreißig Personen, die teilgenommen hatten. Manchmal brachten die Männer ihre Trommeln mit und sangen, während wir im Wohnzimmer tanzten und uns im Kreis an Stühlen und Sofatisch vorbeischlängelten. Die starke Nachfrage machte eine Krisensitzung erforderlich, an der auch ich teilnahm: Nach nur sechs Jahren ließen die Aktivitäten und Zusammenkünfte die kleine Lodge aus allen Nähten platzen.

Vom Vorstand ernannt, bildeten wir einen Ausschuss für die Erweiterung der Prayer Lodge und für die Einwerbung von Zuschüssen. Wir saßen um den Esstisch: drei Großmütter, eine Mutter mit einjährigem Kind und zwei Nonnen. Als Vondas Schwester zählte auch ich zu den Großmüttern.

An diesem Abend begannen wir, ernsthaft ein zweites Gebäude zu planen. Bei den vorherigen Treffen hatten wir unsere Prioritäten festgelegt: einen passenden Versammlungsraum, einen Raum zum Nähen und für anderes Kunsthandwerk, eine Gaststättenerlaubnis, damit die Frauen auch verkaufen konnten, was sie kochten, zusätzliche Gästezimmer und ein Büro. Natürlich gab es kaum Geld dafür. Schließlich bestand unser Kreis aus Native Americans und katholischen Schwestern. Die Sisters of St. Francis schickten monatlich einen Scheck von unserer Hauptverwaltung, sodass wir unsere Rechnungen bezahlen konnten. Der Führungsrat der Kongregation freute sich, dass wir für unsere Aufgaben mehr Platz benötigten. Sie versprachen, einen Teil der Finanzierung zu übernehmen. Ich erklärte mich bereit, Fördermittelanträge zu schreiben.

Nach einem Eingangsgebet und einem lebhaften Austausch über die Größe und die Art des benötigten Gebäudes schlug ich vor, an unserem Ziel festzuhalten, »auf gute Weise mit Mutter Erde zu leben«. Und schon diskutierten wir über die Vorzüge einer Wind- und Solaranlage als Stromerzeuger für das neue Gebäude. Wir beschlossen, sie trotz der zusätzlichen Kosten in unsere Pläne aufzunehmen.

»Wie sähe es mit einem Gewächshausanbau an der Südfassade des neuen Gebäudes aus?«, fragte ich. »Er würde für passive Solarwärme sorgen und böte zugleich Platz für den Anbau von Gemüse und Blumen. Außerdem wäre in der Zukunft eine Erdwärme-Heizung und -Kühlung für das ursprüngliche Gebäude am Ende kosteneffizient und würde unseren Verbrauch fossiler Brennstoffe senken.«

Ich rechnete mit Einwänden, doch zu meiner Überraschung waren die Frauen von meinen Vorschlägen angetan. Einige nickten zustimmend. Nach zahlreichen Überlegungen einigten wir uns darauf, auch diese Projekte mit einzuplanen.

Wir hatten keine Ahnung, wie wir zunächst einmal unseren Bedarf an Wind- und Solarenergie herausfinden sollten. Wir wussten nicht, wie wir berechnen sollten, wie viele Sonnenkollektoren wir benötigten oder wie groß der Windgenerator sein musste. Wir wussten nichts über Sicherheitsstandards und -anforderungen.

Als Rita Forner Schulte, eine Freundin der Prayer Lodge, zu Besuch kam und von unseren Plänen hörte, erzählte sie uns von einem Elektriker namens Dan O'Neil, über den sie in ihrem Lokalblatt gelesen hatte. Er hatte ein Unternehmen gegründet, um Wind- und Sonnenergie für Privathäuser zu installieren, und mit seinem eigenen begonnen. Er und seine Frau Diane lebten in der Nähe von Columbus, Montana, fast drei Stunden von der Prayer Lodge entfernt. Rita gab mir seine Kontaktdaten, sodass wir uns mit ihm in Verbindung setzen konnten. Dan zeigte sich sehr interessiert an unserem Projekt. Er und Diane erklärten sich bereit, zu unserem nächsten Treffen zu kommen.

Er half uns mit der Untersuchung unseres Strombedarfs und der dafür notwendigen Ausrüstung. Er recherchierte für uns die Kosten anhand unseres bisherigen Verbrauchs und schickte uns seine Ergebnisse zu. Ich fügte die Schätzungen zu unserem geplanten Budget hinzu. Eines der Vorstandsmitglieder, Schwester Loretta, hatte uns gerade bei einer Sitzung mitgeteilt, dass ihre Gemeinschaft, die Religious Sisters of Mercy, eine Stiftung für die Finanzierung von Projekten hätte, die wirtschaftlich benachteiligten Frauen und Kindern zugutekämen.

»Ich bin mir sicher, dass wir dafür infrage kommen«, sagte sie. Die Mercy Sisters stellten nur eine zusätzliche Bedingung: Eines ihrer Mitglieder musste bei uns mitarbeiten. Ich trug unseren Plan für die Stromerzeugung mit erneuerbaren Energien in den Abschnitt des Förderantrags ein, in dem es darum ging, wie wir den Betrieb nach der Anschubfinanzierung aufrechtzuerhalten beabsichtigten. Loretta ermutigte uns, den höchstmöglichen Zuschuss in Höhe von 50 000 Dollar zu beantragen.

Als ich eines Nachmittags gerade an einem weiteren Förderantrag saß, rief mich Loretta an.

»Setz dich mal hin«, sagte sie. »Bist du bereit? Wir kriegen, was wir beantragt haben – und zwar alles!«

Jubelnd und jauchzend tanzte ich mit dem Telefon am Ohr um den Schreibtisch herum. Zusammen mit einer beträchtlichen Spende seitens meiner Cousine Marilyn Woolley und dem Beitrag meiner Ordensgemeinschaft war der Prayer Lodge damit ein weiteres Gebäude samt erneuerbaren Energien sicher.

Dann erzählte mir Loretta, warum die Sisters of Mercy so viel Geld weitergeben konnten. Ursprünglich hatte der Orden in Silver Spring, Maryland, ein großes Mutterhaus gehabt, das als Hauptquartier für ihre neun Sister-of-Mercy-Provinzen in den USA sowie als Unterkunft für die vielen Schwestern gedient hatte, die an der nahe gelegene Katholischen Universität studierten. Doch spätestens seit Ende der 1960er-Jahre hatten die Schwestern für einen Abschluss in Sozialarbeit oder Theologie zunehmend andere Einrichtungen besucht. Damit stellte sich für die Ordensgemeinschaft die Frage, ob sie ein so großes Gebäude überhaupt noch benötigte.

Inzwischen war die Gegend sehr wohlhabend geworden. Schwestern, die aus armen Gegenden, in denen der Orden tätig war, ins Mutterhaus kamen, fühlten sich hier unwohl. Als sie das Gebäude nach monatelangen Diskussionen schließlich zum Verkauf anboten, erwarb es der US Postal Service. Die Schwestern hingegen zogen an einen bescheideneren Ort.

Nun stellte sich die Frage, was mit all dem Geld geschehen sollte, das der Orden für Haus und Grundstück erhalten hatte. Den Schwestern war klar, dass sie es, obwohl sie als Gemeinschaft in keinerlei Hinsicht reich waren, nicht einfach selbst verbrauchen konnten. Unter Führung von Schwester Rosemary Ronk beschlossen sie, das Geld für ihre Mission einzusetzen, den Armen zu dienen. Sie nutzten das Kapital für Investitionen auf der Basis strenger Anforderungen an die soziale Gerechtigkeit und legten dann, auf ihre neun Sisters-of-Mercy-Provinzen verteilt, ein Stiftungssystem auf. Bald hatten sie eine Million Dollar und mehr an Zinsen zur Verfügung, die sie alljährlich für Dienste spenden konnten, die mittellosen Frauen und Kindern und Minderheitenfamilien zugutekamen. Und zwar alljährlich bereits seit fast dreißig Jahren.

In mehreren Städten gründeten sie die NGO Mercy Housing für bezahlbares Wohnen, indem sie staatliche Wohnungsbauprojekte kauften und renovierten. Einkommensschwache Familien konnten sich als Teil ihrer Bemühungen um die Beschaffung eines eigenen Zuhauses sogenanntes »Schweiß-Kapital« erwerben. Die Bewohner nahmen zudem an Familienförderungsprogrammen und anderen Bildungsangeboten teil. Und nun waren die Sisters of Mercy wie durch ein Wunder zum größten Spender eines zweiten Gebäudes der Prayer Lodge geworden. Dank ihres Zuschusses war unser Neubau gesichert. Sie betrachteten unseren Bauplan als vernünftige Investition ihrer Mittel in die Zukunft.

»Wir schaffen das!« Ich jubelte noch immer ins Telefon.

»Den Scheck hab ich in der Hand«, sagte Loretta.

Zu unserer nächsten Versammlung brachte April Chalfont Informationen über Mobilheime mit. Wir entschieden uns für ein

Modell in doppelter Breite, also für insgesamt etwa 21 mal 7,5 Meter.

Wir brüteten über Grundrissen und überlegten, wie wir dort einen großen Versammlungsraum und eine angrenzende Küche unterbringen konnten. Von den vier Schlafzimmern sollte eines das Büro, ein weiteres das Näh- und Kunsthandwerksatelier werden. Es machte uns Spaß, die Wandverkleidungen und Bodenbeläge auszusuchen. Wir bestellten den höchsten Wärmedämmwert, doppelt verglaste Fenster und luftdichte Türen.

An dem Frühlingstag, an dem unser Mobilheim geliefert werden sollte, versammelten sich der Vorstand, der gesamte Ausschuss und die dazugehörigen Ehemänner auf unserem Hügel. Charlotte Rockroads entdeckte die beiden langen, von massiven Sattelschleppern transportierten Bauteile als Erste. Mit einem begeisterten Aufschrei wies sie auf die Straße. Aufgeregt umarmten wir uns und riefen alle durcheinander. Nachdem die beiden Fahrer die enge Kurve in unseren schmalen Schotterweg hinein gemeistert hatten, klatschten wir. Mehrere Frauen wischten sich die Tränen aus dem Gesicht. Und als die Fahrer die beiden Teile zusammensetzten, lächelten wir einander stolz an.

Wir hatten es geschafft. Da war unser neues Gebäude, das wir *Learning and Spirit Lodge* getauft hatten. Mit cremefarbenem PVC überzogen, wirkte es schlicht und einfach. Wir fanden, dass es prachtvoll aussah.

Wenige Tage darauf kamen die Bauarbeiter, um das Mobilheim zu sichern und die beiden Hälften miteinander zu versiegeln. Wasser und Strom wurden installiert und eine Kläranlage gegraben. Nachdem wir Dan O'Neil kontaktiert hatten, stellte er die Solar- und Windanlage für beide Gebäude fertig. Als ich am selben Abend eine Lampe einschaltete, erhellte die in unseren Akkumulatoren gespeicherte Sonnenenergie den Raum.

Etwa 30 Meilen von der Prayer Lodge entfernt befindet sich ein riesiges Kohlekraftwerk. Viele Northern Cheyenne arbeiten dort als Kohletransporteure, Elektriker, Vorarbeiter, Vorgesetzte, Instandhalter oder Personalsachbearbeiter. Auf ihren Autos sehe ich mitunter einen Autoaufkleber mit der Aufschrift: »Hinter jedem Lichtschalter steht ein Kohlebergwerk.«

In der Tat steht hinter jedem Lichtschalter ein Kohlebergwerk, ein Atomkraftwerk oder ein Staudamm, der einem Fluss und den umliegenden Wald- und Präriegemeinschaften ebenso schadet wie dem Leben der Fische. Unsere Gebäude und unser Budget profitierten mit Sicherheit von unserem Wind- und Solarsystem. Wir erzeugten bis zu 70 Prozent unseres Stroms selbst. Wir verdoppelten die Größe unseres ursprünglichen Gebäudes und installierten ein System, das unsere Betriebskosten fast um die Hälfte senkte. Abgesehen von den einmaligen Ausgaben für die Installation unserer Anlage kommt der hierfür benötigte Strom von Wind und Sonne.

Dans System erwies sich als perfekte Lösung für unseren Berghang und damit für unseren Bedarf. Fast täglich hatten wir Sonne und helles Mondlicht zur Verfügung. Normalerweise gibt es bei uns jede Menge Wind, vor allem wenn der Himmel bewölkt ist.

Ich hatte gelernt, die Messgeräte für die Überwachung der eingehenden Netzenergie zu lesen. Ich sah auf dem Bildschirm des Wechselrichters nach, wie viel Strom wir noch in unserem Batteriespeicher hatten. Staub gesaugt oder die Spülmaschine eingeschaltet wurde dann, wenn das System besonders viel Strom generierte und die Speicher entsprechend gefüllt waren.

Es fühlte sich natürlich gut an, so niedrige Stromrechnungen zu bezahlen. Richtig gut fühlte es sich an, wenn ich das Licht oder die Mikrowelle in dem Bewusstsein einschaltete, dass ich damit weder der Luft, noch einem Fluss, dem Land oder den Wäldern schadete. Und auch nicht der Zukunft.

All das stimmt. Aber da ist noch viel mehr.

Unsere Wind- und Solaranlagen spendeten mir echte Seelen-freude. Ich entdeckte zu meiner Überraschung, wie sehr es mich *befriedigte*, so mit der Sonne verbunden zu sein. Alles auf der Erde hängt von dem uns nächsten Stern, der Sonne, ab, sie bringt die Fotosynthese und die Produktion unserer Nahrung in Gang. Da-neben gab mir jedoch das direkte Wissen darum, dass die Ener-gie dieses Sterns durch die Kabel in meinem Haus floss, abends die Lampen brennen ließ, morgens meinen Kaffee mahlte, Musik spielte und meinen Computer mit Strom versorgte, ein *Zugehö-rigkeitsgefühl* zu dem größeren Universum. Ich gewann eine Art Intimität mit unserem Stern, seine Kräfte durchströmten mich ständig. Und dieses Gefühl von Zugehörigkeit führte über die Sonne und das Sonnensystem hinaus bis zu einem geschärften Bewusstsein darüber, wie dieses Universum, das seit über 13 Mil-liarden Jahren am Werk ist, sich zusammengesetzt hat und mich getreu unterstützt.

Die Zugehörigkeit umschirmt uns und schenkt uns die Ge-wissheit, dass wir einen Platz in der Gemeinschaft haben und ge-schätzt werden. Sie tröstet uns, wenn wir Angst haben, und nährt unsere Hoffnung auf die Zukunft. Ich hätte mir – mit dem Bau-ausschuss um den Esstisch versammelt – nie träumen lassen, dass Sonnenkollektoren eine solche Gnade bewirken können.

Unser Windrad nannten wir *Ha-esha-iv*, was auf Cheyenne so viel heißt wie »Es ist ein windiger Tag«. Sein fast kontinuierliches Surren klang wie der Wind, der aus tausend Pappelblättern flüs-tert. Ich schloss die Augen am Präriehang und stellte mir vor, ich lebte im Urwald.

Nachts konnte ich das Licht auf der Spitze des Windradturms sehen. Es sagte mir, dass der Generator lief und den erzeugten Strom in den Batteriespeicher füllte, während die Sonne nicht da war. Wenn ich abends spät nach Hause kam, winkte mir dieses kleine gelbe Licht zu. Es leuchtete unter dem Sternenhimmel und beruhigte mich in unseren dunklen Wintern. Die Luft, die sich durchs Land und die Berghänge hinunterbewegte, wurde zu Licht im Wohnzimmer.

Wir mussten Stromfresser wie etwa die elektrischen Uhren abschaffen, die durch Anzeige roter Zahlen Strom verbrauchen, auch wenn man sie gerade gar nicht benötigt. Dan und Diane durchscannten die Prayer Lodge und unser neues Gebäude nach ihnen. Da waren die Zeituhren auf der Mikrowelle und der Kaffeemaschine. Da waren der Fernseher und der Videorekorder, die ständig warm und sofort einsatzbereit waren, wenn ich sie einschaltete. Solche Stromfresser kosten den Verbraucher nur wenige Cent pro Tag, wie die Werbung behauptet, aber Dans Aussage zufolge könnten wir allein in den USA ganze zehn Kraftwerke schließen, wenn wir sie hier alle aus unseren Häusern verbannen würden. Ich dachte darüber nach, wie ich noch einige Jahre zuvor sehr gut ohne meine »bequemen« Stromfresser ausgekommen war. Im Energiesystem unserer Prayer Lodge stellten sie eine ständige Belastung für unsere Batteriespeicher dar. Sie mussten abgeschafft werden.

Also steckten wir unsere Geräte in Steckdosenleisten, die wir nach Bedarf ein- und ausschalten konnten. In den Regalen der Abstellräume fanden wir Uhren zum Aufziehen. Zusätzlich verwendeten wir batteriebetriebene Uhren und recycelten die Batterien. Der einzige Stromfresser, für den wir keine befriedigende Lösung fanden, war der telefonische Anrufbeantworter.

Und noch etwas richteten wir ein: Unser Stromanbieter versorgte alle Häuser auf dem Land über einen Strommast mit leistungsstarken Sicherheitslampen, die die Gärten, Parkplätze und Gebäudeeingänge von der Abenddämmerung bis zum Morgengrauen automatisch beleuchteten. Wir beschlossen, diese Leistung beim Stromanbieter zu kündigen, und verwendeten die Einsparungen, um solarbetriebene Bewegungsmelder für unsere Eingänge und Parkplätze zu kaufen. Wir erstanden drei solarbetriebene pilzförmige Lampen, die den Gehweg zwischen unseren Häusern mit ihrem sanften ausdauernden Schein beleuchteten. Ansonsten ist es nachts sehr dunkel auf unserem Hügel, und wenn ich abends vor dem Schlafengehen auf die Veranda trete, um mich für den zu Ende gehenden Tag zu bedanken, bietet mir die Milchstraße Schönheit oder Trost, je nachdem, wie ich mich gerade fühle. Ich danke Grandma Nellie und den Frauen der Prayer Lodge, die die Gemeinschaft des gesamten Lebens auf Mutter Erde hoch achten. Ich danke dem heiligen Franziskus, der Gott mit all seiner Schöpfung lobpreiste. Ich danke dem Gott der Heiligen Schrift für die Worte, die schon vor so langer Zeit vom Gutsein aller Wesen seit Anbeginn von Licht und Zeit sprechen.

Mein absolut liebstes, alles übertreffendes Solarwindgerät war meine Wäscheleine. Eine Wäscheleine ist wartungsarm, hat keine beweglichen Teile und bietet auch im Winter einen steten Anreiz zu regelmäßiger Bewegung an der frischen Luft. Ich wurde hoffnungslos süchtig, tat so, als hätte ich keinen Trockner, wusch die Wäsche über Nacht und hängte sie – Beugen, Strecken, runter zum Korb, hoch zur Leine – im jungen Licht des nächsten Morgens vor der Arbeit auf. Bevor es dunkel wurde, nahm ich die Wäsche ab, denn in der Tradition der Cheyenne heißt es, dass Kleidung, die über Nacht draußen bleibt, neu gewaschen werden muss. Ich trug ganze Frischewolken ins Haus, faltete und räumte die saubere Wäsche in Schubladen und verteilte sie auf Betten. Ich kaufte duftneutrales Waschmittel, weil ich vermeiden wollte, dass irgendetwas den sauberen Geruch von Himmel und Sonne störte, den ich dann in der Prayer Lodge verstaute. Wäscheleinenwäsche ist ein Tanz, eine Kunst.

Bald mussten wir die Holzveranda des Hauptgebäudes erneuern. Es war eine große Veranda, auf der eine ganze Gruppe Platz hatte. Das Holz war halb verfault und hatte sich aufgrund des Wetters in den harten Wintern und der extremen Sonneneinstrahlung im Sommer verzogen. Was für Alternativen gab es?

Seit 1600 hat Amerika 95 Prozent seiner Urwälder abgeholzt. Weltweit verlieren wir noch immer etwa 4000 Quadratmeter Bäume pro Sekunde, wovon der größte Anteil auf Hausbau, Papierherstellung und Landwirtschaft fällt. Vor einem halben Jahrhundert habe ich mit meinem Vater zusammen zahlreiche Bäume gepflanzt. Daher finde ich es normal, darüber nachzudenken, wie wir unseren Holzverbrauch miniminen können. Ich brachte mein Anliegen vor unserem Bauausschuss vor.

April recherchierte und fand Verandaplanken, die aus recycelten Plastikflaschen und Sägemehl hergestellt waren. Wenn wir dieses Material verwendeten, würden wir nicht nur etwas zum Schutz der Bäume beitragen, sondern die Mülldeponien auch vor etwas Plastik bewahren. Wir freuten uns, den Männern, die die Veranda bauten, und später all den Menschen, die darauf saßen, aßen und uns besuchten, um zu beten oder zu tanzen, diese Holzalternative vorstellen zu können.

Obwohl wir das neue Gebäude inzwischen bezogen hatten und den zusätzlichen Platz genossen, traf sich unser Bauausschuss auch weiterhin. Wir hatten noch andere Probleme, die es zu lösen galt, und neue Ideen zu besprechen.

»Wann wollen wir anfangen, ein Gewächshaus ans neue Haus anzubauen?«, fragte ich. Niemand aus meiner Bekanntschaft hatte ein Gewächshaus. Soweit ich wusste, besaßen nur reiche Leute, Blumenhändler und Colleges so etwas.

»Wir könnten es entlang der Südwand bauen und als passiven Solarwärmekollektor gestalten. Es würde im Winter, wenn die Sonne tief steht, das Gebäude warm halten. Wenn die Sonne im Sommer weiter im Norden höher steht, würde es Schatten spenden und das Haus kühl halten. Wir könnten im Winter Grünzeug und Kräuter anbauen und Gemüse für unsere Hochbeete vorziehen. Es könnte ein Klassenzimmer für angehende Gärtnerinnen und die 4-H-Gruppen mit den Kindern und Jugendlichen werden. Das wäre doch wunderbar.«

Alle nickten. Warum nicht? Mary Ann schrieb unseren Wunsch nach einem Gewächshaus ins Protokoll. Dieses übertrug ich in eine detaillierte Projektbeschreibung und Budgeteinschätzung für einen Förderantrag. Wieder erhielten wir die Finanzierung, diesmal von einer Freundin, deren Familie eine Stiftung besaß.

Ein Jahr nach Fertigstellung unseres neuen Hauses kam Bruder Conrad Heinen, ein Kapuzinermönch, der jahrelang im benachbarten Reservat der Crow kirchlichen Dienst geleistet sowie als Tischler gearbeitet hatte und kurz zuvor in den Ruhestand gegangen war, den Sommer über zu uns. Er hatte sich, nachdem wir ihn wegen unseres Gewächshausplans kontaktiert hatten, Bauentwürfe angesehen, die für unser Klima geeignet waren. Tom Rockroads unterstützte, ermutigt von seiner Frau, in seinem Sommerurlaub Bruder Conrad beim Bau. Francis Limpy schloss sich dem Team an und bot als Elektriker und Tischler seine Hilfe an. Sie bauten von Grund auf ein drei mal neun Meter großes Gewächshaus.

Den nächsten Vorschlag brachte Vonda Limpy in unserem Ausschuss ein. Sie erzählte uns, Francis habe für ihr Haus konkrete Recherchen zum Thema Erdwärme angestellt, weil diese so kostengünstig sei. Sie erklärte, dies sei ein System, das die Wärme aus dem Boden zieht, der in unserer Gegend bei einer Tiefe von

1,8 bis 2,4 Metern gewöhnlich über das ganze Jahr knapp 13 Grad Celsius warm ist. Mithilfe eines Wärmetauschers heizt der Ofen das Haus ausgehend von 13 Grad und nicht von der viel kälteren Umgebungsluft. Ist der Thermostat auf 20 Grad Celsius eingestellt, braucht der Ofen die Temperatur also nur um 7 Grad anzuheben. Daher kann es sich um wesentliche Einsparungen handeln. Im Sommer kühlt es das Haus, indem es die 13 Grad warme Luft durch die Rohre bläst – allein auf Betriebskosten eines Ventilators.

Francis stellte Vonda viele Artikel und Broschüren zur Verfügung, damit der Ausschuss sich ein Bild machen konnte. Schon bald besuchten wir in Helena, Montana, ein Ehepaar, das die Erdwärme in ihre Pläne für ein neues Haus integriert hatte. Die Ergebnisse waren sehr überzeugend. Durch den Einsatz der Erdwärme-Energie hatten die beiden ihre jährliche Stromrechnung um fast drei Viertel reduziert.

Die Herausforderung bestand nun darin, diese knapp 13 Grad warme Luft in unseren Ofen beziehungsweise unser Haus hineinzubekommen. Wir gruben vier 2,4 Meter tiefe Gräben, in denen wir schwarze Gummiwasserschläuche als Flächenkollektoren verlegten. Diese vier Gräben laufen an einer Pumpe zusammen. Während das Wasser durch die Schläuche gepumpt wird, nimmt es die Wärme aus der Erde auf und heizt sich auf knapp 13 Grad auf. Dieses Wasser wird dann zur Heizung gepumpt, wo Luft auf die 13 Grad Wassertemperatur erwärmt oder gekühlt wird.

Unsere Fördergelder reichten nur für die Installation dieses Systems in einem unserer beiden Gebäude aus. Wir entschieden uns für das ältere, weil die ursprüngliche Warmluftheizung trotz unserer hervorragenden Isolation samt den neuen Fenstern und Türen sehr kostspielig war. Wir bestellten unser Erdwärmesystem und beauftragten einen Northern Cheyenne namens Clayton Small mit den notwendigen Baggerarbeiten.

Clayton hob an unserem Hang vier 30 Meter lange jeweils 2,4 Meter tiefe Gräben aus. Weitere Arbeiter verlegten die schwarzen Schläuche und füllten das geschlossene Schlauchsystem mit Wasser. Clayton schloss die Gräben mit seinem Bagger so vorsichtig, dass er mit der Erde auch Porzellantassen hätte füllen können. Er machte nicht einen Schlauch kaputt.

In der Nähe der Prayer Lodge, wo die Gräben zusammenliefen, wurde unterirdisch eine Pumpe installiert, die das Wasser durch die eingegrabenen Schläuche pumpte. Bis es den Hügel hinunter zurück zur Pumpe gelangte, war es durch die Erdwärme auf 13 Grad erwärmt. Dann wurde es in einen Wärmetauscher gepumpt, der Teil unserer neuen Heizanlage war. Wenn unsere Außentemperaturen im Sommer auf 38 Grad Celsius und mehr stiegen, legte ich am Thermostat einen Schalter um, und das System blies die gesegneten 13 Grad in jeden Raum des Hauses – mit einem viel geringeren Energieverbrauch als eine Klimaanlage. Zudem wirkt diese Luft sanft kühlend, fast schon lieblich, überhaupt nicht so schockartig wie bei einer Klimaanlage. Danke, Francis und Vonda Limpy.

Das Unternehmen garantiert für das Erdwärmesystem eine monatliche Einsparung von einem Drittel der Heiz- und Kühlkosten, die ein konventionelles System aufwendet. Für die meisten Menschen, so auch für uns, betragen die Rechnungen jedoch in der Regel nur ein Viertel der vorherigen Kosten. Die Frauen und Freunde, die von der Prayer Lodge betreut werden, freuen sich, weil wir nun diese Menge fossiler Brennstoffe oder Strom von einem Staudamm einsparen. Es ist so kostbar, im eigenen Zuhause die beständige Wärme und wunderbare Kühle der Erde zu haben. Sie umgibt die Kinder und spendet bei jedem Wetter Komfort und Sicherheit.

Was war nun mit dem Hang zu tun, den wir aufgewühlt und verunstaltet hatten? Machten wir nichts, würden sich hier nur die

Samen des invasiven Ruthenischen Salzkrautes festsetzen, und das wollte niemand. Unser Augenmerk richtete sich daher auf Präriegräser.

Auf weiten Gebieten der Erde wird eine Kreuzung von Gräsern angebaut. Zehn von den fünfzehn Nutzpflanzen, die zwischen der Menschheit und dem Hungertod stehen, sind Gräser. Das uns umgebende Präriegrasland ist ein empfindliches, zugleich aber robustes Ökosystem. Was immer hier wächst, muss sich sengende Hitze, lange Trockenperioden, Wind und Minusgrade zunutze zu machen oder zumindest auszuhalten verstehen. Daher kauften wir in einer nahe gelegenen Gärtnerei säckeweise Präriegrassamen.

Den ganzen Nachmittag vor dem ersten erwarteten Schnee des Jahres lockerte Francis den Boden leicht auf und streute Saatgut aus, das zu Prärie zu werden versprach. Er tat, was wir Menschen über zehntausend Jahre lang getan haben, nur dass es diesmal nicht unserer Nahrung diente. Diesmal sollte die Aussaat dafür sorgen, dass die Wildgräser erneut um ihrer selbst wuchsen. Die Präriegrasmischung für unsere Böden war wie die Litanei einer heiligen Gemeinschaft aus Namen: Elymus lanceolatus, Eriocoma hymenoides, Pseudoreogneria spicata, Elymus trachycaulus, Poa secunda, Koeleria macrantha, Artemisia frigida und Achillea millefolium. In der Woche darauf breiteten drei Nonnen mitten im Schneetreiben Stroh und Hoffnung über diese Saat aus und beteten, dass sie den Winter überleben mochte. Und das tat sie.

Monate später gab es nach einem langen Winter ein seltsames Geräusch im Haus. Vor allem in den Ecken fiel es mir auf. Es klang wie ein Tropfen. War irgendwo ein Rohr geplatzt? Doch dann wusste ich es plötzlich.

Es war der in Vergessenheit geratene Klang des Frühlings und das Ende der alles vereinnahmenden Kälte. Es war der Klang von

Eis und Schnee, die sich in Wasser auflösten. Ich lief hinaus, um es mir anzusehen. Zuerst hörte ich das zunehmende Trommeln, dann ein überschwängliches Strömen: Das Wasser ergoss sich vom Dach, die Dachrinnen und Fallrohre hinunter, und spritzte in unsere Wassertonnen. Wasser, rücksichtslos, brausend, nachdem es die lange Eingeschlossenheit des Winters überlebt hatte. Das Tauwetter im Frühling muss für Wasser Ekstase sein.

Eines unserer einfacheren Earth-Care-Projekte war ein Wasserauffangsystem. Ich brauchte fast ein Jahr, um mich fachgerecht um das System zu kümmern, um diese grünen 230-Liter-Tonnen, die an allen Ecken des Gebäudes aufgestellt werden mussten, damit sie das Wasser von den Fallrohren aus den Dachrinnen aufnahmen. An diesem Ort, an dem Regenfälle so unberechenbar waren, ging es darum, möglichst jeden Tropfen aufzufangen, um das Regenwasser in der Sommertrockenheit sorgsam mit den Gärten und Beerensträuchern, dem Wildpflaumenbaum unter meinem Fenster und den Ebereschen zu teilen. So hielten wir es in den Zwischenzeiten zwischen den Stürmen, natürlich ohne jeweils zu wissen, wann der nächste kommen würde. Manchmal wurde ich in der blanken Julihitze schwach und goss eimerweise Regen um die Wurzeln all der Pflanzen, die wir in unserer Obhut hatten. Im Vergleich zu unserem Brunnenwasser war das eine wahre Leckerei. Irgendwann werde ich vielleicht einmal meine Haare in diesem seltenen Regenwasser waschen, aber bisher habe ich es nicht fertiggebracht, den Pflanzen etwas davon wegzunehmen.

Während wir uns unserem Ziel näherten, Mutter Erde Gutes zu tun, erkannte ich zunehmend, mit wie vielen scheinbar unwesentlichen Verhaltensweisen wir das Leben auf der Erde verringern. Für sich genommen mögen sie klein und unbedeutend sein, zusammengenommen aber üben sie schädlichen Stress auf die Erde aus. Wie etwa schnelles Autofahren mit erhöhtem Ben-

237

zinverbrauch, in einem Zimmer Licht brennen lassen, in dem ich mich gar nicht aufhalte, Lebensmittel ohne Berücksichtigung ihrer Entstehungsweise kaufen, den Verlust von Lebensraum für eine Art nicht wahrnehmen, von der ich nichts weiß, Einwegprodukte verwenden, nicht weiter versuchen, die Arktis vor Bohrungen zu schützen. Genau wie Grandma Nellie uns beigebracht hat, unsere ersten süßen Früchte in Demut und Dankbarkeit auf der Erde niederzulegen, möchte ich lernen, die Annehmlichkeiten, die ich in Anspruch nehme, obwohl sie auf Kosten der Erde gehen, in Demut und Dankbarkeit für das Leben niederzulegen.

Als ich letztes Weihnachten bei meiner Schwester zu Hause in Cincinnati war und durch die Zimmer lief, um die Lichter auszuschalten, bemerkte meine zweite Schwester, es sei doch nicht meine Stromrechnung. Nein, aber es ist mein Planet, unser Planet. Da nickte sie.

Bei geringerem Energieverbrauch gut leben, Bäume und Holz schützen, möglichst regional angebaute Gemüse essen, die Morgenluft atmen, dem Wasser beim Duschen Danke sagen: alles nur Kleinigkeiten. Alles Möglichkeiten, die Diversität, Lebenskraft und Schönheit der Erde zu schützen und die Seele zu nähren. Kürzlich las ich, dass wir ab sofort nicht mehr von ausländischem Öl abhängig zu sein bräuchten, wenn jedes Fahrzeug in den USA im Schnitt nur 6,5 Liter Sprit pro 100 Kilometer verbrauchen würde. Heimatschutz hat mehr mit kraftstoffsparenden Autos zu tun als mit Bomben und dem Einsatz unserer Söhne und Töchter in Kriegen, bei denen sie ihr Leben aufs Spiel setzen. Kleine Taten entscheiden über Leben und Tod.

Zusammen mit vielen anderen Menschen scheine ich gelernt zu haben, dass vor allem die Großmütter die Hüterinnen und Nährerinnen der Seele sind. Sie stellen das zuverlässige Bindeglied zwischen den Müttern und den Vorfahren dar, zwischen den lang anhaltenden Mühen des Universums und den Kindern von morgen. Ihre Stimmen reichen weit in die Zukunft hinein und prägen deren Kraft. Darüber hinaus habe ich verstanden, dass uns vor allem die Väter zeigen, wie man die Seele reinigt. Ich habe es durch meinen eigenen Vater erfahren. Echte Väter schützen die Zukunft. Die Großmütter und Väter sind Krieger fürs Leben, sie weigern sich, es zu beschädigen oder zu zerstören. Diejenigen unter uns, die weder Väter noch Großmütter sind, lernen jedoch von ihnen und von der Zukunft, die sie in das Jetzt hineingeträumt haben.

Im Juli stehen wir beim Sonnentanz der Northern Cheyenne Schlange. Wir halten Traubenkirschenzweige in den Händen, an die wir bunte Gebetstücher gebunden haben. Es sind unsere Seelen, die wir da ins Sternenlicht halten.

Wir gehen an der Reihe der Fastenden vorbei und halten vor der heiligen Frau, der Urmutter, an. Sie sitzt, in ein weißes Laken gehüllt, da. Ihr Gesicht ist mit weißem Ton bemalt. In ihren Augen leuchten Galaxien und die Gesichter der nächsten sieben Generationen. Ich bete stets das gleiche Gebet: Mögen wir alle unsere Bomben zerlegen und lernen, auf gute Weise mit Mutter Erde zu leben. Ich beuge mich nieder und lege meinen Zweig mit seinen roten und gelben Tüchern neben ihr ab. In zahllosen heiligen Beziehungen zu Hause lege ich meine Gebete in einem werdenden Kosmos nieder und finde meinen Weg hinein in Gott.

21

DER PROFESSOR FÜR EARTH LITERACY VERNEIGT SICH VOR DEM UNIVERSUM

DIE GENESIS-FARM, NEW JERSEY

Selig, die hungern und dürsten
nach der Gerechtigkeit (…).

MATTHÄUS 5:6

Die elf Studenten und Studentinnen saßen im Halbkreis auf Metallklappstühlen im Hühnerstall, der in eine rustikale, aber heimelige Bibliothek umfunktioniert worden war. Die hohen, breiten Fenster an der Südwand gaben den Blick frei auf die Hänge, die das Tal mit der Farm einschlossen. Der Wald wellte sich in erstaunlichem Gold, Orange, Rot, Dunkelbraun und Gelb zum azurblauen Himmel hinauf.

Doch ich beachtete den Ausblick nicht weiter. Stattdessen schrieb ich. Wir Studentinnen beugten uns auf unseren gnadenlos unbequemen Stühlen mit der Konzentration Gelehrter in universitärem Umfeld über unsere Papiere. Dieser zwölfwöchige Kurs in Earth Literacy an der Genesis-Farm im Delaware Water Gap

New Jerseys war tatsächlich Teil eines Masterstudiengangs. Unser Dozent Larry Edwards stand locker und entspannt vorne am Pult. Ich war nach Blairstown, New Jersey, gekommen, weil Miriam mich eingeladen hatte, auf der Genesis-Farm mitzuarbeiten und als Teil des Programms Gebete für die Erde und Meditationen anzubieten. Diese Gemüsefarm unterschied sich mit ihrem akademischen Programm geografisch und kulturell sehr von der Prayer Lodge im Land der Northern Cheyenne. An diesem Tag jedoch war ich im Begriff, spirituelle Verbindungen zu entdecken zwischen dem, was hier gelehrt wurde, und dem, was ich in meinem weit entfernten Zuhause lebte.

Meine allabendliche Arbeit hier bestand darin, das Gold der Tagesvorträge in Gebet und Reflexion für den nächsten Morgen umzuwandeln, wenn sich die Gruppe im Tipi um ein qualmendes Feuer versammelte. Darüber hinaus musste ich lernen, mit dem ausgeklügelten Lüftungssystem des Tipis umzugehen, da morgens immer Wind wehte. Mit jedem kalten Morgen gelang es mir ein wenig besser, das Tipi aufzuwärmen und den störenden Rauch zu vertreiben.

Nachdem sich Larry Edwards des Ausmaßes der Umweltkrise bewusst geworden war, hatte er nach siebzehn Jahren im Staatsdienst die National Science Foundation verlassen, um auf der Genesis-Farm zu leben und zu lehren. An diesem Nachmittag ging es um »Das Universum als etwas aus sich selbst heraus Entstehendes«.

Einleitend sagte er, er hoffe, zeigen zu können, wie die vier ursprünglichen wesentlichen Kräfte oder Wechselwirkungen des Universums diesen Prozess des Aus-sich-selbst-heraus-Entstehens und *Geistes* manifestieren. Sein Unterricht war immer sehr genau, er wählte jedes Wort mit Bedacht. Das Wort »Geist« flüsterte er beinahe und sah uns dabei nicht an. Hatte das mit Ehrfurcht zu tun, fragte ich mich, oder lag es daran, dass Wissenschaftler gewöhnlich nicht von Geist sprechen?

»Was meine ich mit ›aus sich selbst heraus entstehen‹?«, fuhr Larry fort. »Die erste Frage lautet immer: Wie ist das alles überhaupt hergekommen? Warum gibt es, uns eingeschlossen, überhaupt etwas und nicht einfach nichts?«

Dank meines langjährigen katholischen Religionsunterrichts hatte ich eine Antwort parat. Wegen Gott. Aber damit ist die Wissenschaft nicht zufriedenzustellen.

Genauso wenig die Pädagogen, die ein Gutteil des modernen katholischen Bildungswesens geprägt haben. Die Curricula der katholischen High School und des Colleges, die ich besucht hatte, umfassten naturwissenschaftliche Fächer ebenso wie Theologie und den Katechismus der Katholischen Kirche. Als Studentinnen hatten wir die Ergebnisse und Theorien der Naturwissenschaften erforscht, um die Funktionsweise des Universums und das Leben auf der Erde zu verstehen. Unterrichtet von katholischen Schwestern und Priestern, hatten sich unser naturwissenschaftlicher Unterricht und unsere Laborversuche auf strikt Akademisches beschränkt. Die Eltern, andere Lehrkörper und die Kirchenvertreter unterstützten unser Studium der Evolutionstheorie, weil sie es für ihre Bildungspflicht hielten. Naturwissenschaften wurden als etwas gelehrt, wodurch man Gottes Welt kennen und respektieren lernte.

Wissenschaftliche Erkenntnisse, inklusive der Evolution, wurden nicht im Widerspruch zur biblischen Schöpfungsgeschichte dargestellt, sondern als bedeutend für unser Weltverständnis. Der Widerspruch, falls überhaupt vorhanden, wurde nie angesprochen. Wie konnten Gott als Schöpfer des Universums und Gott als Inspirator der Bibel sich selbst widersprechen? Stattdessen wirkten meine katholischen Lehrer der Naturwissenschaften begeistert von den nahezu unfassbaren Erkenntnissen Einsteins und den aufregenden Errungenschaften des amerikanischen Raumfahrt-programms. Außerdem liefen die Theologie- und Bibelstunden förmlich über von all den neuen Informationen aus den Funden der Archäologie und Altorientalistik, die ein neues Licht auf die alten Interpretationen der Bibel warfen und neue Interpretationen ermöglichten. Die 1970er-Jahre waren für die Studentin am katholischen College eine aufregende Zeit gewesen.

Dennoch war unser College typisch gewesen mit seinen Fachbereichen, die Studienfächer wie Theologie und Naturwissenschaften rigoros voneinander getrennt hielten. Ich kann mich an keine Seminare erinnern, die beides integriert hätten.

Überrascht von Larrys Gebrauch des Wortes »Geist« hörte ich aufmerksam zu. In der Regel hielt er seine Vorträge, indem er Nachweise aus umfangreichen, auf wissenschaftlichen Methoden basierenden Experimenten anführte. Der Schatten eines Falken schwebte unvermutet durch einen Sonnenflecken auf dem Boden, doch niemand von uns sah auf, um ihn dabei zu beobachten, wie er sich die thermischen Kräfte im Tal zunutze machte. Selbst ich nicht.

»›Aus sich selbst heraus entstehend‹ bedeutet die Fähigkeit eines Gebildes, sich mit der Zeit zu verändern, aus den eigenen Ressourcen neue Strukturen, eine eigene Dynamik, eine eigene Konfiguration der Materie zu schaffen.« Larry las direkt aus seinen Aufzeichnungen vor, obwohl er diesen Vortrag schon bei den vergangenen zehn Earth-Literacy-Kursen hier auf der Farm sowie in Indiana, Colorado und Kalifornien gehalten hatte.

Ich war begeistert. Er beschrieb das Universum als eine Ganzheit, die aus sich selbst heraus agiert. Was ich mir gewöhnlich als im Weltraum umherfliegende Objekte vorstellte, verwandelte sich im Nu in ein Bild von zusammenhängender Kreativität und Schönheit.

»Die vier Kräfte, die ich gleich im Detail beschreiben werde, und die unzähligen Beziehungen, die sich daraus ergeben, sind anscheinend so fein aufeinander abgestimmt, dass dieser spektakuläre, aus sich selbst heraus entstehende Vorgang zu dem geführt hat, was wir heute sind und erleben: zu Leben, Liebe, Schönheit, Bewusstsein. Für mich ist jede dieser Beziehungen Geist.«

Er hielt inne und schaute sich langsam im Kreis der Katholiken um, mit Ausnahme eines Priesters alles Schwestern. Mit der spirituellen Welt waren wir wohlvertraut.

»Mein Ansatz ist es, Gott mit der Summe aller dieser Beziehungen, von denen jede Geist ist, einschließlich der vier Grundkräfte, gleichzusetzen. Anders ausgedrückt, das aus sich selbst heraus entstehende Universum ist Gott in Aktion. Es ist das, was Gott tut.« Wieder hielt er inne.

Niemand widersprach ihm. Was er sagte, klang in gewissem Sinne sehr vertraut. Mich erinnerte es an den Geist des Herrn, der den Erdkreis erfüllt, wie ich ihn aus der Bibel kannte. Ich spürte die Schönheit in dem Satz: Das aus sich selbst heraus entstehende Universum ist das, was Gott tut. Der Teil, in dem Larry Gott mit der Summe aller Beziehungen des Universums gleichsetzte, verwirrte mich allerdings sehr.

»Eine extreme Definition wäre nach dem, was wir heute bestimmen können, dass *nur* das Universum komplett aus sich selbst heraus entsteht. Thomas Berry hat es so ausgedrückt: Das Universum, wie wir es kennen, ist der einzige Text ohne Kontext, ein Kontext ohne jeden anderen Kontext! Er hat recht.«

Obwohl Larry besonnen und ruhig sprach, war er offensichtlich angetan oder gar begeistert.

Dass man das Universum auch so verstehen kann, dachte ich.

»Das Universum kommuniziert mit nichts außer seiner selbst. Es entstammt seinen eigenen inneren Ressourcen.

Durch die Unermesslichkeit der Zeit entwickelt es sich in Form von Subjektivitäten, d. h. in Form von Galaxien, Sternen, Planeten, Monden, und auf der Erde in Form von einem erstaunlichen Netz des Lebens, in Form von Subjektivitäten in tiefer Gemeinschaft!«

Noch so ein Triumph. Ich ließ meinen Notizen eine ganze Reihe von Ausrufezeichen folgen.

»Und jetzt möchte ich das Aus-sich-selbst-heraus-Entstehen im Kontext der Non-Dualität und des Interseins thematisieren. Alles Sein und vor allem, was wir als getrennt voneinander betrachten – wie etwa Geist und Materie –, ist *Intersein*. Alles Sein ist Intersein. Ich danke Thích Nhất Hạnh für diesen Begriff.« Wieder unterstrich ich meine Notizen und setzte Ausrufezeichen.

»Geist lässt sich am besten als ein Aspekt des Universums verstehen, der keine Materie und wirkungsvoll ist, der einen Unterschied ausmacht.« Larry erinnerte uns daran, dass Masse und Energie gleichwertig sind. Wenn Energie abkühlt, kondensiert sie zu Masse. Aber klar doch, dachte ich, Einstein und $E = mc^2$.

Ich meldete mich zu Wort. »Trotz der ganzen Naturwissenschafts- und Kosmologieseminare, die ich besucht habe, ist das wirklich ein Rätsel für mich. Masse, Materie, Energie, Geist …« Ich verstummte.

»Das alles ist tatsächlich ein Rätsel«, antwortete Larry, »aber ein bisschen etwas wissen wir schon.

Die Anfänge des Universums gehen auf reine, heiße Energie zurück. Bei seiner Ausdehnung kühlte es ab. Ähnlich wie das Gas in Ihrem Kühlschrank. Im Millionstel eines Millionstels einer Sekunde sank die Temperatur genug, um den ersten Partikeln, vielleicht Quarks, eine Existenz zu ermöglichen. Innerhalb weniger Sekunden war die Temperatur so weit gesunken, dass Heliumkerne existieren konnten – zwei Protonen und zwei Neutronen, die von einer starken Kraft zusammengehalten wurden. Die reine, heiße Energie des Universums kondensierte oder verdichtete sich wie heißer Dampf zu Materie, genau wie hier auf der Erde heißer Dampf durch Abkühlung zu Wasser kondensiert und Wasser wiederum, wenn es weiter abkühlt, zu Eis gefriert. Stellen Sie es sich so vor: Energie ist die Mutter der Materie.«

Ohne zu bemerken, dass ich mich in der Schönheit dieses Satzes verlor, fuhr er fort:»Materie ist Energie in einer bestimmten Form, einer Form, die Raum einnimmt. Haben wir zum Beispiel eine Kiste ohne Inhalt – ohne Atome, Moleküle, Luft, Energie, Lichtphotonen, Radiowellen – und fangen an, sie mit Lichtphotonen zu füllen, wird die Kiste nie voll werden. Photonen sind keine Materie. Sie nehmen keinen Raum ein. Füllen wir stattdessen Neutronen in die Kiste, wird sie am Ende voll sein, obwohl sich die Neutronen nicht gegenseitig abstoßen, und wir werden keine weiteren mehr nachfüllen können. Neutronen sind eine Form von Materie. Masse unterscheidet sich von Materie. Masse ist konzentrierte Energie. Photonen sind massereich. Neutronen ebenfalls. Bei Einsteins Gleichung geht es um die Äquivalenz nicht von Materie, sondern Masse und Energie.

Ich wiederhole, das alles ist ein Rätsel. Aber ein bisschen etwas wissen wir schon.

Energie ist eigentlich etwas *Physisches*. Energie hat Masse, einen Kraftimpuls. Sie kann uns umwerfen oder einen Satelliten durch den Weltraum schieben. Da Materie eine Form von Energie ist, muss die Energie physischer Natur sein.«

»Die Beziehungen, die existieren und das Universum *sind*, werden durch die Materie-Energie-Konfiguration ins Leben gerufen«, fuhr Larry fort, und ich notierte alles so schnell und genau ich konnte. Aus meinem bisherigen Studium wusste ich, dass dies wichtig war. Und schwer für mich zu begreifen. Ich hatte Mühe, im Einzelnen aufzunehmen, was Larry von seinen Aufzeichnungen ablas.

»Jetzt denken Sie an die vier wesentlichen Kräfte, die wir untersucht haben und die sich ganz offenkundig im gesamten beobachtbaren Universum zeigen. Es handelt sich um spezielle Beziehungen. Ein Mensch könnte sich den Geist als diese Beziehungen vorstellen.«

Larry ließ uns fünf Minuten Pause machen. Ich bedauerte die Unterbrechung seines Gedankengangs, freute mich aber auch, erst einmal verarbeiten zu können, was er bisher gesagt hatte. Die meisten anderen waren hinaus in die Sonne gegangen. Ich ging zu Larry und fragte, ob ich meine Aufzeichnungen mit seinen vergleichen dürfe. Ich korrigierte einiges.

Zufrieden setzte ich mich wieder und nahm mir meine Notizen über die vier Kräfte vor, die Larry in einer früheren Stunde behandelt hatte. Es sind folgende: die *Schwerkraft*, die die Planeten um die Sonne herumkreisen lässt und uns und unsere kostbare Atmosphäre mit der Erde verankert; der *Elektromagnetismus* als Kraft der Anziehung und Abstoßung zwischen gleichen und ungleichen elektrischen Ladungen ebenso wie zwischen den ungleichen und gleichen Polen eines Magneten; die *starke atomare Wechselwirkung*, die stärker ist als alle anderen Wechselwirkungen zwischen den Protonen und Neutronen und die Atomkerne und somit die Materie überall intakt hält; und schließlich die *schwache atomare Wechselwirkung*, die sich als radioaktiver Zerfall zeigt. Außer der Schwerkraft begriff ich nur wenig davon.

Also fing ich mit der Schwerkraft an und stellte mir unser Sonnensystem vor. Ebenso wie der Optometriker bei einer Augenuntersuchung die nötige Korrektur vornimmt, hatte ich plötzlich ein klares Bild davon, dass die Gravitationsanziehungskraft zwischen unserem Sonnenstern und den Planeten *kein* mechanisches

Uhrwerk, sondern eine *Beziehung* ist, ebenso schön und real wie eine echte Freundschaft. Die Schwerkraft als Beziehung hat Auswirkungen, die wir tatsächlich beobachten und messen können. Und sie ist eine Manifestation von Geist, der in der Materie wohnt, dachte ich weiter. Ich schaute aus dem Fenster und stellte mir vor, innerhalb der Gravitationsanziehungskraft von Sonne und Erde aufgehoben zu sein, meine Seele lebendig in dieser Gegenwart von göttlichem Geist.

Die Stühle knarrten und schrammten über den Boden, als sich alle wieder hinsetzten. Da hier so viel von Geist gesprochen wurde, erinnerte ich mich plötzlich an die Stunden, in denen ich als junge Schwester im Klosterchor mitgesungen hatte. Damals hatte es mir eine alte Litanei sehr angetan, der den Heiligen Geist lobpreist. »Komm herab, o Heil'ger Geist.« Wir sangen ihn mit unseren klaren, hohen Stimmen. »Dürrem gieße Leben ein/ Heile du, wo Krankheit quält. (...) Ohne Dein lebendig Wehn/ kann im Menschen nichts bestehn/ kann nichts heil sein noch gesund.«

Konnte es sein, dass Edwards eben diesen Geist meinte, den wir in dem Loblied besangen? Ich wusste, dass er nichts aus der katholischen Theologie beleuchten wollte. Dennoch spürte ich eine Verbindung. Konnte es sein, dass der jeweilige Geist, der als Kraft des Universums aus sich selbst heraus entsteht, eigentlich den Heiligen Geist der katholischen Lehre offenbart? Ohne die Beziehungen, die allesamt Geist sind und durch diese heilige Materie-Energie-Konfiguration ins Leben gerufen werden, ohne die besonderen Beziehungen der vier wesentlichen Kräfte kann »nichts bestehn, nichts heil sein noch gesund«!

Ich riss mich wieder los von dem Lied. Seit den Anfängen des Universums vor 13,8 Milliarden Jahren, sagte Edwards, entstünden die sich aus Energie verdichtende *Materie* und *Geist* in gegenseitiger Abhängigkeit voneinander. Er sagte, die Buddhisten wüssten dies seit über zweitausend Jahren. Ich hörte Achtung und Ehrfurcht aus seiner Stimme heraus.

»Denken Sie daran, nichts ist abgetrennt; in einem aus sich selbst heraus entstehenden Universum kann es keine Dualität geben. Materie ruft Geist ins Dasein, und Geist erschafft Materie. *Gleichzeitig.* Keines von beiden war als Erstes da. So wie die Energie-Materie durch das Leben auf der Erde an Komplexität zunahm, so wurde auch der Geist immer komplexer und wurde schließlich zum menschlichen Geist.«

Was konnte heiliger sein als dieses große Entstehen?

»Materie und Geist sind, obwohl sie gleichzeitig aufkommen, niemals dasselbe und niemals getrennt voneinander. Die große Materie-Energie-Orchestrierung bringt Musik und Geist zum Ausdruck. Materie als erstarrte Energie manifestiert die Präsenz des Geistes durch die vier wesentlichen Beziehungen, die vier wesentlichen Kräfte. Diese Dynamik und diese Kräfte sind Geist!«

Edwards erklärte, dass sich die vier fundamentalen Wechselwirkungen, die sich die Naturgesetze – man denke nur an Isaac Newton und die von Einstein und anderen entdeckten Quantengleichungen – am besten als *Beziehungen* begreifen ließen, als Manifestationen von aus sich selbst heraus entstehendem Geist des Universums. Diese Beziehungen seien allgewaltig, beständig und überall in Raum und Zeit des uns bekannten Universums gegenwärtig.

Wieder hielt ich in meinen Notizen inne, um nachzudenken. Meine Freunde, Crow- und Northern-Cheyenne-Älteste, tauchten vor meinem inneren Auge auf. Sie wissen das alles. Mystikern aller spirituellen Traditionen ist es klar. Die Materie ist von lebendigem Geist erfüllt. Und die Materie/Geist-Energie verbindet alle Wesen im Universum mit allen anderen Wesen, egal, ob lebendig oder unbelebt. Das Universum *ist* Beziehung.

Alle Materie im Universum übt andauernd Anziehungskraft aus und zieht sämtliche andere Materie an. Diese Anziehungskraft übt eine ähnliche Faszination auf uns aus, wie der Anblick eines Käfers ein Kind in Ehrfurcht versetzt, wie ein Forscher für sein Forschungsthema oder ein Bauer für seine Böden und Tiere Leidenschaft entwickelt. Ehrfurcht erfasst den Menschen nicht etwa aufgrund seines großen Gehirns und seines Selbst-Bewusstseins so plötzlich. Edwards betonte vielmehr, dass die menschliche Ehrfurcht ihren Ursprung in der allgegenwärtigen Schwerkraft habe, die im frühen Universum entstanden sei.

Warum ist das so wichtig für mich?

Ich kann den Gedanken nicht ertragen, dank kindlicher Fantasie über die Kraft eines indianischen Mounds, dank der Schönheit von Schnee und der Spur der Krallen und des Schwanzes eines Eichhörnchens auf meinen Armen zu einer lebenslangen Suche nach spirituellem Sinn und Freude an der Natur verleitet worden zu sein. Und mich hat ein Leben lang der Wunsch geplagt, die Theologie in der Materie und in der Erde zu verankern, die ich als unwiderstehlich und liebenswert erlebe. Mich inspirieren die Logik, die Intuition und der Mystizismus der Theologen, Bibelgelehrten und Asketen, die ich studiert habe. Noch mehr aber inspirieren mich die Natur und das Universum, die Erkenntnisse der Wissenschaft und die Bräuche der indigenen Ältesten, mit denen sie der Erde ihre Achtung entgegenbringen. Ich möchte, dass die Spiritualität sich fest in der Realität verankert.

Es gefällt mir sehr, dass die Wissenschaft die Anziehungskontinuität von Teilchen zu Teilchen im frühen Universum nachverfolgen kann. Wasserstoff und Helium entstehen aufgrund elektromagnetischer Anziehung und verwirbeln dann zu gravitativ sich selbst anziehenden Wolken, die sich schließlich entzünden und als Sterngalaxien aus sich selbst heraus entstehen. Wenn ein

Stern zur Supernova wird, werden die Kerne und Elektronen in den Weltraum geblasen und schließen sich dank elektromagnetischer Anziehung zu Atomen zusammen. Später kühlen die Atome ab und bilden, wenn sie wiederum zusammenfinden, Moleküle. Planeten vergrößern sich durch die zwischen diesen Molekülen bestehende Anziehung zunehmend und werden am Ende riesig. Aus der Erde heraus bilden sich lebende Zellen und Organismen, dann Körper, Gehirne und Menschen, die in die Ehrfurcht und ein Schicksalsgefühl hinein erwachen. Ein Schicksal so mächtig, rätselhaft und heilig, dass wir Katholiken überzeugt sind, es müsse aus etwas jenseits von uns, aus dem Heiligen Geist Gottes entstanden sein. Dieses Schicksal nennen wir den Ruf Gottes. Tatsächlich aber entsteht es aus uns selbst, aus der Materie/Geist-Energie von Körpern heraus.

Larry Edwards sah sich im Raum um. »Daher könnte man sagen«, schloss er, »dass das Universum und Gott gemeinsam entstanden sind, als Eines, in Abhängigkeit voneinander.«

Für mich bedeuteten seine Worte, dass sich die *menschliche* Erfahrung Gottes und unser Gottesverstehen am besten als Gott und Universum im gemeinsamen Entstehen begreifen lassen, einerseits mit unseren Sinnen wahrgenommen, andererseits mit präzisen Instrumenten wissenschaftlich erforscht. Die tiefen Erkenntnisse, die wir aus unserem zunehmenden Wissen über die Funktionsweise des Universums gewinnen, verschaffen uns tiefere, umfassendere Einblicke in Gott.

Das gefällt mir sehr.

Gottes Gegenwart auf der Erde hatte ich bereits erfahren. Ich erinnerte mich daran, wie mir aus den Straßen Manhattans plötzlich die Liebe entgegenkam, in Wellen aufstieg, den Metrobus füllte, mir das Herz überströmte. Ich erinnerte mich an das Wunder der Liebe, das ich in der Frühlingsbrise an einem Fluss in

Vermont verspürte, und wie mich wieder Liebe durchströmte, als ich Abfall zu einem stinkenden Müllcontainer hinter dem Haus brachte. Überrascht hieß ich diese Zärtlichkeit willkommen. Ich suchte nach einer Orientierung innerhalb meiner katholischen Tradition und entdeckte in den Evangelien zahlreiche Darstellungen von Jesus, wie er in der wilden Natur, in der Wüste, an einem Meeresufer betet. Hatte auch er gespürt, dass sein Gott sich in der Schöpfung befindet? War auch er fasziniert davon?

Während ich so über das Universum nachdachte, durchströmte mich einmal mehr die göttliche Liebe.

Im Religionsunterricht in der Grundschule und in der High School hatte ich gelernt, was die Katholiken über Gott lehren. »Gott ist allmächtig, allgegenwärtig, allgütig, allliebend« – das hatten wir getreulich aufgesagt. Mit diesen Worten sprach auch Franz von Assisi Gott, das göttliche Geheimnis und die Macht an, die ihn so faszinierten, und lobpreiste sie. Neben der Heiligen Schrift ist Gott ebenso durch Gottes Schöpfung – das Universum als Gottes Selbstoffenbarung, Selbstausdruck – manifest. Anhand des Universums erlebe ich, wie *real* diese heilige Allgegenwart Gottes ist.

Jean Alice McGoff ist eine im Kloster lebende Karmelitin, die seit über sechzig Jahren dem Gebet und der Kontemplation treu ist. Sie hörte mir aufmerksam zu, als ich ihr bei einem Treffen im darauffolgenden Sommer dies alles erzählte. »Wenn ich mich morgens zum Beten hinknie, bitte ich darum, dort zu sein, wo Gott ist, im Herzen Gottes zu sein. Wo ist das? Es ist dort, wo die Kreativität des Universums geschieht, wo das Neue entsteht«, sagte sie langsam und bestimmt. »Dort verorte ich mich in meiner Vorstellung und versuche, offen und empfänglich zu sein.«

Als ich das Wissen über das Universum und mein Verständnis davon wirklich in mein Bewusstsein eindringen ließ, entdeckte ich, dass ich Gott in einem umfassenderen, reicheren Sinne verstand. Gott nicht nur in Worten, sondern in Taten, und in den Wechselwirkungen zwischen der Materie und den Gesetzen des Universums. Ich verneigte mich und trat in den Raum ein, in dem der Granit aufbricht und Licht einlässt.

Die Vorlesung war zu Ende. Die Leute packten ihre Sachen zusammen, um zum Abendessen zu gehen. Ich eilte zu Larry und bedankte mich für die überzeugendste Vorlesung, die ich je gehört hatte.

»Ich habe lange recherchiert, um Nachweise für die Schlussfolgerungen zu finden, die ich in dieser Vorlesung darlege«, sagte er, während er seine Papiere und Bücher einpackte. »Es ist alles überprüfbar und real.«

Als ich am nächsten Morgen, trotz Mantel und Schal in der morgendlichen Kühle fröstelnd, den Hügel zu dem Tipi hinaufging, stieg mir Rauch in die Nase. Wie schön! Jemand hatte Feuer gemacht und den Luftzug ausgerichtet. Das weiße Tipi stand vor einem Hain herbstgelber Bäume an einer Stelle, wo der Boden eben war. Ich hob die Türabdeckung und bedankte mich bei Maria, die schon früh gekommen war und sich nun am Feuer wärmte.

Nach und nach stellten sich die Studenten und Mitarbeiterinnen ein, bis wir schließlich alle still im Kreis ums Feuer saßen.

»In unserem heutigen Gebet geht es darum zu ehren, was real ist«, setzte ich an. »Bitte sagt mir diese einfachen Worte nach. Sie stammen aus der Präambel der Erd-Charta.«

Sie lernten die Worte schnell auswendig. Dann sangen wir sie nach der Melodie eines gregorianischen Gesangs, den ich kannte: »Die Lebensfähigkeit, Vielfalt und Schönheit der Erde zu schützen, ist eine heilige Pflicht.« In der Stille genossen wir das starke Feuer und die Worte.

»Denken wir an den gestrigen Unterricht bei Larry«, sagte ich.
»Wer möchte, kann jetzt einen Satz oder eine Idee – was euch gerade in den Sinn kommt – in die Runde geben. Das hier ist keine Stegreifaufgabe, sondern einfach eine Möglichkeit zu sagen, was ihr im Herzen tragt.«

Der Reihe nach teilten sie sich mit: Die fundamentalen Wechselwirkungen sind Beziehungen; das Universum ist das, was Gott tut; Intersein; jede Beziehung ist Geist; Geist ist überall; alles Existierende ist eingeschlossen.

Wieder schwiegen wir. Dann las ich ein Zitat von Thomas Merton vor: »Es ist gut und lobenswert, sich irgendein Geschöpf (…) anzuschauen und seine Realität zu *spüren* und *wertzuschätzen*. (…) Lass einfach die Realität von dem, was real ist, in dich einsinken (…), denn durch die realen Dinge können wir« den Nicht-Fassbaren »erleben, der unendlich real ist.«

Wir sangen unser Lied.

»Wenn ihr zur Bibliothek hinunter in den Unterricht geht«, sagte ich, »schaut euch ein Geschöpf an, das eure Aufmerksamkeit auf sich zieht: einen Baum, einen Stein, eine verdorrte Blume. Haltet an und nehmt seine Realität in euch auf. Vielleicht wollt ihr euch ehrfürchtig vor dem Nicht-Fassbaren verneigen, in dessen Gegenwart ihr euch befindet.«

Sie gingen still hinaus. Maria löschte das Feuer, indem sie die Glut mit Sand bedeckte, der in einem Eimer bereitstand. Als sie ging, ließ sie die Türabdeckung für mich aufgeschlagen. Sonnenlicht ersetzte das Feuer.

Ich verweilte noch und sann über den Geist des Sandes nach. Dann verneigte ich mich und ging hinaus in den hellen Morgen.

22

DIE MICHAELA-FARM UND DIE SISTERS OF ST. FRANCIS

EINE HERZZERREISSENDE BEZIEHUNG

*Die Michaela-Farm fördert nachhaltige
Beziehungen zwischen dem Land, den Pflanzen,
den Tieren und den Menschen und folgt damit dem
franziskanischen Vorbild.*

LEITBILD DER FARM

Wie können wir dann als Menschen, die Nahrung, Kleidung und Unterschlupf benötigen sowie für die Bedürftigen sorgen, förderliche Mitglieder der Erdgemeinschaft sein? Diese Frage verfolgte mich.

»Du brauchst ein Sabbatical zum Schreiben«, sagte mir eine Freundin und Mitarbeiterin. »Wohin kannst du dich für einen Monat zurückziehen? Wo findest du genug Einsamkeit und Zeit für dich?«

Ihr Vorschlag erleichterte mich unmittelbar und machte mich glücklich. Ich wusste sofort, wohin ich wollte. Ich rief die Verwalterin der Farm der Sisters of St. Francis in Oldenburg, Indiana, an und erfuhr, dass unser Exerzitien-Cottage frei war, das am anderen Ende der Retentionsbecken zwischen Bäumen versteckt lag. Ich reservierte es, packte mein Auto voll mit Büchern, jeder Menge Kapitelentwürfe und meinem Laptop und machte mich auf den Weg ostwärts.

Von Montana ist es ein langer Weg über South Dakota, Iowa und Illinois, doch der weite Blick auf die Prärie und die offene Strecke halfen mir, einen klaren Kopf zu bekommen. Bei meiner Ankunft in Oldenburg hielt ich im Lebensmittelgeschäft vor Ort an und kaufte nach eigens mitgebrachten Rezepten ein. Nachdem ich den Schlüssel zum Cottage im Farmbüro abgeholt hatte, fuhr ich den ausgefahrenen Weg an der Scheune und den Weiden vorbei. Schon bald stand ich vor der Tür zum Haus und war froh um das neue Zuhause. Ich packte aus, schob einen Hähnchen-Auflauf in den Ofen und machte im Kamin ein Holzfeuer. Mein Abendessen aß ich vor dem Kamin.

Am nächsten Tag stand ich, eingewickelt in eine Steppdecke, schon in der Morgendämmerung vor der Tür.

Es war ordentlich kalt an diesem Spätwintermorgen im Südosten Indianas. Auf dem tiefgerillten Schotterweg stand das Wasser in dunklen Pfützen, die an den Rändern weiß vereist waren. Noch fehlte der verführerische Vogelgesang, nur ein zurückhaltendes Zwitschern tönte aus den nackten Bäumen entlang den Retentionsbecken, die selbst noch hart gefroren waren. Die Rinder zogen auf die vom Winter schlimm zugerichteten Weiden, so wie die Bisons im Yellowstone Park in den Schneewehen überwintern. Der Mond ging unter, die Morgendämmerung spendete mattgraues Licht.

Holz klopfte rhythmisch auf Metall, der Farmer und die Gärtner schürten Feuer im Außenofen, der die Büros und das Gewächshaus beheizt. Mich fror, während ich so am Türrahmen meines Cottages lehnte. Jemand zerschlug das Eis in der Viehtränke, was bedeutete, dass die Heizung mal wieder ausgefallen war. Das Scheunentor schepperte, ebenso die Abdeckung der Tränke, als das durstige Vieh sie zum Trinken aufstieß. Der Traktormotor brummte, stotterte, bebte.

Ich lief hinüber zu dem dampfend warmen Gewächshaus, wo Hunderte von Tomaten-, Paprika- sowie Brokkoli-, Grünkohl- und Weißkohlkeimlingen darauf warteten, in größere Töpfe umgepflanzt zu werden – eine mühselige Arbeit, die der Gärtner noch ein zweites Mal vornehmen wird, bevor die Erde draußen warm genug für die Pflanzen ist. Im Hühnerhaus warteten Eier darauf, wehrhaften Hühnern fortgenommen und per Hand abgespült, gewogen und abgepackt zu werden. Und das alles in einer Zeit riesiger mechanisierter Massentierhaltungsbetriebe und globaler Lebensmittelherstellungssysteme. Warum sollte im modernen Amerika noch jemand morgens aufstehen und auf einer kleinen Farm so arbeiten? Wozu das Ganze?

Vielleicht waren diese derart hart arbeitenden Leute hier auf der Farm unseres Mutterhauses genau wie ich fasziniert von der Morgenstille der Erde, von dem täglichen Anblick der im Westen blinzelnden Sterne und dem gelegentlichen Kalb, das, kaum geboren, taumelnd nach Milch tastete. Vielleicht war es die Anmut der schneebehangenen Weiden jenseits der Scheune, das Versprechen von Millionen Himbeerblüten oder die Erinnerung an die gereiften Tomaten aus eigenem Anbau, warm, saftig, im Garten gegessen, die einem das Wasser im Munde zusammenlaufen ließ. Vielleicht freuten sie sich an dem direkten Wissen um die Herkunft von all dem, was sie aßen. Vielleicht schenkte ihnen der Geist der Unabhängigkeit und Eigenständigkeit Kraft.

Vielleicht war es auch felsenfester Pragmatismus: Wir alle müssen essen. Eine Farm ernährt die Menschen, sogar dann, wenn sie klein ist. Und vor allem ein kleiner Familienbetrieb.

Zahlreiche Studien dokumentieren die Effizienz der Hektarerträge kleiner landwirtschaftlicher Betriebe im Vergleich zu industrialisierten Agrarbetrieben. Eine Studie der University of California, Davis, aus dem Jahr 1999 zeigte in den ersten acht Jahren beim Öko-Landbau und bei Betrieben mit niedrigem chemischem Eintrag vergleichbare Erträge, und in manchen Fällen sogar höhere Erträge als bei den konventionellen Betrieben mit hohem chemischem Eintrag. Die Studie bewies, dass Öko- und Low-Input-Betriebe tatsächlich den Gehalt an organischem Kohlenstoff und Nährstoffen im Boden erhöhen. Dies ist wichtig, damit die Bodenfruchtbarkeit langfristig gewährt bleibt.

Gut versorgte Böden sind lebensspendend und ausdauernd. Eine Farm ist ein erneuerbares Geschenk unserer Schwester Mutter Erde, die, wie uns Franz von Assisi gelehrt hat, »erhält und lenkt«. Eine kleine Farm wie die unsere, die natürliche Methoden der Bodenverbesserung anwendet und auf chemische Dünger, Herbizide und Pestizide verzichtet, verlangt einen hohen zeitlichen Arbeitseinsatz, viel Kompetenz und Planung; Jahr für Jahr und von Generation zu Generation gibt sie Nahrung für Körper und Seele zurück, ohne das Wasser flussabwärts zu vergiften oder die »toten Bereiche« in den Ozeanen und im Golf von Mexiko zu vergrößern.

Vielleicht geht es aber auch ganz einfach um Liebe – um diese unfassbare Verlockung, die älter ist als unsere Seele und diese kleinen Bauernfamilien antreibt, am Potenzial des Landes teilzuhaben, persönlich in dem wohlduftenden Boden zu graben und an den heiligen Ursprung des Menschen in der Erde erinnert zu werden.

Und schließlich ist es vielleicht die Hoffnung – auf die Fotosynthese, die lebendigen Böden, die trächtige Saat; Hoffnung darauf, dass die eigene Arbeit am Ende Frucht tragen wird. Angesichts der Unwägbarkeiten des Wetters und der Wirtschaft ist uns der

Sinn der Landwirtschaft kaum nachvollziehbar, vielleicht ist das so ähnlich wie mit dem Gebet oder dem Glauben an Gott. Dennoch treiben die Menschen Landwirtschaft, und sie beten – ohne jede Gewissheit, dass es gut ausgehen wird.

Ich vereinbarte ein Interview mit Chris Merkel, dem leitenden Landwirt und Verwalter der Michaela-Farm, der alle Beziehungen der Farm im Kopf und im Herzen trägt. Er wägt die Kosten für eine Aufwertung der Retentionsbecken gegen die Stadtwassergebühren ab. Er praktiziert gewissenhaft die natürlichen Anbaumethoden, die die Ordensschwestern als Eigentümerinnen befürworten, und verzichtet auf chemische Anbaumethoden, die vielleicht leichter zu Gewinnen führen würden. Er hat gelernt, wie man echte Freilandhühner in Übereinstimmung mit der Rotationsweide für Rinder züchtet und dabei genau die richtige Mischung natürlicher Nahrungsergänzungsmittel dazugibt, die sowohl die Farbe des Eigelbs als auch die Ernährung der Hühner und der Menschen verbessern, welche in den Genuss der Eier kommen.

Und dann sind da noch die Dinge, an die ich beim Essen nie denke: die staatliche Zulassung für den Eierverkauf, wie man bei einem Traktor die Hydraulik repariert, was Rinder gern fressen und was sie verdauen können, Tricks zur Reduzierung von Gerüchen und Fliegen im Stall, die Instandhaltung von Zäunen und Teichen, die Kenntnis über die Fischbestände in dieser spezifischen Bioregion, die Eindämmung von Giftefeu und die tägliche Sorge um den Lebensraum der Wildtiere. Warum sollte irgendwer alles dies tun *wollen* und es womöglich auch noch gerne tun?

Ich fragte ihn.

Wir trafen uns im Büro der Farm. Er lehnte an einem mit ordentlichen Papierstapeln bedeckten Schreibtisch. An seinem Gürtel sah ich ein Handy, in seiner Hemdtasche Kugelschreiber und Bleistifte, sauber getrennt. Er rückte seine Kappe zurecht, die für eine Treibstoffgenossenschaft warb, und zuckte angesichts meiner Frage mit den Achseln.

»Ich sag Ihnen, warum ich Landwirtschaft betreibe, und was mich antreibt weiterzumachen, Schwester. Mit der Landwirtschaft wirst du geboren; sie liegt dir im Blut. Eigentlich hast du einfach den Wunsch oder das *Bedürfnis* danach.

Schon im Alter von drei, vier Jahren wusste ich, dass ich Bauer werden wollte. Schule mochte ich überhaupt nicht, weil ich dort nichts über Landwirtschaft lernte. Ich versuchte es mit Schwänzen. Meine Mutter sagte mir, dass ich in eine Erziehungsanstalt, eine re*form* school, käme, wenn ich nicht zur Schule gehen würde. Ich sagte, genau das wolle ich. Ich dachte, sie hätte ›re-*farm* school‹ gesagt. Sie klärte mich auf, und ich ging wieder zur Schule.

Wenn du diesen Wunsch in dir hast, fragst du dich die ganze Schulzeit, wie dir das, was du da lernst, bei der Landwirtschaft helfen soll. Du machst deinen Abschluss, suchst dir einen Job, damit du deine Rechnungen bezahlen kannst, und gehst abends raus auf die zwölf Hektar Land von deinem Vater, um Zuckermais zu pflanzen und zu ernten.« Seine Augen leuchteten. »Die Leute kommen aus dem ganzen Ohio Valley, nur um meinen Mais zu kaufen. Ungelogen.«

Er räusperte sich und senkte den Kopf. »Wissen Sie was?« Seine Stimme war zu einem Flüstern herabgesunken. »Ich würde sogar sagen, dass es ein Ruf Gottes ist; ich bin in der Landwirtschaft, weil ich die Berufung spüre, mit Gott zu arbeiten und mit der Fähigkeit der Erde, die Dinge wachsen zu lassen. Ich kenne Leute, die gerne in der Landwirtschaft arbeiten wollen, das Know-how haben und es versuchen, es aber nicht zustande bringen. Sie scheinen einfach diese Berufung nicht zu haben. Und dann gibt es die Leute, die es zwar könnten, aber nicht das nötige Geld haben, um es zu riskieren.

Du *liebst* sie, Schwester, diese Arbeit mit Gott und der Natur.« Wieder flüsterte er. »Selbst an kalten Tagen, wenn dir das Kalb wegstirbt und dir Hagel den Garten schreddert, selbst spätabends, wenn die Hühnertränkanlage ausfällt. Du fährst los, reparierst sie und kehrst erschöpft, aber eigenartig glücklich und zufrieden wieder heim.«

Er machte eine Pause, als wäre er von dem Mysterium dieser Liebe in seinem Leben überrascht.

»Auch wenn dir das Wetter einen Strich durch die Rechnung macht bei dem, was du gerade eingeplant hast oder was wirklich bald erledigt sein muss. Egal, was das Wetter sagt, du lernst, damit umzugehen. Wenn du Landwirtschaft betreibst, bist du Teil des heiligen Schöpfungswerks. Du weißt das jeden Tag und stehst auf, weil du genau das tun willst und bereit dazu bist. Es ist eben ein Ruf Gottes.«

Er wirkte schüchtern, wenn er von seiner Berufung sprach. Seit zwanzig Jahren arbeitete er schon für das Mutterhaus der Sisters of St. Francis. Er hatte unsere Leitbilder und Ordensverpflichtungen gelesen. Er wusste, dass wir mitunter daherreden, als seien Ordensschwestern die einzigen Menschen auf der Welt mit einer echten, gewissermaßen von Gott beglaubigten Berufung.

Die Michaela-Farm wurde 1854 gegründet, als der Pfarrer vor Ort Pater Francis Joseph Rudolph einem Martin Gloueka 16 Hektar bewaldetes, hügeliges Land abkaufte. Schon bald überließ er das Land einer neuen Franziskanerinnengemeinschaft, die aus dreizehn aus Deutschland immigrierten Schwestern bestand. Im Gegenzug erklärten sich die Schwestern bereit, sich um elf Kinder aus der Region zu kümmern, die gerade erst aufgrund einer Cholera-Epidemie zu Waisen geworden waren. Und sich der Landwirtschaft zu widmen, die die Ernährung der Kinder und der Schwestern sicherstellen würde.

Schwester Michaela Lindemann bekam den Auftrag, die Bäume zu fällen und das Land urbar zu machen und zu bepflanzen. Für die Ernährung der Schwestern hatte sie rund um das kleine, aus selbst gehauenem Holz gebaute Kloster die Gärten bewirtschaftet. Nun widmete sie sich in ihrer Arbeit mit ganzem Herzen der Ernährung der Waisenkinder. Sie verwaltete die Farm achtzehn Jahre lang. Unserer Klosterchronik zufolge erwarb sie sich bald die Achtung der Dorfbewohner »als eine Frau, welche die Kunst verstand, mit der Natur zu arbeiten, um aus den Früchten der Erde Gottes Gaben zu bergen«.

Doch das Tal war schon lange, bevor Schwester Michaela ihren Dienst angetreten hatte, bestellt worden. Archäologische Funde weisen darauf hin, dass über mindestens zwölftausend Jahre Menschen dort Häuser und kleine Dörfer gebaut hatten, gejagt und das Land bestellt hatten. Die letzten Bewohner, die Miami-Nation, waren Mais-, Bohnen- und Kürbisbauern, sowie Jäger und Sammler gewesen.

Die Franzosen beanspruchten das Gebiet ab 1671 vor allem für ihre Handelsrouten und zwangen die Gruppen der Miami, das Land ihrer Vorfahren zu verlassen und sich weiter im Westen neu anzusiedeln. 1763 übernahmen die Briten nach dem Franzosen- und Indianerkrieg die Kontrolle über das Land. Die neuen Gouverneure verboten die Ansiedlung von Weißen in der Region, die heute das Gebiet von Ohio und Indiana umfasst.

Zwischen 1774 und 1782 jedoch wurde in Ohio ein Dorf der Shawnee viele Male von Kentucky-Milizen und dann auch – vermutlich im Auftrag europäischer Siedler und Farmer, die das Land für sich haben wollten – von George Rogers Clark angegriffen. In Angst versetzt und um Sicherheit bemüht, siedelten die Shawnee ihr Dorf fünfmal um. Unter den Flüchtlingen befand sich auch ein Paar mit einem kleinen Sohn namens Tecumseh.

Nach dem Amerikanischen Unabhängigkeitskrieg nötigte die neue US-Regierung die Miami-Gruppen, die noch in der Gegend von Ohio und Indiana lebten (darunter die Piankeshaw, Kickapoo und Wea), zu Landabtretungs-»Vereinbarungen«. Da sie den halb verhungerten Stämmen und ihren Häuptlingen hohe Zuschüsse anbot, setzen manche Historiker diese Landabtretungen mit Bestechungen gleich. Tecumseh, der inzwischen anerkannter Redner, Krieger und Anführer war, stellte eine große Konföderation zusammen, die sich gegen diese fragwürdigen Verträge zur Wehr setzte.

Im August 1810 trat Tecumseh an der Spitze von vierhundert bewaffneten Kriegern William Henry Harrison als neu ernanntem Gouverneur des Territoriums von Indiana vor dessen Haus in Vincennes am Wabash River entgegen und sagte zu ihm: »Kein Stamm hat das Recht zu verkaufen, nicht untereinander und erst recht nicht an Fremde. Ein Land verkaufen! Warum nicht die Luft, das große Meer oder gleich die Erde verkaufen? Hat nicht der Große Geist sie alle zum Nutzen seiner Kinder bereitgestellt? Wie können wir den weißen Menschen vertrauen? Werden nicht die Gebeine unserer Verstorbenen umgepflügt und ihre Gräber in Äcker verwandelt werden?«

Harrison weigerte sich, auch nur einen der Verträge für nichtig zu erklären.

In der Schlacht bei Tippecanoe schlug Harrison 1811 Tecumsehs Krieger und brannte ihr Dorf Prophetstown nieder. In der Folge mussten alle Stämme und Gruppen ihre Heimat verlassen und nach Illinois oder Oklahoma ausweichen. Indiana wurde für die Besiedlung amerikanischer Farmer und europäischer Immigranten zur Verfügung gestellt, die das Land der US-Regierung Land abkauften. Die Einnahmen dienten dem jungen Staat dazu, den Krieg von 1812 zu finanzieren.

Am 11. Dezember 1816 trat Indiana als 19. Staat der Union bei. 1817 fuhren Farmer von Pennsylvania aus auf Flößen den Ohio hinunter, schlugen sich buchstäblich einen Weg durch die dichten Wälder Cincinnatis und hielten in diesem kleinen Tal an, wo sie Lichtungen frei rodeten und mit der Landwirtschaft anfingen. Deutsche Einwanderer kamen bald in Wellen, und 1837 wurde Oldenburg gegründet.

Im Jahr 1841 bewarb sich Harrison mit dem Slogan »Tippecanoe und Tyler ebenfalls« um die Präsidentschaft. Er wurde zum neunten Präsidenten der Vereinigten Staaten gewählt. Bei seiner Amtseinführung im März bekam er eine Lungenentzündung, an der er zweiunddreißig Tage darauf verstarb. Er hat nie regiert.

Tecumseh war im Kampf getötet und von seinen Leuten im Geheimen begraben worden. Die Amerikaner fanden seinen Leichnam nie.

Etwa 16 000 Jahre vor der Besiedlung durch die Shawnee und die Miami wurde das Land von einem anderthalb Kilometer hohen Gletscher überdeckt, der auf seinem Weg südwärts im Norden Felsen und Erde abtrug. Als sich der Planet erwärmte und das Eis langsam schmolz, wurden die Felsen, die das Gletscherförderband transportiert hatte, abgeworfen, sodass das Tal und die Wasserscheide des Ohio River entstanden. Auf der Michaela-Farm bestimmen noch immer alte Eiszeitablagerungen die Wasserführung und die Form der hügeligen Weiden und Gärten. Die neu eingewanderten Bauern aus Pennsylvania und Deutschland befassten sich eingehend mit den Landschaftskonturen, vermutlich ohne zu ahnen, dass die Gestaltung der Familienfarmen Indianas von einem längst verschwundenen Gletscher geprägt war.

Heute überlege ich, inwieweit die Michaela-Farm im Schatten ihrer langen Geschichte steht. Das Land, das Pater Rudolph gekauft hatte, um Waisenkinder mit Nahrung zu versorgen, ist und bleibt ein Vermächtnis der Gletscheraktivitäten. Es ist und bleibt Land der Miami, das gewaltsam beschlagnahmt, ihnen in Wahrheit jedoch gestohlen wurde. Die Grundstücke, Gärten und Gräber der Miami wurden tatsächlich umgepflügt. Was wäre dann ein gerechter, verantwortungsbewusster Umgang mit der Farm heute? Welche Wirtschaftspläne, welche landwirtschaftlichen Methoden können seine Geschichte ehren und in unseren komplexen Zeiten eine Zukunft bieten?

Frühsommer: Die Tomaten reifen; Erbsen, Rhabarber und Spargel sind geerntet und verkauft; auf den Paprikapflanzen glitzert der Tau. Die Retentionsbecken sind grün veralgt. Eine Brautente durchforstet den Schaum, getreu gefolgt von ihrem letzten noch verbliebenen Jungen. Dazwischen schwimmen hungrige Schildkröten, die ebenfalls Junge aufziehen. Rinder stehen bis zu den Bäuchen im Weidegras und suchen sich sorgfältig ihre Lieblingsgräser heraus. Die Morgenluft ist erfüllt von zart flötenden Vogelstimmen: Zaunkönig, Drossel und Rotkehlchen, begleitet vom gelegentlichen Klopfen eines Spechts in den nahe gelegenen Wäldern.

Das Cottage, in dem ich jetzt wieder zum Schreiben sitze, liegt in einer der Falten der Endmoränenhügel grasbewachsener Hänge, die mit weißen Schafgarben, Gänseblümchen und den violett leuchtenden Blüten des Klees und der Luzernen gesprenkelt sind. Die Luft ist ein einziger Duft aus Geißblatt, Gleditschie und Wildrosen, auch sie in weißer Blüte. Ein Schieferrücken-Königstyrannweibchen brütet in einem prekären Nest, das – gerade so eben – auf der Verandalampe balanciert.

Ich setze mich auf der Veranda extra auf die andere Seite, wo sich ein Feldwespennest über meinen Gartenstuhl aus recycelten Kunststoffbrettern befindet.

Tagsüber schrieb ich, abends half ich den Gärtnern bei ihrer Arbeit. Mein erstes Projekt bestand im Setzen von über fünfhundert Zwiebeln, einer nach der anderen. Die Chefgärtnerin Schwester Marie Nett hatte die Bodentemperatur gemessen und festgestellt, dass sie gerade recht war für die zarten Zwiebeln, die im Hofladen verkauft und in den zweimal monatlich bestückten Gemüsekisten an die Abonnenten verteilt werden sollten.

Marie und ich trugen die Ablagen mit den Jungpflanzen aus dem Gewächshaus in den Garten. Sie zeigte mir, wie man sie entlang der Furche auslegte, die einer der Gärtner für uns gepflügt hatte. Ich lernte, wie tief man sie einsetzt. Jede von uns arbeitete, die duftende Erde schwarz unter den Fingernägeln, eine Reihe durch, während es langsam dunkelte. Dann mulchten wir unter leichtem Nieselregen mit dem Laub, das im Herbst unter den Bäumen auf dem umliegenden Klosterrasen zusammengeharkt worden war, die wohl längste Reihe mit jungen Erdbeerpflanzen, die ich je gesehen hatte.

In der zweiten Woche half ich jeden Abend mit, Führungen zu bauen, für die ich orangefarbene Ballenschnur um verrostete Metallpfähle spannte, um das emporragende federartige Spargelgrün zu stützen, und jätete nebenbei Unkraut. Zwei Reihen durch, sechs blieben noch. In der Zwischenzeit waren die Zwiebelpflanzen – dank eines Regengewitters samt jeder Menge gezackter Blitze – dreimal so hoch gewachsen und stärker geworden. Morgens schmerzten mir meine vierundsechzig Jahre alten Muskeln. Meine Hände bluteten, sie waren voller Blasen.

Trotzdem freute ich mich den ganzen Tag über wieder auf den Garten.

Kennst du die Satzungen des Himmels,
setzt du auf der Erde seine Herrschaft durch? (…)
Erjagst du Beute für die Löwin,
stillst du den Hunger der jungen Löwen (…)?
Wer bereitet dem Raben seine Nahrung,
wenn seine Jungen schreien zu Gott
und umherirren ohne Futter?
Kennst du der Steinböcke Wurfzeit,
überwachst du das Werfen der Hirsche? (…)
Fliegt auf dein Geheiß der Geier empor (…)?
Kannst du den Leviatan am Angelhaken ziehen,
mit der Leine seine Zunge niederdrücken?

HIOB 38:33–40:25

Über diese Verse aus dem Alten Testament sinne ich in meiner morgendlichen Meditationszeit nach. In den Worten erkenne ich eine ungewöhnliche Jobbeschreibung für Gott als den verantwortungsvollen Schöpfer. Auch hier ist es das Zeugnis von einem Gott, der die Wildtiere liebt und sie absichtlich wild geschaffen hat. Es beschreibt einen Schöpfer, der sich um die Löwen, Raben und Hirsche kümmert und sie liebt. Ich lese hier von einem Gott, der sich über die Kraft wilder, ungezähmter Schöpfung freut. Ich entdecke eine Schärfe, fast schon *Ungeduld* in der göttlichen Stimme gegenüber der Anmaßung des Menschen, alles zu besitzen, und gegenüber seiner arroganten Macht über die Natur. Hiobs Gott fordert uns heraus, der Schöpfung mit Respekt, Ehrfurcht und Freude zu begegnen und unserer menschlichen Fähigkeit zu vertrauen, Gott in der ungezähmten Natur zu begegnen.

Der Jesuit und Theologe David Toolan hat geschrieben: »(Diese Bibelverse) erinnern uns daran, dass Gottes Universum nicht dafür geschaffen wurde, von unserem Verstand gemessen zu werden.« Er weist darauf hin, dass Gott uns aufruft, den Wundern des Universums und der Erde mit Demut zu begegnen. Er stellt fest, dass diese Wunder nicht dazu da sind, nur menschliche Wünsche und Pläne zu erfüllen.

Wissenschaftler stellen es so dar: Das Universum ist nicht anthropozentrisch; der Mensch ist weder das Zentrum noch der Grund für dessen Existenz. Im Gegenteil, die Kreativität des Universums und der Erde hat uns hervorgebracht; als Mitglieder all dieser Herrlichkeit haben wir innerhalb des Netzes des Lebens das Privileg, daran teilzuhaben.

Der heilige Bonaventura, franziskanischer Philosoph und Theologe aus dem 13. Jahrhundert, empfiehlt entsprechend, dass wir die Würde der Schöpfung nicht verletzen dürfen, indem wir handeln, als existiere die Schöpfung vor allem der Menschheit halber, damit sie sie kauft, verkauft, kontrolliert und nach eigenem Ermessen nutzt. Er betrachtete die materielle Welt der Felsen, Bäume und Sterne nicht als leblose, träge, rohe Materie. Da die materielle Welt von Gott erschaffen ist, folgt daraus im Gegenteil, dass sie die Natur Gottes widerspiegelt, der ein großzügiger Schöpfer ist und mit der Schöpfung liebevoll umgeht.

Für Bonaventura ist Gott die lebendige Gemeinschaft von Vater, Sohn und Heiligem Geist. Die Schöpfung entspringt der Liebe zwischen diesen Dreien, der Heiligen Dreifaltigkeit. Da die Schöpfung Gottes Wort entspringt und von Gottes Heiligem Geist erfüllt ist, steht sie mit ihnen in Beziehung, ist wechselseitig mit ihnen verbunden und von ihnen abhängig. Wie Gott.

»Wir sind allesamt miteinander verwandt«, hatte ich von Brian Swimme gelernt, »nicht nur unter uns Menschen, sondern mit allen Wesen, angefangen bei den Mikroben bis hin zu den Galaxien. Alle miteinander verwandt.«

Hatte ich also auf eine Wildblume, ein Eichhörnchen und einen indigenen Mound reagiert, weil ich ihre gottähnliche Fähigkeit erlebte, *in Verbindung zu treten*? Ist es das, was Bauern und Gärtner tun? Ergibt sich aus dem »Besitz« einer Farm, eines Bauernhofs ebendieses Verantwortungsbewusstsein?

Zu unserem Menschsein gehört auch, dass wir eine nicht benennbare *Präsenz* in der Materie, in der Schöpfung zu erfahren vermögen. Ehrfurcht erfüllt unsere Seele, und wenn wir in die Natur eintauchen, können wir das pulsierende Herz des göttlichen Mysteriums empfinden. Für Hiob und Bonaventura, für die Christen und viele andere ist dieses Herz heilig und nennt sich Gott, Allah, Ma'he ö'o, Tao oder Heiliger Geist.

Jeden Abend half ich, durch einen heiligen Ruf zur Michaela-Farm geladen, bei der uralten, endlosen Arbeit der Bauern und Gärtner mit. Die Versuchung, statt selbst angebauter Produkte solche zu verwenden, die auf weit entfernten Bauernhöfen in mühsamer Arbeit von Unbekannten hergestellt und in fremden Ländern verschifft werden, mag uns verziehen werden. An jenem Abend in dem riesigen Spargelbeet richtete ich mich beim Unkrautjäten auf, um mich zu strecken. Der Schweiß verschmierte mir die Brille. Noch ein Mückenstich, und ich würde eine Bluttransfusion benötigen. Die Beine taten mir weh, die Muskeln schmerzten. Als die Sonne unterging, kräuselte eine Brise das filigrane Spargelgrün und verschaffte mir unverzüglich Linderung. Ich wischte mir das schweißtropfende Gesicht mit dem staubigen Rand meines T-Shirts ab und blickte in den Himmel, der im Westen violett und orangefarben leuchtete, im Osten und direkt über mir dagegen in Perlmuttrosa verblasste. Vielleicht würden nächstes Jahr an einem kühlen Frühlingsabend eine Familie oder einige von unseren Schwestern am Ende ihres Arbeitstages den Spargel von diesem Feld genießen. Dieser Gedanke schenkte mir frische

Energie. Ich bückte mich wieder hinunter, um weiteres tief verwurzeltes Unkraut zu jäten.

Wie die meisten Familienbetriebe in den USA kämpft die Michaela-Farm um ihre wirtschaftliche Existenz. Das Gehalt des leitenden Landwirts wird aus den begrenzten Mitteln der Sisters of St. Francis bezahlt und nicht aus den ungenügenden Einnahmen der Farm. Ehrenamtliche Helfer leisten einen Großteil der notwendigen Tagesarbeit auf den Feldern. Dank Freunden, die sich zusammen mit den Schwestern für die Michaela-Farm engagieren und Geld spendeten, wurde ein neuer Traktor gekauft.

Wir Franziskanerinnen aus Oldenburg versuchen händeringend zu klären, wie wir uns zu dem Land, das wir das unsere nennen, bekennen können. Haben wir die wirtschaftlichen Möglichkeiten für eine dauerhafte, verantwortungsvolle Investition? Warum nicht an »Entwickler« verkaufen und das Geld anderweitig investieren, um für eine ungewisse Zukunft vorzusorgen? Wäre es nicht wirtschaftlicher, Lebensmittel aus Massentierhaltung und ausländischem Anbau zu kaufen, statt zu versuchen, sie selbst anzubauen?

Manchmal ist mir danach. Die Schwestern, die es für finanziell unklug halten, die Farm weiter zu subventionieren, haben durchaus recht. In vielerlei Hinsicht jedenfalls. So sehr es mich auch schmerzt, es zuzugeben. Unsere Gruppe wird immer älter und schrumpft zusehends. Immer weniger Schwestern verdienen Geld. Die Gesundheitskosten steigen stetig an.

Dann fällt mir ein, dass die Michaela-Farm erst seit Kurzem in unserer Verantwortung liegt. Sie ist das Erbe von Schwestern eines anderen Jahrhunderts, von unseren Vorfahrinnen im Glauben. Der heilige Franz von Assisi, dessen Leben unseres als Orden inspiriert, betonte, dass all unser Besitz einschließlich unseres Körpers und unserer Talente das großzügige Geschenk eines liebenden, großherzigen Gottes ist. Franziskus zufolge könnten wir buchstäblich auf nichts ein Recht erheben; wir können uns nur respektvoll um unser Leben kümmern, mit anderen teilen, was wir haben, und als unverdiente Geschenke Gottes nutzen, was wir benötigen.

Neben der franziskanischen Tradition studieren wir die Bibel und entdecken Lehren, nach denen die Erde und alles, was sie enthält, letztlich Gottes ist. Wir Menschen sind an erster Stelle dazu da, an der Gott eigenen liebevollen Sorge um die Schöpfung teilzuhaben, an der Gott eigenen Fürsorge für Wildblumen und jeden einzelnen Spatzen, für die Löwenkinder, Raben und Hirsche. Als Bauern und Hirten war den Israeliten aufgetragen, einen Ruhetag in der Woche, den Sabbath, einzuhalten, an dem nicht einmal Tiere für die Arbeit eingesetzt wurden und das Land ungestört ruhen durfte. Nach dem Vorbild des Sabbath wird die christliche Sonntagsruhe zu einer regelmäßigen Mahnung: Das Land ist ein Geschenk für uns, wir dürfen es nicht ständig schonungslos als Einkommensquelle ausnutzen und bearbeiten.

Darüber hinaus gehört es zur biblischen Tradition, dass das Land als reines Geschenk in seiner Fülle mit den Bedürftigen zu teilen ist: mit dem Armen, dem Gast, dem Fremden, der Witwe und dem Waisenkind, denn sie sind unsere Brüder und Schwestern. Das Land stellt den Rahmen für den heiligen Bund mit dem Göttlichen dar. Es ist die Grundlage unserer Gemeinschaft mit dem Nicht-Fassbaren, mit der Liebe und all der schweren Verantwortung, die mit der blanken Existenz einhergeht. Diese Traditionen lehren uns, dass Land ebenso wenig Eigentum sein kann wie Menschen und ebenso wenig zu Gewinnzwecken kontrolliert, gekauft und verkauft werden kann. Echte Sicherheit gründet hingegen in der *Beziehung* zur göttlichen Liebe und damit in unserer Sorge um das Land sowie im Teilen seiner Gaben.

Die Michaela-Farm liegt nun mit all ihrer Fruchtbarkeit und Schönheit, mit ihrer anspruchsvollen Arbeit und ihren vielfältigen Teamanforderungen in unserer Verantwortung. Wie die Vereinigten Staaten von Amerika im Ganzen ist sie stets am Rande unseres Gewissens präsent. Geisterfüllt, heilig und verheißungsvoll stellt sie unsere althergebrachte Überzeugung infrage, dass Land eine Ressource für unsere konsumgetriebene Wirtschaft ist und nicht etwa das geisterfüllte Geschenk des uralten Universums, der göttlichen Liebe und Kreativität.

Die Erde, Nordamerika, die Michaela-Farm: Ressourcen-Ansammlung oder Gemeinschaft von geisterfüllten Subjekten, unseren Verwandten im wechselseitigen Netz des Lebens? Wie können wir also als Menschen, die Nahrung, Kleidung und Unterschlupf benötigen, förderliche Mitglieder der Erdgemeinschaft sein?

»Wir müssen praktisch denken«, sagen die Schwestern zueinander, während wir unsere Verpflichtung an die Michaela-Farm zu klären versuchen. »Die Farm kostet uns mehr, als wir von ihr bekommen. Mit jedem Jahr steigen die Kosten. Das kann nicht so weitergehen.«

Jeder weiß, dass ein kleiner Betrieb teuer zu bewirtschaften ist. Der Skaleneffekt zählt, und die Regierung subventioniert vor allem die industrielle Landwirtschaft. Ich höre den Schwestern bei ihrer Diskussion zu. Der Wille, die Farm zu erhalten, ist nicht mehr ungebrochen.

Als Schwester Marie und ich an jenem Sommerabend das Erdbeerbeet mulchten, erzählte sie mir von dem Freiwilligentag, den die Mitarbeiter der Farm im Herbst zuvor am Ende der Vegetationsperiode ausgerichtet hatten. Schwestern aus Cincinnati, Indianapolis, Evansville und dem Mutterhaus hatten sich zum Helfen versammelt. Alle waren über fünfzig Jahre alt. Manche saßen im Rollstuhl in der Scheune und rollten sorgfältig die vom Spargelzaun gerettete Ballenschnur auf, um sie für die Wiederverwendung im folgenden Jahr bereitzustellen.

Andere säuberten die Beete und setzten die Winterpflanzen. Zaunpfähle wurden in die Scheune geschleppt und gestapelt. Die Gärtnermeisterin Schwester Marie und andere reinigten die Ablagen im Gewächshaus und lagerten sie, damit sie ab Mitte Januar erneut Samen unter Anzuchtlampen würde auslegen können.

Bei der Arbeit beantwortete Marie die Fragen der Schwestern, die in der Stadt lebten.

»Während man sich für die nächste Saison rüstet, ist schon die Vorfreude aufs nächste Jahr da: auf die ersten neuen Setzlinge, die im Gewächshaus aufgehen, das Abhärten der Jungpflanzen, ihr Einpflanzen auf dem Feld, jeden kleinen Schritt im Leben dieser Pflanzen«, gestand sie ihrer Schar aus ehrenamtlichen Helferinnen. »Der Dank, den sie in Form von Essen zurückgeben, macht demütig. In dem gesamten Ablauf ist man immer wieder mit Ehrfurcht und Dankbarkeit angefüllt, und ich darf Teil davon sein.«

Niemand beneidete sie um ihre arbeitsreichen Wochenenden, um die Zwölfstundentage in der Hauptwachstumsperiode und die Knochenarbeit, die sie leistete. Sie erzählte ihnen von der achtundachtzigjährigen Schwester Carol Ann Angermeier, die immer beim Packen der fünfzig Gemüsekisten für die SoLaWi-Abonnenten half.

»Das sind fünfzig Familien und Einzelpersonen, die Anteile an den Feldern kaufen«, erklärte sie den Helferinnen. »Unsere Abonnenten sind ein integraler Bestandteil der Wirtschaftlichkeit unserer Farm. Wir hoffen, ihre Zahl mit jedem Jahr steigern zu können.«

Während ich dies schreibe, weiß ich nicht, ob die Zukunft unserer franziskanischen Gemeinschaft gesichert ist. Sie liegt seit ihren Anfängen in den liebenden Händen Gottes und unseres Glaubens. Sie ist bedroht durch die abnehmenden Investitionen und die sinkende Mitgliederzahl mit steigendem Altersdurchschnitt. Einerseits scheint es für eine Gemeinschaft wirtschaftlich nicht sinnvoll zu sein, einen Kleinbetrieb aufrechterhalten zu wollen. Allein schon diese Worte niederzuschreiben, bricht mir das Herz. Andererseits könnte die Michaela-Farm einem besser finanzierten, bildungsbasierten Unternehmen, das unsere Werte weiterhin hochhalten würde, vielleicht gute Chancen bieten.

Unsere derzeitige Farmleiterin Schwester Peg Maher schreibt bebilderte Berichte, die die Fortschritte der innovativen, umwelt- und erdfreundlichen sowie arbeitssparenden Methoden der Farm dokumentieren. Sie zeigt, dass diese Methoden zu höherer Produktivität führen und dazu beitragen, den Betrieb wirtschaftlich tragfähiger zu machen. Vielleicht könnten wir also unser Engagement für die Farm darauf verlagern, Alternativen zu finden, die die florierende kleine Farm zukunftsfähig machen könnten. Eine Alternative zu uns, die wir das Land besitzen und bearbeiten. Vielleicht eine Gemeinschaft von Bauernfamilien, überlege ich beim Schreiben, die unsere Vision und unseren Respekt für das Land teilen und auch in Harmonie mit der Natur, ohne chemische Zusätze, Kleinlandwirtschaft betreiben wollen.

Als ich vor zehn Jahren Marie dabei half, das Erdbeerfeld zu mulchen, erzählte sie mir, dass sich am Ende jenes Freiwilligentages die Schwestern und andere Helfer auf einer Weide zum Beten versammelt hatten. Sie sangen einen Segen über das Land und blieben schweigend stehen, um unser Erbe und unsere lieb gewonnenen Traditionen zu reflektieren. Vielleicht spürten sie, wie sich das Land unter ihren Füßen regte, lebendig und heilig, wie es ihre Fantasie anregte und die Herzen berührte.

Am 7. Juli 2021 wurde die Michaela-Farm an die gemeinnützige Greenacres Foundation verkauft. Greenacres wird weiterhin eine nachhaltige, regenerative Landwirtschaft betreiben, das SoLaWi-Programm und den Hofverkauf fortführen und gesunde Lebensmittel für die Umgebung und die karitative Essensausgabe bereitstellen. Sie wird mit den öffentlichen und katholischen Schulen vor Ort zusammenarbeiten, um die Umwelterziehung zu fördern, und sich um regionale naturnahe Ökosysteme kümmern. Die Farm nennt sich *Greenacres at Michaela Farm*.

Die Farmleiterin Schwester Peg Maher schrieb: »Offensichtlich sind die Schwestern und Greenacres in ihrer Mission sehr gut aufeinander abgestimmt, und die Organisation kann die Vision verwirklichen, die die Schwestern für die Michaela-Farm hatten. Wir Schwestern haben diesen Ort als Geschenk eines großzügigen Gottes 167 Jahre lang aufrechterhalten und geben dieses Geschenk nun an Greenacres weiter, damit sie es für künftige Generationen pflegen können.«

23

JESUS ALS NATURMYSTIKER

EINE LITANEI UND ZWEI GLEICHNISSE

Da sagte (Jesus) zu ihnen:
Ihr aber, für wen haltet ihr mich?

MATTHÄUS 16:15

Während ich mich immer weiter von meinem früheren Leben im rein kirchlichen Dienst entfernte und mich dem Dienst an der Erdgemeinschaft zuwandte, fragte ich mich fortwährend: Haben mir die Geschichten aus den Evangelien und die Lehren Jesu dafür irgendetwas zu bieten? Mitunter waren diese Fragen schmerzhaft, sie machten mich einsam. Was, wenn ich in der Bibel nichts finden würde?

Obwohl ich es als junge Erwachsene geliebt hatte, die Bibel zu lesen und darüber zu nachzudenken, bin ich keine Bibelgelehrte, sondern eine ganz gewöhnliche katholische Ordensschwester, die die Bibel studiert hat: in Bachelor- und Masterkursen über die ersten fünf Bücher Mose, die großen und die kleinen Propheten, die Psalmen und die Weisheitsliteratur, die Evangelien, die Apostelgeschichte und die Paulusbriefe. Die Bischöfe des zweiten Vatikanischen Konzils ermutigten die Katholiken in ihren Schriften, die

Bibel zu studieren. Meine Bibelrecherchen reichten für gelegentliche Predigten, für die Facharbeiten an der Uni und natürlich als Futter für meine täglichen Meditationen und Gebete. Als Novizin hatte ich gehofft, eines Tages einen Master-Abschluss in Bibelstudien in der Tasche zu haben.

In den Bibelkursen, die ich während meiner Ausbildung zunächst im Kloster und später in den Masterkursen besuchte, lernte ich vor allem *Methoden* und nicht so sehr dogmatische Interpretation. Ich lernte, mich in die Zeit zu vertiefen, in der ein Buch der Bibel verfasst worden war, und die Umstände, Fragen und Mühen zu verstehen, die Anlass für die Texte gegeben hatten. Ich lernte, dass die Geschichten oft erst Jahre nach ihrem Geschehen verfasst wurden und sowohl aus der kollektiven Erinnerung wie aus dem Schöpfergeist der Autoren entstanden, die durch ihre Erfahrung von Gott und Jesus beseelt waren. Ihre Absicht war es nicht unbedingt, die Geschichte publizistisch niederzuschreiben, sondern der Gemeinschaft zu helfen, mit ihren aktuellen Problemen umzugehen und aus den Lehren der Vergangenheit zu schöpfen.

Ich lernte, die verschiedenen Genres in der Bibel zu unterscheiden: die Loblieder und Gebete, Allegorien, Weisheitslehren und Ermahnungen, Gleichnisse, Aphorismen und Erzählungen. Ich lernte, dass die Prophetenschriften nicht unbedingt dazu dienten, die Zukunft vorherzusagen, sondern eher dazu, die politischen und sozialen Umstände der Zeit so zu kritisieren, dass sie die Menschen dazu anregten, in der Gegenwart liebevoller und gerechter zu handeln. In einem Abendkurs am Yellowstone Baptist Bible College in Billings lernte ich das griechische Alphabet sowie Vokabeln, Konjugationen und Deklinationen. Ich lernte, die griechische Grammatik und Struktur zu entziffern. Die Stunden begannen mit einem Loblied und einem Bibelvers, und das nahm mir die Befangenheit. Griechisch ist die Originalsprache der Evangelien, und ich wollte die Nuancen in den Wortbedeutungen besser verstehen, Bedeutungen, die sich womöglich nicht so genau ins Englische hatten übersetzen lassen. Außerdem war ich sehr an neuen Erkenntnissen interessiert, die Schriftgelehrte aus archäologischen Ausgrabungen und dem Fund alter, verschollen geglaubter Texte gewannen. Übersetzungen der Evangelien des Thomas, Philippus und der Maria Magdalena warfen ein neues Licht auf die von der Kirche als authentisch anerkannten Evangelien.

Während meines Studiums der Schöpfungsspiritualität in Chicago nutzte ich jede Gelegenheit, um Kurse über die Evangelien, die Lebzeiten und Lehren Jesu sowie Theologie zu belegen. Besonders interessierte mich die Befreiungstheologie, eine aufregende, aus dem extremen Leid der Armen in Lateinamerika entstandene Neuinterpretation der Lehren der Kirche. Die Befreiungstheologie behauptet kühn, systemische Armut und die Ausbeutung von Menschen entsprächen nicht Gottes Wille. Das ist nicht weiter erstaunlich, doch wurden Sätze wie »Denn die Armen habt ihr immer bei euch (…)« (Matthäus 26:11) häufig zitiert, um wirtschaftliche Ungleichheit zu rechtfertigen.

Im Gegensatz dazu entspricht die Abschaffung oppressiver Strukturen zum Wohl aller eher den Seligpreisungen und anderen Lehren Jesu, insbesondere den hintergründigen Gleichnissen, die, wenn man sie ernst nähme, viele soziale und wirtschaftliche Strukturen auf den Kopf stellen würden. Im Unterricht ermutigte man uns, uns weniger auf die Passion und den Tod Jesu mitsamt der anschließenden Lehre vom erlösenden Leiden, sondern mehr auf Jesu Leben voll hoffnungsfroher Heilung und befreiender Lehre zu konzentrieren. Die Befreiungstheologie entstand, obwohl sie von Priestern, Ordensschwestern und Theologen formuliert worden war, in erster Linie durch die Armen selbst, die angesichts der Lehren Jesu und der in den Evangelien enthaltenen Geschichten über ihre eigenen Lebensumstände nachdachten. Wir wurden ermutigt, Recherchen zu allem anzustellen, was uns interessierte, und unsere Erkenntnisse in die Schöpfungsspiritualität zu integrieren. Das Lukas-Evangelium faszinierte mich, weil es so viele Geschichten über Frauen enthielt. Ich beschloss, es einfach als ganze Geschichte zu lesen, statt mich auf einzelne Teile mit dem Ziel bestimmter Anweisungen zu konzentrieren, wie wir es häufig in der Kirche praktizierten und hörten. Ich war überrascht von dem, was ich dort entdeckte.

Bei Lukas geht Jesus von Mahlzeit zu Mahlzeit, fast so, als esse er kontinuierlich – mit seinen Freunden, mit Gesetzeslehrern und religiösen Führern, Steuereintreibern oder allbekannten Sündern. Ich stellte fest, dass man ihn für seine Bereitschaft, mit allen möglichen Leuten zu essen, rundheraus kritisierte. Man warf ihm sogar vor, er sei ein Vielfraß.

Natürlich unterrichtet er auch bei Lukas ab und zu. Aber die meiste Zeit ist er in diesem Evangelium mit Essen beschäftigt. Was konnte das bedeuten?

Ich entdeckte, dass Jesus am häufigsten mit Menschen aß, die zu seiner Zeit Ausgestoßene oder Außenseiter waren. Er war bemerkenswert – und verstörend – inklusiv. Das erinnerte mich daran, wie die Crow- und Northern-Cheyenne-Familien mich, die Außenseiterin, bei ihren Geburtstags- und Schulabschlussfeiern oder feierlichen Mahlzeiten willkommen hießen. Immer half mir jemand beim Protokoll oder sagte mir, wann ich mich einreihen, wo ich sitzen, wie ich mich Ältesten gegenüber verhalten sollte. Ich dachte daran, wie herzerwärmend ihre Inklusivität für mich, die schüchterne Neue, war, wie erleichtert ich war, wenn mir eine »Tante« erklärte, was zu tun war, manchmal auch mit den Worten: »Für das, was ich dir sagen will, gibt es auf Englisch keine Worte.«

Ich wunderte mich, dass sie mich nicht mieden. Ich fragte mich, ob mir womöglich bewusster war als ihnen, dass ich zu dem Volk gehörte, das ihre Dörfer massakrierte und ihnen die Kinder und das Land stahl. Wohl kaum. Sie wussten das alles besser, als ich es je hätte wissen können. Ich fragte mich, was es ihnen ermöglichte, das ganze vergangene Leid zu ertragen und mir dennoch als Person zu begegnen.

Wie konnten die Crow und die Northern Cheyenne so inklusiv sein, wie Jesus es gewesen war?

Häufig hörte ich: »Du unterrichtest jetzt unsere Kinder.« »Gerri kann inzwischen lesen!« oder »Du achtest unsere Bräuche.« Sie lieben ihre Kinder. Sie pflegen ihre Traditionen. Ihre Lehren haben es ihnen ermöglicht, den Feind zu lieben und mitunter Feindschaften in persönliche Freundschaften umzuwandeln. Der geliebte Feind ist kein Feind mehr.

Zu Hause bei den Crow und Northern Cheyenne und bei ihren Feiern wurde mir klar, dass gemeinsame Mahlzeiten Bande stiller Akzeptanz, vielleicht sogar des Vertrauens schufen. Familiengeschichten wurden erzählt. Pläne für den nächsten Geburtstag geschmiedet. Mit gesenktem Kopf inbrünstige Gebete in anderen Sprachen geflüstert, während die Kinder still waren, ohne dass man ihnen etwas hätte sagen müssen. Ich wurde wieder eingeladen.

In all den Jahren bei den Crow und Northern Cheyenne hatte ich an Jesu Mahlzeiten aus dem Lukas-Evangelium teilgenommen. In Chicago konnte ich meinen Glauben darüber erweitern, was eine Mahlzeit heiligt. Das Brot und der Wein, die wir in der katholischen Messe miteinander teilen, blieben zentraler Bestandteil meines Lebens. Dennoch erwachte langsam das Wissen in mir, dass in diesen Crow- und Northern-Cheyenne-Mahlzeiten etwas mindestens ebenso Heiliges und vielleicht noch Bedeutsameres geteilt wurde. Bei diesen Mahlzeiten erlebte ich die Heiligkeit des Hier und Jetzt, der alltäglichen Zusammenkunft und des Austauschs von Geschichten und Gefühlen.

Gab es noch etwas in den Evangelien, das sich speziell auf meinen neuen Dienst an der Erde bezog? Ich erinnerte mich, dass ich während meines Studiums in Kalifornien ein Referat über Hinweise Jesu auf die Natur verfasst hatte.

»Lernt von mir«, hatte einer der Evangelisten Jesus sagen lassen. Ich beschloss, Jesus beim Wort zu nehmen. Welche Beziehung hatte Jesus zur Natur? Was konnte ich aus der Beobachtung seines Zusammenwirkens mit der Natur lernen? Ich wollte wissen, ob irgendetwas an Jesu Geschichte von Relevanz für meine Beschäftigung mit der Umweltzerstörung sein konnte. War Jesus die Schöpfung wichtig? Hat die Schöpfung für Gott eine Bedeutung? Ließen sich die Erkenntnisse und großartigen Leistungen der Befreiungstheologie ebenso auf die Erde und die Arten anwenden?

Ich erinnerte mich, dass ich die Jesus-Geschichten eher auf Verbindungen zur Natur als auf theologischen oder religiösen Gehalt geprüft hatte. Ich hatte beschlossen, die vier Evangelien ebenso wie das Thomas-Evangelium durchzulesen. Ich besaß ein Buch mit dem Titel *The Five Gospels: What Did Jesus Really Say?*. Wieder einmal nahm ich mir die Evangelien wie ein normales Buch vor und verfolgte beim Lesen einfach die Geschichte.

In meinem kleinen Büro in der Prayer Lodge legte ich meine Arbeit beiseite und suchte in meinen Unterlagen nach diesem alten Referat über »Jesus und die Natur«. Ich setzte mich hin zum Lesen.

Mich berührte sofort die Wiederentdeckung der *Orte,* an denen Jesus betete. Natürlich in der Synagoge am Sabbat. Doch nach der Tradition seines Volkes zog er auch in abgelegene, unzivilisierte und trostlose Gegenden, wo es weder viele Menschen noch Städte gab. Und das schien er häufig zu tun.

Ich legte mein Referat beiseite und schaute hinaus in das sanft gewellte Rosebud Valley und auf die Berge in der Ferne. Meine langen, einsamen Spaziergänge über den Pryor Creek in die nahe gelegenen Hügel oder über das hügelige Grasland bei der Prayer Lodge schenkten mir seelischen Frieden und öffneten mich für die Allgegenwart Gottes. Was zog Jesus aus seinen stunden- oder sogar tagelangen Aufenthalten in der Einsamkeit der Natur? Wie formten diese Zeiten sein Denken, seine Gotteserfahrung? Ich stellte mir vor, dass Jesus das tat, was die meisten Menschen in der Natur tun: die Schönheit aufnehmen, Steine aufheben, sich am Vogelgesang erfreuen, sich zu den Wildblumen bücken und an ihnen riechen, in der Hitze schwitzen und Durst bekommen.

Als ich weiterlas, fand ich seitenweise Stellen, bei denen sich Jesus auf die Natur bezog. Wieder war ich überrascht und befriedigt angesichts der vielen Beispiele, in denen er auf die Natur als Quelle der Erkenntnis und Weisheit für gute Beziehungen zwischen den Menschen, zu Gott und zum Rest der Natur hinweist. Ich lernte, dass Jesus auf diese Weise der Lehrtradition der Propheten im Alten Testament treu war.

In vielen Geschichten der Evangelien wird Jesus als jemand dargestellt, der auf Gottes Wort in der Schöpfung eingestimmt war und ihm respektvoll begegnete. »Treue sprosst aus der Erde hervor« heißt es in Psalm 85:12. Ich vermute, dass er diesen Psalm gebetet und befolgt hat.

Wieder einmal wurde mir freudig bewusst, dass Jesus die meiste Zeit seines öffentlichen Lebens im Freien verbracht hatte. Er lebte buchstäblich auf der Straße (Matthäus 8:20). Tagsüber und nachts war er fast immer auf dem Erdboden draußen unter freiem Himmel. Morgens erwachte er zum Gesang der Vögel. Die

Milchstraße funkelte ihm in die Seele hinein. Staub sammelte sich in seiner Kehle; Regen spritzte ihn nass. War der Boden, auf dem er schlief, hart und steinig? Beeinflusste die Erde seine Träume? Ebenso verbrachten die vielen Menschen, die zusammenkamen, um Jesus zuzuhören, die meiste Zeit im Freien. Es waren vor allem arme Bauern, Selbstversorger und grundbesitzlose Tagelöhner. Zur damaligen Zeit wurden erdrückende 35 Prozent der Jahresernte besteuert. Entsprechend der Thora wurde erwartet, dass etwa 20 Prozent als Zehnt an den Tempel abgegeben wurden. Die Römer verlangten zusätzlich 15 Prozent, was von den Steuereintreibern noch erhöht werden konnte, denn damit ließen wiederum sie sich bezahlen. Rom erzwang seine Steuern, indem es bei Nichtzahlung das Land beschlagnahmte. Die durchschnittliche Lebenserwartung jüdischer Männer betrug neunundzwanzig Jahre. Ein Prozent der Bevölkerung besaß im Nahen Osten mehr als die Hälfte des Landes. Da kann man sich leicht vorstellen, dass die tägliche Erfahrung der Menschen bittere Armut war.

Darüber hinaus war das Leben von der Brutalität der römischen Besatzung unter Pontius Pilatus beherrscht. Jeden Anflug von Aufstand ließ er sofort von seinen Truppen unterdrücken. Auf die jüdischen religiösen Traditionen und Empfindlichkeiten nahm er kaum Rücksicht.

Als jemand, der selbst bäuerlicher Herkunft war, verstand Jesus die Trauer, Ängste und Schrecken seiner Zuhörer. Sein Vater war vermutlich Zimmermann geworden, weil seine Familie ihr Land verloren hatte. In diesem Kontext hätte Jesus wohl kaum einfach zu einem »Vertrauen auf Gott« aufgerufen, das das Leiden der Menschen verhöhnt hätte. Stattdessen ermutigte er sie, die Vögel zu beobachten, wie sie leben, ohne sich abzurackern oder Steuern zu zahlen. Was dachte wohl ein verarmter Bauer angesichts solcher Worte? Meinte der Lehrer, dass Gott den Überfluss der

Natur *allen* Menschen zur Verfügung stellen wollte und dass dies so sein *sollte*? Focht er etwa das Steuersystem an, das die Armen unverhältnismäßig belastete?

Dies war keine naive Naturmetaphorik, begleitet von dem unbekümmerten frommen Gebot, auf Gott zu vertrauen wie ein einfacher Vogel. Dies waren Lehren, die das wirtschaftliche und politische System seiner Zeit unterwanderten. Jesus ermutigte auf der Basis von Mitgefühl für ein Leiden, das er verstand, mit seinen Lehren seine Zuhörer und künftigen Leser, die Natur und Funktionsweise der Erde genau zu beobachten und das persönliche und öffentliche Leben entsprechend zu gestalten. Meiner Vermutung nach wollte er damit klar und deutlich sagen, dass die sozialen Systeme demselben Gebot folgen sollten. Wenn sie es denn nur getan hätten.

Die meisten Rabbiner und andere traditionelle Weisheitslehrer zu Jesu Zeiten lehrten direkt aus ihren heiligen Schriften, der Thora und den Propheten. Sie waren die »Weisen der Thora«. Jesus nicht. Marcus Borg, ehemaliger Professor für Religion und Kultur an der Oregon State University, sagte, Jesus habe sich zwar gelegentlich auf die Tora und die Propheten berufen, aber schon eine flüchtige Lektüre der Evangelien zeige, dass er sich häufig auf die natürliche Welt bezogen habe, die seinen Zuhörern geläufig war. Er gründet seine Lehren auf die Weisheit, die er in der Natur beobachtet.

Einmal mehr überraschte es mich, wie belebt ich durch diese geballte Ladung an Bezügen von Jesus zur Natur und zum menschlichen Körper war. Diesem Lehrer hätte ich nur allzu gern einmal direkt zugehört!

Für mich war leicht erkennbar, dass Jesus tatsächlich auf die natürliche Welt in sich und um ihn herum eingestimmt war. Er beobachtete Wildblumen, wie sie im Südwind wehten, bemerkte die Unterschiede der Böden und ihre Wirkung auf die Pflanzen, wusste aus Erfahrung um die Einsamkeit und die Herausforderungen in der Wildnis. Als jemand, der an einem Bach in der Pryor Mountain Wild Horse Range gezeltet, dem Vater beim Mulchen im Garten geholfen hatte und sich die Namen von Wildblumen merkte, konnte ich diesen Jesus lieben.

Er beobachtete die Füchse in ihrem Bau, verfolgte das Wettergeschehen, genoss den Schatten der Bäume in brütender Hitze. Er bezog sich auch auf den menschlichen Körper und seine Funktionen. Blitze beeindruckten ihn, die Ähnlichkeit zwischen Schlangen und aalartigen Fischen im See von Genezareth faszinierte ihn. Er wusste, wie Sauerteig in einem Brot arbeitet, und kannte die Wirkung neuer Weine auf alte, wertvolle Weinschläuche. Wahrscheinlich war er Handwerker und kannte sich mit Hölzern und Spänen aus.

Ich fand es reizvoll, dass Jesus in vielen seiner Aussprüche, Gleichnisse und Aphorismen ausgiebig und geschickt Gebrauch von seinen Erfahrungen und Beobachtungen in der Natur machte. Mit welchem Ziel? Häufig, um Geschichten zu erfinden, die die althergebrachte Weisheit infrage und die Mechanismen der sozialen Systeme auf den Kopf stellten.

Bibelgelehrte behaupten, Jesus habe seinen Hauptlebenszweck so verstanden, dass er menschliches Leid durch Heilung und Lehre behandeln und in Wort und Tat die Gegenwart von Gottes Reich des Mitgefühls, der Gewaltfreiheit und Gerechtigkeit unter den Menschen verkünden solle. Aber was bedeutet das genau? Und woran erkennen wir es? Was sollen wir tun? Genau dies waren die Fragen seiner Anhänger.

Als Metapher für dieses spektakuläre Reich Gottes richtet Jesus ihre Aufmerksamkeit nicht auf die zu erwartende Metapher der majestätischen Libanon-Zeder, sondern auf die kleine, bescheidene Senfpflanze. Gottes Reich ist wie ein Senfsame, setzt der Lehrer an.

Die Überraschung hält die Zuhörer bei der Stange. Vielleicht lachen einige laut auf. Warum wählte Jesus den kleinsten Samen, um zu sagen, er sei dazu bestimmt, zum größten aller Sträucher zu werden? Und überhaupt, warum soll das Reich Gottes wie ein Strauch sein?

Senf erobert gern schnell ganze Anbauflächen und wächst auch dort, wo er nicht erwünscht ist. Seine Samen keimen ebenso schnell wie dann auch die Pflanze. Selbst wenn er eigens ausgesät wird, lässt er sich nur schwer in Schach halten und beherrscht alles, bevor er überhaupt zu sehen ist. Außerdem mögen Vögel die Sträucher wegen des Schattens, den sie spenden, und zum Nisten. Für Selbstversorger können Vögel ein Problem sein, denn sie fressen das frisch ausgesäte Saatgut.

Die Metapher ist von vorn bis hinten falsch. Und genau deshalb nutzt Jesus sie. Er hat für seine kleine Gruppe unsichtbarer, unbedeutender Freunde eine große Vision. Ihr seid die Pflanze, die alles beherrschen wird. Ihr könnt schnell wachsen und in der Gesellschaft zu einer Kraft für Gutes, Heilung, Gewaltfreiheit und gerechte Wirtschaftssysteme werden. Dies wird nicht mittels Macht und Gewalt geschehen, sondern durch die kleinen liebevollen Taten vieler. Ihr werdet alle zum Mahl der Liebe und Freude willkommen heißen. Sehet das Reich Gottes.

Ich finde das tröstlich. Senf wächst in Montana wild, als luftiges Gelb am Straßenrand. Ich denke über dieses Gleichnis nach, als ich mit dem kleinen Vorstand der Prayer Lodge an der Planung eines Gebäudes arbeite, das ihrer Entscheidung, in Einklang mit Mutter Erde zu leben, entspricht. Ich denke darüber nach, als ich mit Studenten und Studentinnen auf der Genesis-Farm arbeite, als ich kleine Retreat-Gruppen dabei anleite, Gottes Gebote eingebettet in die Natur, in die Lebensweisen der Schöpfung, zu erfahren.

Ich denke über das Gleichnis nach, als ich das Buch des Autors und Umweltschützers Paul Hawken *Wir sind der Wandel* lese, in dem er erzählt, was in einer Welt globaler Missstände richtig läuft. Er schreibt, wie Menschen ihre Vorstellungs-, Überzeugungs- und Widerstandskraft nutzen, um sich zum Schutz der Natur und der Sicherung der Gerechtigkeit zu organisieren. »Diese Organisationen werden von den meisten Medien nicht beachtet. Sie sind nicht zentralistisch organisiert. Sie stellen sich enorme Aufgaben und sind das in Aktion tretende Immunsystem der Erde. Es handelt sich um gut *zwei Millionen Organisationen weltweit*, die durch die Überzeugung vereint sind, dass sich die Welt neu bilden muss, um ihr eigenes und unser Überleben zu sichern.«

Er zitiert Adrienne Rich: »Mein Herz ist von all dem bewegt, was ich nicht retten kann. So viel ist zerstört worden, dass ich mein Schicksal mit denen teilen muss, die paradoxerweise Epoche für Epoche die Welt wiederherstellen, ohne über besondere Macht zu verfügen.«

Hawken bezeichnet all das als die größte Bewegung der Welt. Ich sehe eine globale Machtübernahme seitens der Senfpflanzen.

Und das zweite Gleichnis? Ist ein ganz kurzes Stück über einen Feigenbaum (Lukas 13:6–9). Kann ein so kleines Einsprengsel von Weisheit zu einer neuen Harmonie zwischen Mensch und Erde inspirieren? Mir hat es zumindest Mut gemacht.

»Ein Mann hatte in seinem Weinberg einen Feigenbaum gepflanzt; und als er kam und nachsah, ob er Früchte trug, fand er keine.« Feigen waren wertvoll, sie konnten einen Menschen auf einer Reise durch die Wüste ernähren. Doch der Baum ist ertraglos, und der kluge Weinbergbesitzer weist seinen Winzer an, ihn zu fällen. Er nimmt umsonst Boden in Anspruch und verbraucht nur das ohnehin knappe Wasser.

Doch der Winzer bittet ihn zu warten. Worauf Jesu Zuhörer als Pachtbauern vor Schreck geschluckt haben mögen.

Schwester Miriam MacGillis hat in ihren Vorlesungen im Bildungsprogramm der Genesis-Farm oft gesagt, der erste Schritt auf dem Weg zu einer blühenden Erdgemeinschaft bestehe darin, aktiv die Zerstörung zu unterbinden.

Ich habe gelernt, dass dies nicht so einfach ist. Es erfordert einen steten, lang anhaltenden gewaltfreien Widerstand gegen die gegenüber der Erde ausgeübte Gewalt. Es bedeutet praktische Solidarität mit den Menschen, die in der Nähe von Giftmülldeponien oder großen Öl- und Gas-Fracking-Anlagen leben, mit Familien, die flussabwärts von den chemischen Abflüssen eines Massentierhaltungsbetriebs oder dem Horror von Ölverschmutzungen leben. Es bedeutet, unbequeme Wahrheiten über unsere ruinöse Sucht nach der Verbrennung fossiler Brennstoffe und Emissionen auszusprechen, die den Klimawandel verursachen. Und es erfordert die Bereitstellung positiver Alternativen, die die Erde heilen. Der Gleichniserzähler Jesus tat genau das.

»Ich will den Boden um (den Feigenbaum) aufgraben und düngen«, schlägt der Winzer vor.

Dies halte ich für einen entscheidenden zweiten Schritt: zu lernen, wie die Erde funktioniert, und danach zu handeln. Wenden wir die Methoden der Erde selbst an, um unsere Häuser zu heizen und im Sommer kühl zu halten, Lebensmittel anzubauen und Gesundheitsfürsorge zu betreiben. Entwerfen wir Fahrzeuge, die durch die Luft gleiten wie Fische durchs Wasser und über solarbetriebene Zellen funktionieren. Stellen wir Gebäude her, die mehr Strom erzeugen als verbrauchen und die von ihnen erzeugten Abfälle recyceln. Bepflanzen wir unsere Gärten jahreszeitengemäß. Kompostieren wir.

»Herr, lass ihn dieses Jahr noch stehen«, verhandelt der Winzer.

Schritt drei: Wir sollten keine Eile haben, sondern den Rhythmus der Erde übernehmen.

Diese freundliche Unterweisung, wie ich dem Feigenbaum der Erde – und meinen Bemühungen im Auftrag der Erde – Zeit geben kann zu heilen, zu wachsen und sich zu regenerieren, ist für mich ein Lernprozess.

»Vielleicht trägt er in Zukunft Früchte«, sagt der Winzer über den Baum.

Jesu Zuhörer, denen die Könige und Propheten Israels vertraut sind, sehen, als sie das Gleichnis über den Feigenbaum hören, eine Menge Bilder und Lehren vor sich. Im 1. Buch der Könige werden Frieden und Sicherheit von Juda und Israel so beschrieben, dass sich jede Familie an ihrem Weinstock und Feigenbaum erfreut. Im Buch Sacharja werden die Menschen aufgefordert, einander »unter Weinstock und Feigenbaum« einzuladen. In dieser idyllischen Metaphorik steckt ein kompromissloses Wirtschaftssystem mit gerechter Verteilung von Land, Besitz und Arbeit ebenso wie angemessener und geteilter Ernährung für alle. Jesus ruft kühn zur Verwirklichung dieser Werte auf. Gerechte Wirtschaftssysteme bilden reiche Böden für eine blühende Erde und für Frieden unter allen Menschen. Schritt vier: Arbeiten wir für diese Vision.

In Jesu Lehren habe ich genau das gefunden, was ich brauchte, und sogar noch etwas entdeckt, was ich inzwischen als »Gottes Vier-Schritte-Aktionsplan für eine blühende Erdgemeinschaft« bezeichne. Ich habe in der schnellen Ausbreitung einer winzigen Pflanze die Hoffnung entdeckt. Und in Jesu reichhaltiger Verwendung seiner engen Beziehungen zur Welt, die ihn umgab und die er in sich trug, wurde mir eine wunderschöne Natur-Litanei zuteil. Dank des Dienstes an der Erdgemeinschaft habe ich das Gefühl, dem Kern von Jesu Leben und Lehre noch näher gekommen zu sein.

Bibelreferenzen:

- Wildblumen: Lukas 12:27–28
- Unterschiedliche Böden und Fruchtbarkeit der Pflanzen: Markus 4:4–8
- Einsamkeit und Anforderungen der Wildnis: Lukas 7:24–25
- Füchse in Bauen (Höhlen): Thomasevangelium 86:1–2
- Wissen um Wettergeschehen: Matthäus 5:45–46
- Schatten unter Bäumen an heißen Tagen: Markus 4:32
- Der menschliche Körper und seine Funktionen: Thomasevangelium 14:5 und 69:2, Matthäus 10:30
- Blitze: Lukas 10:18
- Schlangen und Fische: Matthäus 7:10
- Sauerteig: Lukas 13:20–21
- Neuer Wein und alte Weinschläuche: Markus 2:22
- Holzarbeiten und Späne (Splitter): Matthäus 7:3–5
- Libanon-Zeder: Hesekiel 17:22–23

24

DIESES UNIVERSUM
SPRICHT IN SCHÖNHEIT

Lass die Schönheit, die wir lieben,
das sein, was wir tun.
Es gibt Hunderte von Arten,
sich hinzuknien und die Erde zu küssen.

DSCHELALADDIN RUMI

Der heilige Augustinus sprach Gott als »du Schönheit, so alt und doch so neu« an. Meinte er das wirklich so? Ich habe es nie ernst genommen, so als hätte er diese Bezeichnung für Gott nur beiläufig eines Nachts aufgeschrieben, als er eine Predigt zu Ende bringen musste, aber eigentlich schlafen gehen wollte.

Dann entdeckte ich noch andere Anzeichen, die auf Gott als Schönheit deuteten. Mittelalterliche Theologen und Anhänger des heiligen Franziskus, des heiligen Bonaventura und des seligen Johannes Duns Scotus lehrten, dass Gott auf die Schönheit zueilt und in der Schönheit aufsteigt, die die Menschen fasziniert.

Dr. Mary Beth Ingham, Sister of St. Joseph, fasst in ihrem Buch *Rejoicing in the Works of the Lord* die Bedeutung von Schönheit in der franziskanischen Tradition zusammen. Das wiederum faszinierte mich.

Versuchen wir nicht alle, unsere wichtigsten spirituellen Erfahrungen zu verstehen? Diesen unvergesslichen Augenblick, wenn wir etwa zum ersten Mal die neugeborene Tochter im Arm halten oder bei einem Spaziergang am Meer jedes Zeitgefühl verlieren. Die Bedeutung davon lässt sich im Alltag leicht herunterspielen. Doch wie Rilke kreisen wir um Gott, um jenen uralten Turm, und stellen uns die quälende Frage: Bin ich ein Falke, ein Sturm oder ein großer Gesang? Wohl kaum der große Gesang.

Nachdem Klara von Assisi Freude und Befreiung dadurch erfahren hatte, dass sie ihr Leben Gott widmete, musste sie sich ein Leben lang mit den Kirchenbehörden in Rom auseinandersetzen, um sich ihre Lebensweise anerkennen zu lassen. Letztendlich gaben sie nach und gestanden ihr ihre Ordensregel oder, wie sie selbst sie nannte, »Lebensform« zu, die die unerhörte Selbstverpflichtung enthielt, keinerlei Besitz für die eigene Sicherheit in Anspruch zu nehmen. Franziskus' Nachfolge Jesu inspirierte sie und half ihr, ihre eigenen spirituellen Erfahrungen und Überzeugungen zu verstehen.

Plenty Coups wurde als junger Mann Ende des 18. Jahrhunderts in seiner langen Fastenzeit in den Crazy Mountains im heutigen Montana von Visionen und Botschaften heimgesucht. Wieder zurück, empfing ihn ein Kreis Ältester. Sie halfen ihm, seine Erfahrung zu deuten und zu verstehen, indem sie aus ihrer Tradition schöpften.

Schwester Miriam Therese MacGillis und Dr. Brian Swimme fanden sich in ihrer langen Zusammenarbeit mit Thomas Berry bestärkt, der die Werke seines Mentors Pierre Teilhard de Chardin studiert hatte. Inspiriert von Teilhards Werk veröffentlichten sie Bücher und gaben Kurse, um die Menschen zur Gründung von Gemeinschaften zu motivieren, die unseren Bedarf an Nahrung, Kleidung und Zuflucht im Rahmen der Grenzen der Erdgemeinschaft und zugleich den Erhalt der Erde sichern.

Für meine Arbeit in der Organisation Earth Hope erhielt ich unerwartet Führung aus meiner eigenen Tradition. Es geschah während eines Studiengangs am Franciscan Chiara Center in Springfield, Illinois. Unsere Seminarleiterin Dr. Mary Beth Ingham brachte es auf den Punkt: »Das Bewusstsein, dass sich Gott in der menschlichen Erfahrung der Erde und Schönheit findet, ist in der spirituellen Tradition der Franziskaner so allgegenwärtig, dass man es leicht übersehen kann.« Die Erkenntnis überwältigte mich fast schmerzhaft, ich war den Tränen nahe.

Wo war ich all die Jahre gewesen, dass ich dies nicht gesehen hatte, dass es mir nicht gesagt worden war oder ich es nicht hatte hören können? Dass ich *so* lange gezweifelt und meine irdischen Gotteserfahrungen bagatellisiert, ihre Berechtigung infrage gestellt hatte? Dass ich in der Hoffnung auf Trost hatte in alten Gebeten und Bibelübersetzungen suchen müssen? Dass ich *so* hart hatte kämpfen und arbeiten müssen, um meine Berufung zu Gott und der Erde und meine Spiritualität zu akzeptieren und wertzuschätzen? Dass ich mich dabei so einsam gefühlt hatte? Vermutlich sagte Mary Beth an jenem Nachmittag noch mehr, aber genau an dieser Stelle ergab mein Lebensweg, der durch ein Eichhörnchen, durch Wildblumen, den Vollmond und ein Leben als Franziskanerin in die Wege geleitet worden war, endlich einen Sinn, einen »erwachsenen« Sinn. Leider hatte ich tatsächlich in den ganzen Jahren meiner Ausbildung die volle Tragweite dessen, was es bedeutete, Franziskanerin zu sein, nicht erfasst.

Ingham erklärte, dass der Mensch in der franziskanischen Tradition einen intellektuell-spirituellen Weg beschreitet, der auf dem Erkennen und Erleben von Schönheit beruht. Diese Erfahrung müsse ernst genommen werden. Die Schönheit führe bei jedem Menschen zu einzigartigen Lebensentscheidungen. Franziskus selbst habe darauf bestanden, dass niemand ihn nachahmen, son-

dern seinem eigenen, einzigartigen Ruf Gottes folgen solle. »Der
Herr hat mir gezeigt, was ich tun soll«, sagte er, »möge er es euch
nun auch zeigen.« Oder eher: Mögt ihr euch nun eurer eigenen
Einladung zum Leben innewerden.

Frühe franziskanische theologische und philosophische Texte
von Thomas von Celano, Klara und Bonaventura sind voller Be-
züge zur Schönheit. »Der ganze Ansatz ist rund um die Schönheit
angeordnet«, sagt Mary Beth Ingham. »Es ist die Begegnung mit
der Schönheit auf dieser Welt, die auf dem spirituellen Weg zur
vollen Erfahrung der göttlichen Liebe führt.«

Okay. Nun fragte ich mich, wie dann das Hässliche, Gemeine
und Verachtenswerte zu verstehen ist? Wie steht es mit der Gewalt? Wie mit dem ganzen Horror auf der Welt: dem Kinderhan-
del zwecks Prostitution, der Zwangsrekrutierung von Jungen in
Armeen, die schlachten und vergewaltigen, und dem Schikanie-
ren von Schulkindern einfach nur, weil sie sind, wie sie sind? Wie
sieht das alles aus franziskanischer Perspektive aus?

Tatsächlich beantwortete Ingham gerade meine unausgespro-
chenen Bedenken. Sie sagte, die franziskanische Antwort auf das
Leiden der Welt sei in die Transformation eingebettet, die sich
aus dem Leben und Sterben Jesu ergebe. Jesus als der Unschuldige, der eine qualvolle Hinrichtung nicht etwa als Opfer akzeptiert habe, sondern als jemand, der sich geweigert habe, mit einer
zerstörerischen, ungerechten Obrigkeit zusammenzuwirken. Er
habe die Entbehrungen und das Leid auf sich genommen, die
sich aus seinem Wirken in der Welt ergaben, und habe dafür ge-
sorgt, sie nicht weiterzugeben. In einer Geschichte aus dem letzten Abendmahl mit seinen Freunden zeige er vorbildlich, wie
sie – und wir? – leben sollten. Er wasche ihnen die Füße – welche Demut. Und er teile das Brot mit ihnen: »Das ist mein Leib,
der für euch hingegeben wird.« Diese Begegnung mit Schönheit,

mit atemberaubender Güte, verwandelte, mit Ausnahme von Judas, die Menschen in seinem Umfeld, die sich dann der Heilung und Wandlung der Welt widmeten. Mir scheint, Begegnung mit der Schönheit bedeutet für Christen, so zu leben, wie Jesus es tat.

So wie ich es von meinen Eltern gelernt habe, lädt Schönheit zur Kontemplation ein. Was ist das genau? In meinem ersten Schwesternausbildungsjahr brachte uns Schwester Estelle bei, kontemplatives Gebet sei eine ganz besondere Form der Einheit mit der göttlichen Liebe. Damals war ich sicher, dass dies nur wenigen auserwählten, sehr heiligen Menschen vorbehalten und für mich unerreichbar wäre.

Seither sind Jahrzehnte vergangen, und ich bin überzeugt, dass Kontemplation etwas zutiefst Menschliches ist. Sie steckt als Potenzial, als Hoffnungssamen im Herzen unseres Menschseins. Sie erfordert ein tiefes Eintauchen der Seele, einen Riesenschritt. Deshalb sind viele Menschen des 21. Jahrhunderts so gelangweilt von unserer oberflächlichen, von Geld angetriebenen Kultur, die die Gaben und das Schicksal des Menschen absolut nicht verdient. Nur ungerichtet und unerfüllt kann die hungrige Triebkraft des wahren Selbst zu destruktivem Verhalten führen. Die mittelalterliche Mystikerin Hildegard von Bingen nannte es den »Gottessamen in uns, der in Gott hineinwächst«.

Kontemplation ist weder Denken oder Reflexion noch Meditation. Und ebenso wenig Trance. Es ist die wachsende Erfahrung, dass wir mit der Zeit die Liebe und Güte werden, nach der wir suchen, die Gemeinschaft, die wir in unseren Sehnsüchten erahnen, und das geheimnisvolle, unbekannte Schicksal, das uns ruft. Es ist weder ein Ding noch eine Person, die wir entdecken würden. Die Kontemplation erweckt uns vielmehr ins Universum hinein, in die höchste Gemeinschaft oder Gott. Wir begegnen unserem wahren Selbst. Wir verschmelzen mit dem Strömen unserer Erfüllung und Freude.

Für mich ist dies vergleichbar mit der Erkenntnis, dass wir nicht nur *im* Universum, sondern Teil des Universums sind. Wir *sind* das Universum, das sich hier und jetzt als menschliches Universum-Selbst ausdrückt. Wir sind nicht nur in einer Umarmung der Liebe, in einer Umarmung Gottes. Wir *sind* diese Liebe, hier und jetzt.

Gibt es überhaupt eine größere Schönheit, als das Universum zu sein, das wir bewundern? Als die Liebe zu sein, nach der wir suchen? Als zu erkennen, dass diese ewig alte, ewig neue Schönheit in Form von jedem einzelnen Menschen, von der Gemeinschaft der gesamten Schöpfung ausgesät ist? Wird der Mensch dieses Zugangs zur Liebe beraubt, kann er tatsächlich verwahrlosen und durch grausame, gewalttätige Handlungen seiner freudigen evolutionären Natur zuwiderhandeln.

Ich denke an die Reaktion meines Vaters auf Schönheit: Du kannst sie in dir erfahren, sagte er mir. Ich denke an die Reaktion meiner Mutter auf die Schönheit des Vollmondes, an ihren Wunsch, dies mit mir zu teilen und mir Anleitungen an die Hand zu geben, die ich mein Leben lang befolgen konnte: Wach auf, steh auf und stell dich in diese Schönheit hinein.

Wie spielt sich das im wirklichen Leben ab? Hat es etwas damit zu tun, wie man Kinder großzieht, Arbeit findet und lebendig und gesund bleibt? Kann die Schönheit uns im Alltag anleiten und Führung bieten? Allerdings, wie sich herausstellte. Und zwar ausgerechnet im Gefängnis.

Ich fragte die Erde (…) das Meer und die Untie-
fen … Himmel, Sonne, Mond und Sterne (…)
Meine Frage bestand in sinnender Betrachtung
derselben und ihre Antwort in ihrer Schönheit (…)
(…) auch wandelt (die Schöpfung) ihre Stimme
nicht, das ist: ihre Gestalt, wenn sie der eine nur
mit dem leiblichen Auge sieht, der andere zugleich
schauend fragt (…)
(…) ihre Gestalt zeigt sich beiden
auf dieselbe Weise, nur ist sie für jenen stumm,
für diesen beredt (…)
(…) nur jene verstehen sie, welche die Stimme von
außen auch innerlich mit der Wahrheit vergleichen.

AURELIUS AUGUSTINUS

BEKENNTNISSE

25

EIN WORT DER HOFFNUNG

KOSMOLOGIE-UNTERRICHT IM
GEFÄNGNIS

Er hat mich gesandt, (…)
damit ich den Gefangenen Entlassung verkünde,
(…) damit ich die Zerschlagenen in Freiheit setze.

LUKAS 4:18

Die Frau rief an, weil sie an einem von mir geleiteten Sommer-Retreat für junge Frauen teilnehmen wollte, bei dem es darum ging, Führungsqualitäten auszubauen und auf die Fürsorge für die Erde zu lenken. Die Frau war nicht jung.

Meine langjährige Freundin Schwester Helen Prejean hatte bei der Planung des Retreats geholfen; sie sollte es mitleiten und würde es zudem mit ihrem Humor beleben. Helen hatte gerade erst auf einer Vortragsreise durch Nordkalifornien einige Tage mit dieser Frau namens Cece Gannon verbracht und sie eingeladen. Außer Helens Empfehlung wusste ich nichts über sie.

Irgendwie musste Cece es gespürt haben, jedenfalls erzählte sie mir, sie habe eine Tochter und einen Sohn großgezogen. Sie war Psychologin und ehemals Grundschullehrerin und hatte über zwanzig Jahre ehrenamtlich im Gefängnis in Santa Rosa, Kalifornien, Kurse zu Wutbewältigung und Wiedereingliederung gegeben.

»Ich möchte nicht aufdringlich sein«, sagte sie. »Aber ich würde gern etwas über Kosmologie lernen, und Helen sagte mir, dass Sie sie als Teil des Retreats unterrichten werden. Sie nennt das, was Sie unterrichten, *Geschichte des Universums*. Ich komme ein paar Tage früher, miete mir ein Auto und bringe Essen mit. Ich bin Italienerin und koche.«

Ich mochte sie sofort. Sie hatte im April angerufen. Das Retreat sollte im Juli stattfinden. Ich schickte Cece das Anmeldeformular.

Mitte Juli 2007 versammelten sich im Kloster San Benito in Dayton, Wyoming, vierzehn Abiturientinnen und ihre Lehrerinnen zu einem Bet- und Arbeitserlebnis im Earth-Hope-Camp. Sie stellten Zelte unter Bäumen auf. Genossen köstliche selbst gekochte Mahlzeiten. Erforschten unter der Leitung von Helen und ihren Lehrerinnen die vielen Verbindungen zwischen den Lehren der Evangelien, sozialer Gerechtigkeit, weiblicher Führungsrolle und Earth Spirituality. Jeder Tag begann mit einer heiligen Stunde in stiller Meditation, dem Singen von Psalmen und einer Bibel-Reflektion, die von den ansässigen Benediktinerinnen angeleitet wurde.

Schwester Helen würzte ihre täglichen Gespräche mit persönlichen Geschichten, die mit ihrem Einsatz für die Abschaffung der Todesstrafe zu tun hatten. Sie brachte die verurteilten Gefangenen mitten in unseren Kreis hinein. Die Teilnehmerinnen staunten und waren berührt. Zudem war Helen die Chorleiterin des bald darauf berühmten Camp Orchestra Chorus.

Die Benediktinerinnen Hope und Sarah halfen den Teilnehmerinnen, sich mit der Bedeutung der Bibelpsalmen zur Natur, dem Gebet und der lenkenden Gegenwart Gottes in ihrem Leben vertraut zu machen. Noelani Scheckler-Smith bot als eine der Lehrerinnen Kunst als Meditation im nahe gelegenen Tongue River Canyon an. Ich leitete die geologische Reise zurück in die Vergangenheit vom Trias-Perm bis zum Präkambrium in den Bighorn Mountains an. Dorie Green, eine pensionierte Lehrerin und Freundin, sprach über Henry David Thoreau und setzte eine lebhafte Diskussion über seine Wichtigkeit in unserer aktuellen ökologischen Krise in Gang. Dorie und ich organisierten auch Treffen, in denen die Geschichte des Universums mit Fragen darüber verknüpft wurde, was es bedeutet, Mensch zu sein, und welche Rolle wir im großen Festzug des Lebens auf der Erde spielen.

Die Abiturientinnen leisteten ehrenamtliche Arbeit. Sie halfen Schwester Josetta beim Kerzenherstellen und Schwester Hope beim Erstellen eines natürlichen Insektenschutzmittels sowie bei der Gartenarbeit. Sie lernten, selbst Sauerteigbrot zu backen. Ihre abschließenden Kunstarbeiten, in denen sie ihren Aufenthalt reflektierten, begeisterten alle.

Fast ein Jahr nach dem Retreat meldete sich Cece wieder. Sie hatte angefangen, die Geschichte des Universums im Gefängnis zu unterrichten, und bat mich, ihr bei der Erstellung des Studienprogramms und Lehrplans für den Kurs beizustehen.

»Die Jungs lieben diesen Kurs. Es gibt schon eine Warteliste, weil das Gefängnis die Anzahl der Teilnehmer sehr begrenzt«, sagte sie. »Wir sind jetzt bei den Sternen und Galaxien angekommen, und ich weiß nicht, wie ich weitermachen soll.« Sie erhielt die Erlaubnis für mich, sie ins Gefängnis von Santa Rosa, Kalifornien, zu begleiten. Das Scheppern und ständige Auf- und Zuschließen der vielen Türen empfand ich als sehr irritierend, doch ich freute mich auf Ceces Unterricht. Die Männer kamen leise in den Klassenraum und setzten sich in den Stuhlkreis. Cece stellte mich als Leiterin von Earth Hope vor, die sie zu diesem Kurs inspiriert hätte. Dann ermahnte sie die Runde zu angemessenem

Verhalten im Unterricht, zu Respekt füreinander und strikter Vertraulichkeit. Alles, was im Klassenraum mitgeteilt wurde, hatte im Klassenraum zu bleiben. Dann legte sie wie immer eine CD mit dynamischer, beschwingter Musik ein.

»Kann einer von Ihnen sagen, woher der Musiker kommt?«, fragte Cece, als der Song mit einem Trommelschlag endete.

»Das ist lateinamerikanisch, aber nicht karibisch«, sagte einer der Männer.

»Irgendwo aus Südamerika. Brasilien. Klingt für mich nach Brasilien«, sagte ein anderer.

»Rio de Janeiro, 1980er-Jahre.«

Bingo.

Die Männer öffneten ihre Kursmappen, zogen eine Weltkarte heraus und suchten Brasilien darauf.

»Hej Cece, war das mit dem großen Dschungel nicht auch Brasilien?«, fragte einer der Männer.

»Nicht Dschungel. Regenwald. Und der wird gerade zerstört, oder?«

Cece nickte.

»Wie viel davon ist schon weg? Und wie viel ist noch da?«, fragte ein anderer.

»Kann ich nicht genau sagen. Aber es werden jeden Tag große Flächen zerstört«, antwortete sie. »Ich google es und sage Ihnen nächste Woche Bescheid.«

»Können wir den Song noch mal hören?«

Als die Musik zu Ende war, forderte Cece ihre fünfzehnköpfige Klasse auf, die Augen zu schließen oder den Blick zu senken. Die meisten machten die Augen zu. Es war Zeit für die geführte Fantasiereise.

»Stellen Sie sich vor, Sie sind draußen in der Natur. An einem friedlichen, sicheren und wunderschönen Ort. Und jetzt sehen

Sie sich selbst an diesem Ort. Nehmen Sie alles wahr. Was sehen Sie? Was hören Sie? Was riechen Sie? Fühlen Sie es. Setzen Sie sich bequem hin und entspannen Sie sich.« Cece las ganz langsam mit klarer, sanfter Stimme vor, und ich beobachtete, wie sich die Schultern der Anwesenden entspannten. »Jemand, den Sie sehr lieben, kommt auf Sie zu und bringt Ihnen ein Geschenk. Es ist etwas, das Sie brauchen. Sie packen es aus.« Lange Pause.

»Danken Sie diesem Menschen jetzt für das Geschenk und lassen Sie das Bild langsam verblassen, während Sie wieder in diesen Raum zurückkehren. Öffnen Sie behutsam die Augen.«

Ein kräftiger großer junger Mann wischte sich eine Träne aus dem Gesicht. »Grandma ist gekommen. Sie ist schon seit Jahren tot! Und plötzlich kam sie mir über den Hügel entgegen.«

»Und?«, fragte Cece.

»Sie hat mir eine bemalte Holzkiste gegeben mit einer Botschaft drin. Da stand drauf: Glaub an dich. Ich saß auf einer Anhöhe, und da waren noch andere Hügel, so wie hier. Bei mir war alles mit grünem Gras und weißen Blumen bewachsen, und Vögel flogen herum. Grandma ist ganz langsam zu mir rübergelaufen und hat gelächelt.«

»An welchen Teil von sich möchten Sie glauben?«, fragte Cece.

Verwirrt oder verlegen senkte er den Kopf.

»Genau das ist das Rätsel, das Abenteuer«, ermutigte ihn Cece sanft. »Was haben wir hier im Unterricht gelernt, damit wir bessere Entscheidungen treffen und zu dem Teil von uns finden können, an den es sich lohnt zu glauben?«

»Wir sind alle miteinander verbunden.«

Cece lächelte. Das war ihr Mantra. »Ja, jeder mit jedem, mit allen Menschen, mit dem ganzen Universum. Alles ist miteinander verbunden. Wir sind alle eins. Das ist die Lektion vom Urknall, vom Aufflackern. Und was lehren uns die Galaxien? Eine schwierige Lektion: Wenn alles genug abgekühlt ist, zieht die Schwerkraft es zusammen, die Sterne werden geboren und beginnen zu leuchten! Wie steht es mit uns? Auch wir müssen uns abkühlen, clean und nüchtern werden und *bleiben*. Wenn wir clean und nüchtern sind, lernen wir wieder zu *fühlen*. Dann kann die *Fürsorge* uns zusammenbringen, uns helfen, uns zusammenzureißen und aufzuraffen, das wahre Ich zum Leuchten bringen, das Ich, das von innen heraus gut ist und sich richtig verhält. Könnte es vielleicht das sein, was »Glaub an dich« meint?«

Andächtig saßen sie da. Einige nickten langsam. Der Mann, der seine Großmutter gesehen hatte, blinzelte eine weitere Träne fort. Cece sagte, jetzt würden wir noch mehr über unsere inneren Sterne herausfinden. Nach einem wunderschönen, lehrreichen Video über die Evolution der Sterne sprachen sie über ihre Eindrücke und stellten Fragen. Dann bat Cece sie, an die beiden langen Kunsttische zu kommen. Auf jedem Tisch lagen Kreiden und Buntstifte, Wasserfarben, Kleber, Klebeband, verschiedenfarbiges Seidenpapier und Bastelpapier bereit. Cece hatte eine stumpfe Schere dabei, die sich die Häftlinge teilen konnten. Auf jeden Tisch legte sie einen großen weißen Malkarton.

»Wie wollen Sie die Geschichte eines Sterns darstellen? Überlegen Sie es sich gut, bevor Sie anfangen. Denken Sie dran, dass viele von den Elementen, die sich zu Sternen geformt haben, jetzt in Ihrem Körper sind. Wie wollen Sie zeigen, dass Sie ursprünglich, vor langer, langer Zeit, einem Stern entstammt sind?«

Nach einer kurzen Pause fuhr sie fort: »Und jetzt tauschen Sie sich darüber aus, was Sie gern zu dem Sternenplakat beisteuern wollen. Suchen Sie sich die richtigen Utensilien aus, wenn Sie so weit sind, und fangen Sie an.«

Zwei Stunden später verließ ich mit ihr das Gefängnis, und wir aßen in ihrem Lieblings-Thai-Restaurant zu Abend. Sie bestellte eine Kokos-Kürbissuppe für zwei. Als die Kellnerin die dampfende, duftende Suppe in zwei Schalen umfüllte, sagte Cece: »Morgen arbeitest du mir die restlichen Lektionen aus, während ich koche. Wie viele sollen es insgesamt werden?«

»Wahrscheinlich dreizehn«, antwortete ich.

Sie kostete die Suppe. »Okay, das wären dann noch zehn.«

Zwei Jahre darauf unterrichtete Schwester Mary Nerney das Kosmologie-Programm von Earth Hope in der Intensivtherapie-Abteilung des Frauengefängnisses in New York City. Als ich 1995 bei Global Education Associates als Volontärin gearbeitet hatte, waren Mary und ich Teil einer kleinen Schwesterngemeinschaft in East Harlem gewesen. Ich hatte sie bei einem Wochenendworkshop wiedergetroffen, den ich im Springbank Eco-Spirituality Retreat in South Carolina leitete. Sie war gerade erst aus ihrem jahrzehntelangen Einsatz in der Familienfürsorge und Gefängnisseelsorge ausgeschieden und suchte nach einer neuen Aufgabe. Die Aussicht, das Kosmologie-Programm zu unterrichten, begeisterte sie.

Mary und Cece bildeten weitere Ehrenamtliche aus, die sich im Gefängnis engagieren und das Programm in St. Louis, Missouri, unterrichten wollten. Dank zweier kleiner Zuschüsse seitens unserer Religionsgemeinschaften konnte Earth Hope sie mit dem notwendigen Material versorgen und die Reisekosten übernehmen. Zu der Ausbildung gehörte auch, dass Mary ihre persönlichen Erfahrungen mit dem Programm teilte. »Sämtliche Frauen sind Missbrauchsopfer, manche von ihnen auch Täterinnen. Wenn sie lernen, dass sie aus Sternenstaub entstanden sind, verändern sie sich. Ihr Selbstbild ändert sich. Ihr Selbstwertgefühl wächst. Sie leuchten auf. Und bekommen wieder Hoffnung.«

Auch zehn Jahre nach ihrem ersten Kosmologie-Kurs unterrichtete Cece weiterhin im Gefängnis in Santa Rosa. Sie schrieb, ihre Schüler kämen regelmäßig und würden Woche um Woche Schicht um Schicht von ihrer harten Persona ablegen. Und würden Tränen vergießen, wenn sie ihrer eigentlichen Essenz, ihrem wahren Kern, begegneten.

Zu den Anforderungen des Kurses gehörte: die Ausformulierung von fünf Reflexionsfragen und die Erstellung eines Wiedereingliederungsplans, der eine Abstinenz-Verpflichtung, eine Aufzählung der eigenen nutzbaren Fertigkeiten und Arbeits- und Wohnmöglichkeiten beinhaltete. Fünf von ihnen wurden mit einer Woche Straferlass belohnt. Am Ende zogen sie bewegt Bilanz über ihr bisheriges Leben. Sie dankten einander für ihre Geschichten und für den Schutzraum, den sie sich gewährt hatten.

Für Cece war es eine berührende und reiche Erfahrung, Männer zu unterstützen, die es wagten, sich so in Frage zu stellen.

Ihre Schüler hatten es, ganz ähnlich wie der heilige Augustinus, geschafft, die Schönheit des Universums zu begreifen und »die Stimme von außen auch innerlich mit der Wahrheit« zu vergleichen. Dank der Geschichte des Universums war ihnen etwas so Großes begegnet, dass sie, um dies integrieren zu können, ihr Selbstbild ändern mussten. Und da sie durch die Erforschung ihrer inneren und äußeren Welt Ehrfurcht erfahren hatten, waren sie nun besser darauf vorbereitet, als Bürger, die ihren Beitrag leisten, in die Gesellschaft zurückzukehren.

26

VORFAHREN UND
SCHICKSAL

NACHDENKEN ÜBER DEEP TIME,
DIE GEOLOGISCHE TIEFENZEIT,
IN DEN BIGHORN MOUNTAINS

Treue sprosst aus der Erde hervor; Gerechtigkeit
blickt vom Himmel hernieder.

PSALM 85:12

Das Benediktinerinnenkloster San Benito war nicht zu trennen
von den Bighorn Mountains, die es überragten. Der Little Tongue
River plätscherte Geschichten erzählend durch die fünfzehn Hektar Klosterbesitz. Sein Wasser entsprang der Schneeschmelze 3000
Meter oberhalb der Kapelle, in der die Nonnen täglich, in Sicht-
und Hörweite des Flusses, ihre Psalmen zu Gott sangen. Die Pfer-
deweide direkt vor der Tür des Wohnwagens, den ich von ihnen
gemietet hatte, schlängelte sich in die Gebirgsausläufer hinein.

Es herrschte das typische Wetter der Bighorns: Schneegestö-
ber im frühen Winter und Spätfrühling, extreme Schneestürme,
strömender Regen, Winde, die den Pappeln die toten Zweige ab-
rissen, intensive Hitzewellen, die mit ihren Aufwinden die Falken,

Truthahngeier und selten auch einmal einen Weißkopfseeadler in die Lüfte hoben.

Die Bewohner der Bighorn Mountains kamen uns besuchen: einmal ein junger Schwarzbär an mein offenes Schlafzimmerfenster, ab und an ein Elch oder Fuchs und regelmäßig Weißwedel- und Maultierhirsche. Die Frühlings- und Sommerprozession der Bergwildblumen begann gleich hinter der Weide: mengenweise blaue Lupinen, durchsetzt mit goldener pfeilblättriger Balsamwurzel, und weiter oben zarte blassviolette Küchenschellen, fleckenweise weißer Phlox und Fuchsien, die auf Crow bildlich so viel wie »Vogelschnabel« heißen und im Namen auch noch die Farbe enthalten. Weiter oben sammeln sich zitronengelbe Zahnlilien um kleine Wasserlachen am Rande schmelzender Schneebänke. Ich hatte die Gewohnheit, Anfang April nach den orangegelben Schachbrettblumen Ausschau zu halten, die, in tulpenähnlicher Gestalt, wie Glöckchen kleiner als ein Fingerhut an ihren Stängeln hingen. Wenn sie blühen, sind auch die Schneefinken wieder in den Kiefernwäldern, die Wiesenlerchen streifen den Beifuß mit ihrem Balzgesang, und die Kanadagänse legen ihre Eier.

Dieses ganze Leben, einschließlich der Gräser, Vögel und Menschen, war angesichts des langen Festzugs, den die Felsschichten der Berge erzählten, eine noch sehr junge Gemeinschaft. Für mich wurden diese Schichten allmählich zu einer Art heiliger Schrift. Jede erzählt Lebensgeschichte und von erstaunlichen Errungenschaften, jede ist eine Seite des heiligsten aller Texte: unseres Planeten Erde. Wir müssen dieses Fels-Archiv nur zu lesen verstehen.

Das Straßenbauamt von Wyoming hat, wenn auch unbeabsichtigt, großartige Arbeit geleistet, als es für die Verbreiterung des State Highway 14 die Felsen abschlug und so diese »Seiten« freilegte. 1985 gelang es dem Geologen und Paläontologen Professor

Michael Flynn vom nahe gelegenen Sheridan College, Zuschüsse sicherzustellen, mithilfe derer Studenten die verschiedenen Felsschichten untersuchen und ihr ungefähres Alter bestimmen konnten. Zusammen mit Patricia Hamilton, Autorin des Buches *Rocks in My Head: Or a Windshield Guide to Bighorn Mountain Geology*, leitete er die Studenten und Studentinnen auf der Suche nach charakteristischen, identifizierbaren Schichten an.

Sie lernten, dass sich die Goose-Egg-Formation wie Hafermehl anfühlt, der Chugwater-Fels dagegen wie Sand. Kiefern bevorzugen saure Böden und weisen auf das Vorhandensein von Sandstein hin. Sie lernten in gewissem Sinne das Felsen-Alphabet. Heute können Reisende dank der Arbeit, die Mike und seine Studenten geleistet haben, *Wörter* lesen. Denn mit den Zuschüssen wurden auch die großen braunen Schilder bezahlt, die dort aufgestellt sind. Jedes kündigt das jeweilige geologische Zeitalter sowie die Gesteinsart an. Den Berg zu erklimmen ist sowohl landschaftlich wie auch zeitgeschichtlich schwindelerregend.

»Heute gehen wir hoch in die Berge«, sagte ich zu dem Kreis der Teilnehmerinnen am Earth-Hope-Camp. »Wir werden uraltes Gestein besuchen, etwas über Geologie lernen und einige der wichtigsten Errungenschaften des Lebens reflektieren. Ähnlich wie wir uns historische Denkmäler ansehen, wenn wir auf Reisen sind, werden wir bei unserer Fahrt den Berg hinauf an den geologischen historischen Stätten anhalten. Ich werde auf der Grundlage von wissenschaftlichen Erkenntnissen, von Informationen aus der Geologie und der Evolution des Lebens mit euch meditieren. Einiges habt ihr schon in eurem Biologie- und Chemieunterricht gelernt. Heute werden wir keine Bücher, sondern die Gesteine selbst lesen. Bei jedem Halt werden wir die Frage stellen: Was hat das Leben getan, als sich dieser Fels bildete?«

Ich wiederholte die Frage noch einmal.

»Unser Ziel ist das Medizinrad. Es ist ein altes, geheimnisvolles Steinrad mit 28 Speichen. Der Besuch des Medizinrades ist der wichtigste Teil unser Bergpilgerfahrt. Wir wissen nicht, wer es gebaut hat. Wir wissen nicht, warum es gebaut wurde und was es den Erbauern bedeutete. Wir wissen nicht, wie wir uns dem Rad angemessen nähern können. Wir wissen nicht, welche Regeln wir dort befolgen sollten. Auf dem letzten Stück unseres Weges zu dem Rad werden wir uns darauf konzentrieren, uns ihm in reiner Absicht und mit Achtung zu nähern. Ich werde euch einladen zu überlegen, was ihr der Lebensgemeinschaft von euch selbst geben könnt. In Gegenwart des Medizinrades ist es besonders wichtig, dankbar zu sein. Es ist ein Ort, der uns unterrichtet. Für mich ist es ein empfindlicher und empfänglicher Ort, der unsere Gegenwart und das, was wir dort tun und sagen, wahrnimmt. Sobald wir dem Bereich näherkommen, werden wir uns noch eingehender über das Medizinrad unterhalten können.

Vorerst nur ein paar praktische Dinge. Hier unten ist es zwar warm, auf über 3000 Meter Höhe wird es aber viel kälter sein. Häufig ist es sehr windig dort oben am Medizinrad, wo wir beten werden. Dieser Wind könnte euch an den Wind des Heiligen Geistes am ersten Pfingstfest erinnern oder an den Hauch des Geistes, der über den Anfängen der Schöpfung in der Genesis schwebt. Nehmt bitte eine warme Jacke mit. Und vergesst nicht, auch Wasserflaschen und Proviant einzupacken.«

Sie nickten. Einige wollten schon zu ihren Zelten gehen. Ich stoppte sie.

»Ein paar Dinge sind noch zu beachten. Die Bighorn Mountains sind einzigartig in ihrer Gesteinsschichtung, denn die ältesten Schichten finden sich nah an der Spitze und die jüngeren weiter unten. Bei den meisten Bergen ist es umgekehrt, denn normalerweise bildet sich das neuere Gestein über dem, was schon da ist. In den Bighorns dagegen wurden die Gesteinsschichten starkem Druck ausgesetzt und zusammengedrückt, zerklüftet oder verworfen und auf diese Weise angehoben. Und was heißt das?« Sie blickten mich ausdruckslos an. »Dass wir beim Hinauffahren in gewissem Sinne eine Zeitreise in die Vergangenheit machen. Je höher wir gelangen, desto älter sind die Felsen. Und desto älter die Lebensformen.

Mein Freund Professor Mike Flynn und seine Studierenden haben die meisten Felsschichten bestimmt. Wir werden bei jeder Haltebucht stoppen, um das jeweilige Gestein genau anzuschauen und darüber zu sprechen, was das Leben zu der Zeit, als es sich bildete, vollbracht hat. Ihr könnt euch kleine Steine vom Straßenrand aufheben und in eine Tüte tun, um sie mit nach Hause zu nehmen und euch an die Schönheit und Bedeutung mancher Errungenschaften des Lebens zu erinnern. Eure Steine könnten zu so etwas wie den Perlen eines Rosenkranzes werden und euch helfen, an die heiligen Mysterien zu denken, die dazu geführt haben, dass wir Teil einer wunderbar vielfältigen Lebensgemeinschaft geworden sind. Sie werden uns helfen, uns daran zu erinnern, dass wir von einer Ahnenreihe abstammen, die Millionen oder gar Milliarden von Jahren zurückreicht. Hier auf dem Tisch liegen kleine Stoffsäckchen und schwarze Filzstifte. Nehmt euch von jedem eins. Und in einer Viertelstunde treffen wir uns bei den Fahrzeugen.«

Die Straße stieg langsam vom Flusstal an und führte an Häusern und Farmen vorbei zu offenen Bergwiesen. Bald schon waren wir im Kiefernwald. Unser erster Halt war ein leuchtend orangeroter Einschnitt im Berg – Sandstein und Schiefer aus dem Trias-Perm, vor 299 bis 199 Millionen Jahren. Andächtig schauten wir von einem Aussichtspunkt in die Weite und Stille des Tongue River Valley tief unter uns.

»Meine Schwester Regina hat Geologie studiert und mir beigebracht, wie man die Gesteine benennt«, sagte ich. »Ich bin dafür nicht ausgebildet; ich habe nur John McPhee, David Love und Patricia Hamilton gelesen und mir bei Mike Flynn Rat geholt. Und in den zweieinhalb Jahren meines Kosmologie-Studiums hat mich Dr. Brian Swimme gelehrt, wie man geologisch denkt.«

»Vor Kurzem«, fuhr ich fort, »habe ich ein paar Ideen über den Festzug des Lebens zusammengestellt, wie er hier in die Felsen eingeschrieben ist. Diese Ideen sind wie eine Meditation oder eine Reflexion, die sich auf die Geschichte der Evolution des Lebens bezieht. Jede Reflexion ist den Gesteinsschichten der Geologie der Bighorn Mountains entnommen. Mike hat mir erzählt, dass er die auf den Beschilderungen angegebenen Daten ständig verfeinert hat, sobald neue Daten aus der Feldforschung eintrafen. Er hat mich gewarnt, die Zahlen nicht zu wörtlich zu nehmen. Entsprechend male ich meine Ideen mit einem dicken Pinsel auf der Grundlage der Daten, die uns bislang zur Verfügung stehen. Tairyu Furukawa, ein versierter, innovativer japanischer Kalligraph und Künstler, der inzwischen verstorben ist, hat mich zu meiner Arbeit inspiriert. Er war ein buddhistischer Mönch, Ehemann und Vater, der sein Leben lang darum kämpfte, zwei unschuldige Männer vor der Hinrichtung zu bewahren. Seine Tochter Sayuri ist eine Freundin von mir. Sie hat mich einmal ehrfürchtig ins Atelier ihres Vaters mitgenommen. Es war voller Pinsel, manche hingen an den Wänden, andere waren nach ihrer Größe auf Tischen angeordnet. Sie erzählte mir, ihr Vater habe oft den größten verwendet, der fast so lang war wie er selbst. Dieser Pinsel maß 1,3 Meter und wog etwa 2 Kilo. Das ist ungefähr die Pinselstärke meiner Bighorn-Reflexionen. Ein ausgebildeter Geologe würde euch weitaus genauer Auskunft geben. Aber mir geht es um etwas anderes.

Mike Flynn sagte mir, dass das Straßenbauamt nicht über das nötige Budget verfügt, um die Beschilderung jedes Mal zu erneuern, wenn er genauere Angaben über das Alter des Gesteins machen kann. Ich nehme an, das Verkehrsministerium Wyoming und ich haben hier etwas gemeinsam. Wir bemühen uns um eine wahrheitsgetreue Annäherung; das Verkehrsministerium aus wirtschaftlichen Gründen, ich zur Belebung und Weitung unserer Vorstellungskraft. Ich kann nur hoffen, dass das, was ich schreibe, zumindest annähernd Tairyus Pinselstrich würdig ist.«

Ich lenkte ihre Aufmerksamkeit auf den orangeroten Felsen vor uns.

»Lasst uns einen Moment überlegen, was zu der Zeit, als sich dieser spezielle Felsen bildete, vor sich ging«, sagte ich. »Es kam zu einem Massenaussterben, das bis zu 96 Prozent aller Lebensformen zerstörte. Die Ursache ist rätselhaft. Nach diesem großen Massenaussterben dauerte es etwa zwei Millionen Jahre, bis das Leben wieder eine biologische Vielfalt erreicht hatte. Welche Tiere gab es damals? Welche Tiere beherrschten die Landschaft?«

»Dinosaurier?«, riet eine junge Frau. »Trias klingt sehr nach Jura.«

»Gut geraten. Das ist dann das nächste Erdzeitalter. In der Trias füllten Fische und Schildkröten die Meere, und an Land finden wir im Fossilienbestand zahlreiche Nachweise für Reptilien. Während der Trias entwickelte sich eine prächtige Vielfalt von Reptilien. Was haben die Reptilien evolutionär an Neuem hervorgebracht?« Stille. Ich vergegenwärtigte mir, dass sie noch nie auf diese Weise über die Lebensformen nachgedacht hatten.

»Die größte Errungenschaft der Reptilien war aus meiner Sicht die Fortpflanzung. Bis dahin fand sie hauptsächlich im Meer statt, indem die Weibchen Eier legten und die Männchen darum kämpften, wer von ihnen einen Spermaschauer darüber schwemmen durfte. Die meisten, wenn auch nicht alle Fische vermehrten sich auf diese Weise. Und tun es bis heute. Die Reptilien versetzten das Meer in den weiblichen Körper, wo das amniotische Ei vom Männchen befruchtet wird. Dadurch schufen sie eine neue, strahlende Intimität im Universum. Reptilien! Dr. Swimme sagte an diesem Punkt der Geschichte im Kosmologie-Unterricht: ›Bringen wir hier den Reptilien doch bitte ein bisschen Wertschätzung entgegen.‹

Vor allem wichtig ist, dass etwas Neues ins Bewusstsein rückt: Es geht um weibliches *Unterscheidungsvermögen* und weibliche *Entscheidungskraft*. Statt die nächste Generation allein männlichem Vermögen zu überlassen, hat nun das Weibchen eine gewisse Fähigkeit zu bestimmen, wer die Eier befruchten und Vater der folgenden Generation sein soll. Stellt euch das nur vor! Vor etwa 300 Millionen Jahren übertrug die Evolution die Zukunft des Lebens dem Unterscheidungsvermögen der Weibchen.«

Eine der Lehrerinnen in der Gruppe nickte langsam. »Das ist beeindruckend.«

»Darüber denke ich viel nach«, fuhr ich fort. »Ganz offensichtlich ist die Wahl der Weibchen wichtig für die Evolution des Lebens, für das Leben an sich. Wer hat den Pfauenschwanz erschaffen? Das Pfauenhuhn aufgrund der Wahl, die es getroffen hat. Strahlendes Gefieder bedeutet Gesundheit. Es denkt nicht so wie wir, aber es sucht nach etwas und wählt das große Gefieder. Die Wahl der Weibchen setzt sich bei den Vögeln und Säugetieren fort und bestimmt so die Eigenschaften und die Gesundheit der folgenden Generation. Klingt das plausibel?«

Die meisten nickten.

»Welche Erkenntnis könnte das für den Menschen bergen? Auch wenn es einen großen Sprung bedeuten könnte, hier eine Verbindung zu finden, will ich es versuchen. Da die Menschheit aus dem Evolutionsprozess stammt und auch darin verbleibt, würde ich sagen: Alle menschlichen Institutionen, Kirchen oder Regierungssysteme, in denen Frauen nicht auf jeder Entscheidungsfindungsebene einen proportional angemessenen Einfluss haben, sind von Natur aus defizitär und stellen eine Verzerrung der Evolution in ihrem langen Verlauf und eine Verzerrung des Lebens an sich dar. Sie berauben die Zukunft der Gnade und der Weisheit und wenn man so will, des weiblichen Unterscheidungsvermögens, eines sehr früh angelegten, ehrwürdigen Lebensvorgangs. Religiös betrachtet, könnten wir vielleicht sagen, dass es gegen Gottes Art und Weise verstößt, *Leben* zu machen, wenn man die Unterscheidungskraft der Frau von den Entscheidungen und der Macht ausschließt, denn in der Evolution erschafft Gott die Lebensformen.

Hat das eurer Meinung nach etwas damit zu tun, wie eure Lehrer und Lehrerinnen die Führungsqualitäten bei euch jungen Frauen fördern? Und mit euren Zukunftsträumen? Denkt darüber nach, während ihr euch für einen dieser hellen Steine entscheidet. Schreibt Trias-Perm und die Daten auf euren Stein.«

Schweigend suchten sie sich am Straßenrand einen Stein aus und beschrifteten ihn.

»Nehmt diesen Stein, wenn ihr wieder zu Hause seid und eine Entscheidung für eure Zukunft treffen müsst, und erinnert euch, dass die weibliche Entscheidungsfindung von maßgeblicher Bedeutung für das Leben ist. Lasst euch Zeit, um wirklich nachdenken zu können, und achtet dabei auf eure Ideen, Gefühle und Träume.«

Wir stiegen wieder in unsere Fahrzeuge und fuhren weiter den Berg hinauf. Den nächsten Halt machten wir an einem Felsen, dessen blassviolette Farbe an Küchenschellen erinnerte: Gipsspat und schräggeschichteter Sandstein. Als jemand fragte, was

»schräggeschichtet« bedeutete, sagte ich, wir würden es nachschauen, sobald wir wieder zurück seien. Der Felsen entstand im Pennsylvanium, vor etwa 318 bis 299 Millionen Jahren. Ich erklärte ihnen, damals habe das Leben die Bäume hervorgebracht, erste Wälder hätten sich langsam über felsigen Kontinenten ausgebreitet und die Erdböden geschaffen.

»20 Millionen Jahre lang haben diese üppigen Kontinentalwälder Kohlenstoff aus der Atmosphäre gezogen und gebunden. Am Ende tauchten sie in flachen Meeren unter und wurden zu den heutigen Kohlevorkommen zusammengepresst. In dieser Zeit lagen Wyoming und die Appalachengebiete auf Kontinentalplatten in der Nähe des Äquators, mit einem idealen Sumpf- und Zersetzungsklima. Ohne Witz. Stellt euch das vor. Am Äquator.«

Ich zog meinen Geologie-Ordner hervor und zeigte ihnen die paläontologische Karte von Christopher Scotese mit den großen Steinkohle-Sümpfen aus dem späten Karbon.

»Alle sieben bis zehn Minuten verlässt ein fast zwei Kilometer langer Kohlezug Wyoming, um die Kohle zu einem Kraftwerk zu fahren. Interessant, dass im Englischen der Begriff ›power plant‹ für Kraftwerk das Wort Pflanze enthält. Kohleunternehmen wie Peabody Energy (USA) oder Ambre Energy und Arch Coal (Australien) schiffen bis zu 140 Millionen Tonnen Kohle jährlich von Häfen im pazifischen Nordwesten zu den asiatischen Märkten. Von Kohleminen in Wyoming und Montana fahren die Züge durch Städte wie Billings, Spokane, Seattle und Portland und viele kleinere Ortschaften. Es sind bis zu sechzig Züge täglich, die tonnenweise giftigen Kohlestaub aus den nicht abgedeckten Kohletransportwaggons über ganze Viertel, Schulhöfe und Ökosysteme entlang den 4000 Meilen Strecke spucken. Und die Verbrennung von so viel Kohle produziert grob geschätzt 280 Millionen Tonnen CO_2 pro Jahr. Das ist eine Menge! Und der Wind bringt Quecksilber, Feinstaub und Stickoxide aus den asiatischen Kraftwerken direkt wieder zu uns zurück. Im Staat Washington hat der Stamm der Lummi gegen den Bau eines großen Kohleexporthafens in Cherry Point, Washington, protestiert. Es ist eine Begräbnisstätte der Lummi. Sie stützten sich dabei auf historische Abkommen, die ihre heiligen Stätten und Fischereirechte schützen. Stellt euch vor, es werden Betonpfähle direkt auf eurem Familienfriedhof gesetzt. Die Lummi haben sich am Ende durchsetzen können. Am 9. Mai 2016 hat das Army Corps of Engineers die Genehmigung für das Projekt abgelehnt. Im Juli 2021 hat das zuständige Whatcom County in einem Versuch, dem Projekt endgültig ein Ende zu bereiten, einen Flächennutzungsplan erlassen, der die Verschiffung fossiler Brennstoffe in Cherry Point verbietet.«

Ich gestand meinen Zuhörerinnen, dass ich mehr über Kohleexportprogramme weiß als über die Schrägschichtung von Sandstein. Sie wählten ihre Steine, die in ihrer rosa-violetten Färbung wunderhübsch aussahen, beschrifteten sie und steckten sie in ihre Stoffbeutelchen. Wir bereiteten uns darauf vor, das späte Karbon zu verlassen. Doch zuvor lud ich sie zu einer kleinen Reflexion ein.

»Ich möchte unbedingt etwas zur Heilung der Erde und ihrer Erholung vom Klimawandel beisteuern, der durch den steigenden, vor allem durch menschliche Aktivitäten erhöhten CO_2-Gehalt in der Atmosphäre verursacht ist«, sagte ich. »Die Auswirkungen des Klimawandels treffen die Ärmsten am schlimmsten. Er gefährdet das Überleben bedrohter Arten. Eine Vielzahl von Untersuchungen zeigt, dass wir das Leben, wie wir es kennen, zerstören, dass wir uns in gewisser Weise auf einer selbstmörderischen Überholspur befinden. Ich empfinde es als traurig und entmutigend, darüber nachzudenken. Vielleicht geht es euch ja auch so.«

Ich sah ein paar nickende Köpfe.

»Ich frage mich, was ich dagegen tun kann. *Richte vor allem keinen Schaden an*, ist schon mal ein guter Anfang. Das hat in der Zeit, als ich in der Prayer Lodge lebte, einen Gutteil meiner Freude ausgemacht. Einige Jahre habe ich dort mit dem Vorstand zusammengearbeitet, um die Energieversorgung unserer Gebäude nachzurüsten, sodass der Strom inzwischen mithilfe von Solar- und Windtechnik produziert und sein Verbrauch durch ein Erd-Wärme- und Kühlsystem reduziert wird. Es war seelisch und emotional berührend und befriedigend, die Stromleitung den Hügel hoch bis zu unseren Solarkollektoren verfolgen zu können, immer wenn ich den Lichtschalter betätigte. Keinen Schaden anzurichten – oder zumindest *weniger* Schaden anzurichten – machte Freude und wurde meine tägliche spirituelle Praxis.«

»Nicht alle können sich das leisten«, sagte eine junge Frau.

»Ich weiß, aber bevor die Regierung die ländlichen Elektrifizierungsprogramme finanzierte, gab es gar keinen Strom für alle«, antwortete ich. »Es ist an der Zeit, weiterzudenken als bis zu fossilen Brennstoffen, also landesweit zu denken und die Stromerzeugung umfassend neu zu planen und zu finanzieren. Die Wissenschaftlerin und Sister of Charity Paula González hat mir die Erdwärme nahe gebracht. Sie hatte die Vision, dass Erdwärme irgendwann zusammen mit Solarpaneelen Einzug in jedes Haus und jedes Mehrfamilienhaus halten wird. Es gab mal eine Zeit ohne Sanitäranlagen in den Häusern; heute sind sie fester Bestandteil jedes Hauses. Warum sollte man nicht die Erzeugung erneuerbarer Energien zu einem Teil jeder Gebäudeplanung machen?«

Ich kletterte von meinem improvisierten Podest herunter und stieg in eines der Autos. Beim weiteren Bergauffahren war mir schmerzlich bewusst, dass wir die ganze Zeit Kohlenstoff und andere Schadstoffe aus unseren Fahrzeugen in die wunderbare Bergluft hinausspuckten. Ich nahm mir vor, dies beim nächsten Halt anzusprechen.

Nach einer Kurve hielten wir am Aussichtspunkt von Sand Turn. Auf der gegenüberliegenden Straßenseite wellten sich sanft cremefarbene Kalksteinschichten. Zuerst aber blickten wir von oben auf das Flusstal des Tongue River mit seinen Farmen und Dörfern.

»Hier springen die Leute gern mit Hängegleitern in die Thermik, die aus der Ebene aufsteigt und sie kilometerweit gleiten lässt. Wenn ich hierherkomme, hänge ich meinen Gedanken über die Zukunft, den Planeten und die Menschen nach und versuche, aus der Gesteinsgeschichte Auftrieb zu gewinnen«, sagte ich. »Stellt euch vor, ihr springt von diesem Felsvorsprung herab. Stellt euch vor, ihr springt in eine Zukunft erneuerbarer Energien hinein, zu der auch schadstofffreie Autos gehören.«

Ich fügte hinzu, dass wir uns, falls sie es nicht bemerkt haben sollten, auf einer Reise in die Vergangenheit befänden. Als die Kontinentalplatte vom Äquator nordwestwärts driftete, wurde sie durch die Bewegung zusammengepresst, gedehnt, gewölbt und gekrümmt. Jüngeres Gestein rutschte auf einer Verwerfungslinie nach unten, während zugleich Land angehoben wurde, und legte ältere Gesteinsschichten frei. Hier in den Bighorns befindet sich das älteste Gestein ganz oben auf dem Berg. Fast alle Menschen, die hierherkommen, sind davon überrascht.

Wir wandten uns von dem weiten Ausblick aufs Tal ab und dem Kalksteinfelsen zu.

»Der Kalkfelsen stammt aus dem Mississippium«, sagte ich. »Er hat sich vor 359 bis 318 Millionen Jahren gebildet. In dieser Zeit entstanden die ersten Samenpflanzen, wenn auch noch keine Blumen. Die Protein enthaltenden Samen trugen dazu bei, dass die Tiere, die sie fraßen, größere Gehirne entwickelten. Darüber hinaus wagten sich die Tiere nun langsam aus dem Wasser heraus aufs Land. Dies war ein enormes Unterfangen, da sie ja nicht die Fähigkeit besaßen, Sauerstoff aus der Luft aufzunehmen. Nach und nach entwickelten sie Organe, die sie genau dazu befähigten. Die ersten Erforscher der Luftwelt waren die Gliederfüßer oder Arthropoden: die Skorpione und dann die Libellen als die ersten fliegenden Lebewesen. Und schließlich entwickelten sich die Amphibien, die ihre Eier immer noch im Wasser befruchteten, wo die Jungen schlüpften und als Kaulquappen lebten. Die ausgewachsenen Amphibien – Frösche, Kröten und Salamander – besaßen Lungen und lebten den größten Teil ihres Lebens an Land.

Hätten sie nicht herausgefunden, wie man Sauerstoff aus der Luft aufnimmt, dann wären wir jetzt noch unter Wasser und könnten nicht miteinander reden. Das tierische Leben an Land ist dieser Errungenschaft der Amphibien zu verdanken. Und schließlich entwickelte sich mit dem Wunder der Reptilien, der Schönheit der Vögel und der Pracht der Säugetiere die ganze Mannigfaltigkeit des Lebens. Und alles nur dank der Amphibien.«

Sie suchten sich einen der schrumpeligen, aber stabilen Steine aus und beschrifteten ihn. »Dank sei den Arthropoden und Amphibien«, sagte ich, während die Steine ihren Weg zu den anderen in den Beutelchen fanden. »Lasst uns tief die *Luft* einatmen und bedenken, was für ein Wunder das ist.«

Von hier aus schlängelte sich die Straße an einem beeindruckenden Felsen entlang weiter hinauf in die Berge. Zur Rechten gab es weiteren roten Schiefer und weißen Kalkstein, zur Linken fiel der Hang steil zum Little Tongue River ab, der weit unter uns gelegen war. An einer Stelle, nicht weit von einem Bergrutsch mit einem Durcheinander von riesigen Kalksteinfelsstücken, hielten wir an. Wir parkten in einer großen Haltebucht in sicherem Abstand zu zwei riesigen Bulldozern und einem großen Kipplaster mit laufenden Motoren. Der Landrutsch befand sich gegenüber auf der anderen Straßenseite.

Doch schon winkten uns zwei Männer weiter von den Bulldozern fort, die sie mit lautem Getöse in den abgerutschten Felsenhaufen trieben.

»Schauen Sie nur, Schwester«, schrie eine der Studentinnen über den Lärm hinweg, »denen ist gar nicht bewusst, dass die Felsen heilig sind.«

Überrascht nickte ich und lächelte. Das Wort »heilig« hatte ich in Bezug auf die Felsen absichtlich nicht verwendet. Sie hatte ihre eigenen Schlüsse aus unserer Betrachtung gezogen, hatte erkannt, welche Folgen unsere Haltung hat und welchen Schaden sie anrichten kann. Ich dankte ihr für ihre Erkenntnis. Genau das bildete den Kern meiner Botschaft. Ich war den Tränen nahe.

Auf dem hier von Mike Flynn aufgestellten Schild stand »DEVON, 360–410 MILLIONEN JAHRE ALT«.

»Devon, das Zeitalter der Fische. Was ist denn ihr Geschenk an das Leben?«, rief ich.

Wir warteten, bis die Bulldozer ihre lärmende Arbeit beendet hatten.

»Die Fische verfeinerten ihre Skelettstruktur weiter, indem sie nicht nur wie die Haie und Rochen Knorpel verwendeten, sondern Knochen bildeten. Allmählich verwandelten sich ihre gepanzerten Köpfe und Rücken zu schlanken Körpern mit Flossen, die gut zum Schwimmen und zum Erbeuten von Nahrung geeignet waren und ebenso dem Schutz davor dienten, gefressen zu werden. Sie erfanden den Kiefer, indem sie den Biss schufen und so ihre Fähigkeit verbesserten, Nahrung festzuhalten und auch zu kauen.

Bei ihnen wandelte sich das offene Kreislaufsystem der früheren Lebensformen in ein geschlossenes System. Für das gekammerte Herz, das sie entwickelt haben, bin ich ihnen sehr dankbar – und ihr ja vielleicht auch. Fische nehmen, wie ihr wisst, den im Wasser aufgelösten Sauerstoff über die Kiemen auf, die seidenpapierfein sind. Die Blutgefäße in den Kiemen müssen daher winzig feine, fast fadenartige Röhren sein. Je kleiner der Durchmesser eines solchen Röhrchens, desto mehr Druck ist erforderlich, um etwas hindurchzupressen. Bei Haien und Rochen bewegt sich das Blut dank ihrer ständigen Bewegung, die die Arbeit des Herzens erledigt. Fische benötigten etwas viel Stärkeres und schufen ein wirksameres System: eine Zwei-Kammern-Pumpe, das *Herz*.«

Jede von uns hob vom Straßenrand einen blassgrauen Stein auf. Ich lud die anderen ein, sich den Stein aufs Herz zu legen, und sprach ein Dankesgebet für das Herz, das ursprünglich in den Fischen zu schlagen begonnen hatte. Wir beschrifteten unsere Steine und machten uns auf den Weg zum nächsten Schild: »ORDOVIZIUM, 443–488 MILLIONEN JAHRE ALT«.

»Vor so langer Zeit oder sogar noch früher, nämlich im Kambrium, bestand das Leben aus Rückenmark, das mit schützendem Knorpel umhüllt war – der Chorda dorsalis, einem Vorläufer der beweglichen Wirbelsäule. Nach unserem besten Wissen waren die frühen Wirbeltiere kleine, schlangenähnliche Kreaturen – *Pikaia* –, die tatsächlich schon vor dem Ordovizium entstanden. Und auch die Seescheiden hatten im Larvenstadium, in dem sie einer Kaulquappe ähnlich sahen, eine Chorda dorsalis. Alle diese Tiere waren bis zu 15 Zentimeter lang und hatten entweder schmale oder flache Körper.

Dann entwickelten sich allmählich kieferlose Fische mit einer schon besser erkennbaren Wirbelsäulenstruktur. Diese Tiere setzten sich so erfolgreich durch, dass es sie heute noch in Form von Aalen und Ingern gibt. Sie haben also als Art mehr als 400 Millionen Jahre auf einer sich wandelnden Erde – mit Eiszeiten, Meteoriteneinschlägen und mehreren Massenaussterbeereignissen – überlebt. Das ist ein echter Rekord! Uns gibt es in unserer jetzigen Form als Art erst seit etwa zwei Millionen Jahren.

Schließlich entwickelte sich diese Chorda dorsalis zu einer Wirbelsäule, die mit der Zeit die vielen akrobatischen Bewegungen der Amphibien, Reptilien, Vögel und Säugetiere möglich machte. Bis sie uns dann eines Tages, der zeitgeschichtlich noch gar nicht lange her ist, beim aufrechten Gang half und aktuell gerade die olympischen Turner bei ihren Leistungen unterstützt. Unsere Wirbelsäule beruht auf einer langen Ahnenreihe.«

Wir sahen einander an, während wir uns aufrichteten und die Schultern nach hinten zogen.

»Auch das Gestein des Ordoviziums ist Kalkstein, der sich bildete, als Wyoming unter Wasser stand. Es hat einen leichten Gelbstich und ist von feinen gezackten Linien durchzogen, die so ähnlich aussehen wie die Linien auf den Herzüberwachungsmonitoren.«

An einer Stelle, an der sich der Highway 14 um die hoch aufragenden Kalksteinfelsen herumwand, parkten wir unterhalb einer markanten Felsformation namens Steamboat Rock, einem beliebten Wanderziel, zu dem sich die Wege den steilen, grasbewachsenen Hang hinaufschlängeln. Ein Zaun umspannte die Felsspitze. Wir kehrten Steamboat den Rücken und wechselten auf die andere Straßenseite. Hier waren die Steine dicht, schwer und dunkelgrau mit hellrosa Farbschattierungen und mit Quarz gesprenkelt, der wie Glas wirkte. Granit.

»Wir haben gerade einen Riesensprung noch weiter in die Vergangenheit gemacht«, erklärte ich, als wir die Steine in den Händen wogen. »Dieses Gestein gehört zu dem ältesten freigelegten Gestein der Erde. Es ist *2,9 Milliarden* Jahre alt und hat sich im Präkambrium gebildet. Es ist das Grundgestein unseres Planeten. Wie hat sich das Leben damals gestaltet?«

»Es war vermutlich einzellig, oder?«, wagte sich eine Lehrerin vor.

»Ja! Tatsächlich haben diese einzelligen Mikroorganismen, die sich Cyanobakterien nennen, buchstäblich die Welt verändert. Alles komplexe Leben von heute hängt von dem ab, was sie damals vollbracht haben. Und was war das? Irgendwie schafften sie es, Photonen einzufangen, die mit Lichtgeschwindigkeit unterwegs waren. Das allein ist schon eine Leistung. Dann nutzten sie diese Lichtenergie, um aus Wasser Wasserstoff herauszuspalten, ihn mit Sauerstoff und mit Kohlenstoff zu verbinden, den sie wiederum aus Kohlendioxid heraus spalteten, und erzeugten für sich Nahrung in Form von Glukose. Dabei hinterließen sie als Abfallprodukt den Sauerstoff für spätere komplexe Organismen.

Dr. Swimme sagte uns im Unterricht, diese Mikroorganismen hätten ganz ohne Gehirn, ohne Hände oder wissenschaftliche Labore einen komplexen biochemischen Prozess erfunden, den wir Menschen bis heute nicht zu imitieren verstehen. Die Fotosynthese!

Der ungenutzte Sauerstoff entwich in die Uratmosphäre der Erde, die damals vermutlich aus 98 Prozent Kohlendioxid, 1,9 Prozent Stickstoff und 0,1 Prozent Argon bestand. Nach und nach veränderten diese Mikroorganismen die Atmosphäre, indem sie Kohlendioxid abzogen und Sauerstoff hinzufügten, bis sie sauerstoffreich war. Heute beträgt der Sauerstoffgehalt in der unteren Schicht der Atmosphäre 20,95 Prozent. Der Kohlendioxidgehalt liegt idealerweise bei 0,035 Prozent oder 350 Teilen pro Million.

Die Fotosynthese treibt das Leben aller Grünpflanzen voran. Wir Menschen sind – vor allem für unsere Ernährung – komplett abhängig davon! Ohne sie würde die Erde wahrscheinlich, ganz ähnlich dem Mars, ein roter, staubiger Ort sein. Was auch immer es dort an Leben geben mag, es ist tief vergraben in einem Planeten, der selbst tot ist. Ganz anders ist die blaue, glitzernd grüne Erde von Wasser überflutet und lebendig.

Auf der anderen Seite schuf dieser ganze Sauerstoff auch eine Krise für das Leben. Für die von Natur aus anaeroben, also sauerstofffreien Mikroorganismen war er ein giftiges Gas. Sie gingen zu Hunderten von Milliarden ein. Einige entkamen, indem sie sich an ein Leben in tiefem Wasser oder in Sedimenten weit weg vom Sauerstoff anpassten. Sie überleben bis heute in den sauerstofffreien Eingeweiden von Tieren, einschließlich uns, wo sie bei der Verdauung helfen. Und einige lernten zum Glück, den fatalen Sauerstoff durch die Atmung zu ihrem Vorteil zu nutzen.

Sich Sauerstoff als giftiges Gas vorzustellen, fällt uns schwer, da wir ohne ihn gar nicht leben könnten. Dies ist ein Beispiel dafür, wie das Leben den Planeten auch auf selbstzerstörerische Weise veränderte. Ich finde es vergleichbar zu dem, was wir heute mit der Verbrennung fossiler Brennstoffe machen. Kohlendioxid beträgt heutzutage weit über die idealen 350 Teile pro Million. Das Vorhandensein von so viel Kohlendioxid verändert in Kombination mit anderen Treibhausgasen das Gesamtklima der Erde. Und all das innerhalb von nur wenigen Hundert Jahren. Alle Organismen samt den Menschen, die sich schnell an diese Veränderungen anpassen können, werden überleben. Wer das nicht kann, wird sterben.

Wie steht es mit uns? Die meisten pflanzlichen Lebensmittel, auf die wir angewiesen sind, haben sich einem Klima angepasst, wie es vor der industriellen Revolution herrschte, als der Kohlenstoffgehalt noch über Jahrtausende relativ stabil bei etwa 350 Teilen pro Million lag. Vierzig Prozent von uns Menschen leben in der Nähe von Meeresküsten, und die Meeresspiegel steigen an. Können wir so erfinderisch sein wie die Mikroorganismen? Können wir uns anpassen? Können wir von unserem verschwenderischen Verbrauch von fossilen Brennstoffen ablassen und uns entscheiden, sie nur noch sparsam zu nutzen und ein neues kohlenstofffreies Energienetz aufzubauen, das von Anfang (Gewinnung) bis Ende (Verbrennung) bei 0 Prozent Kohlendioxidausstoß liegt? Und außerdem die Atomkraft abschaffen?«

An den präkambrischen Granitfelsen gelehnt rief ich in die Bergluft hinein: »Lasst uns danach streben, mindestens so klug zu sein wie die einzelligen Organismen. Ihr Ingenieure und Industriellen, entwickelt und erschafft eine kohlenstoffneutrale industrielle Revolution!«

Ich sprang von meinem zweiten provisorischen Podest herunter.

Und sagte meinen Zuhörerinnen, wir seien jetzt fertig mit dem Steinesammeln und hätten noch eine Dreiviertelstunde Fahrt den Berg hinauf und über den Gipfel vor uns. Die Landschaft zog in sanftem Auf und Ab an uns vorüber. Wildblumenwiesen fielen zu einem ganzen Netz von Bächen ab, die von Weiden gesäumt waren. Manche Hänge waren von schimmernden Kalksteinformationen durchsetzt. Hinter einer nicht markierten Wasserscheide hielten wir an, stiegen aus und blieben hingerissen an einem Aussichtspunkt stehen. Die Hochebene des Wyoming Bighorn Basin breitete sich unter uns aus und gab die Sicht bis zu den Absaroka Mountains am östlichen Rand des Yellowstone Nationalparks frei.

Ich bin zu der Überzeugung gelangt, dass sich die Stille der Erde tief und warm vor allem an dieser Stelle bündelt. Stille steigt hier auf wie die thermischen Winde und umhüllt uns förmlich greifbar. Die Seele weit geöffnet von diesem stillen Mysterium, taumelte ich am Rande von was? War es Gebet? Oder Anbetung?

Jetzt sollten wir lieber zum Medizinrad gehen, dachte ich bei mir, sonst werde ich noch die Nacht hier verbringen wollen.

Das ist etwas, was ich wirklich gern einmal tun möchte. Am Aussichtspunkt des Dryhead in den Pryor Mountains habe ich es einmal gemacht. Damals wachte ich aus einem Traum auf, in dem ich von einer donnernden Herde von Nilpferden überrannt wurde. Seither habe ich nicht mehr allein am Rand eines Aussichtspunkts in den Bergen geschlafen.

Wir umrundeten noch weitere abgerundete Berggipfel, erhaschten weitere Blicke auf das ätherische Talbecken, vorbei an weiteren bunten Wiesen. Vor uns lag der Medicine Mountain, so benannt nach der antiken radähnlichen Steinstruktur, die nahe seinem Gipfel gefunden worden ist. Der Steinkreis, mit knapp 25 Meter Durchmesser und etwa 75 Meter Umfang, besteht aus 28 Speichen, die von einem Steinhaufen in der Mitte bis zum äußeren Rand des Kreises reichen. Dank dem hingebungsvollen Einsatz der Crow, Northern Cheyenne, Shoshone, Lakota und Ute sind in Zusammenarbeit mit dem Bezirk, dem Bundesstaat und den Bundesbehörden der Bereich um das Rad und der ganze Berg 2011 zum Medicine Wheel / Medicine Mountain National Historic Landmark umbenannt worden. Die Werte und Traditionen dieser indigenen Nationen sind in der Administration des nationalen historischen Denkmals festgeschrieben.

Kurz darauf liefen wir den anderthalb Meilen langen Pfad am Bergkamm entlang zum Gipfel hinauf. Wir sprachen darüber, dass das Leben sich heute dem Ende des gegenwärtigen geologischen Zeitalters, des Känozoikums, entgegenneigt. Es begann vor 65 Millionen Jahren mit dem Aussterben der Dinosaurier und entwickelte sich zum Zeitalter der Säugetiere, Primaten und jetzt auch Menschen. Wir sind heutzutage die beherrschende Lebensform der Erde, das Äquivalent der Fotosynthese-Bakterien, und verändern auf dramatische Weise alle großen Lebenssysteme und -zyklen unseres Heimatplaneten: die Atmosphäre, die Böden, das

Wasser, den Kohlenstoffkreislauf und das Netz des Lebens an sich, sogar auch die DNS. Und das innerhalb von wenigen Hundert Jahren.

Oben angekommen, stellten wir uns zum Schutz vor dem Wind dicht zusammen. Ich erzählte den anderen, was ich von indigenen Interpreten des Medizinrads gelernt hatte, die für den Park Service arbeiten und hier manchmal für Fragen zur Verfügung stehen.

»Niemand weiß mit Sicherheit, wer dieses Steinrad ausgelegt hat«, sagte ich. »Oder etwa wann. Die heutigen indigenen Völker erzählen Geschichten darüber, dass das Rad schon hier war, als sie kamen. Was könnte die Bedeutung der 28 Speichen sein? 28 Federn im Schwanz eines Adlers. 28 Wirbel in der Wirbelsäule eines Büffels. 28 Tage im Zyklus einer Frau. Darüber hinaus scheinen einige der Speichen auf das Aufgehen eines Sterns in der Sonnenwendnacht hinzudeuten. Nicht zuletzt bekommen wir das Gefühl, dass dieser Ort über einen langen Zeitraum für viele Menschen bedeutsam war. Es scheint ein Ort der Seelensuche geworden zu sein. Wenn Native Americans heute herkommen, um zu fasten und zu beten und um Führung im Leben zu bitten, werden die Besucher aufgefordert, unten am Ausgangspunkt des Pfades zu bleiben, bis die Zeremonien beendet sind.«

Ich gab meinen Begleiterinnen jeweils eine Prise von einer Mischung aus Tabak und Salbei. Sie durften sie als Opfergabe ausstreuen, wo sie wollten, um dem Ort und den Geistern, die sich hier aufhielten, ihre Achtung zu erweisen. Hinterher mochten sie sich einen geschützten Platz suchen, sich auf einen Stein setzen, um sich in die Aussicht und in die eigene Seele zu vertiefen.

»Freut euch an der Schönheit, die euch umgibt, wenn ihr hier herumlauft und einen Platz für euch findet. Denkt dran, dass ihr von den Gebeten und Opfern vieler Menschen umgeben seid, die in der Vergangenheit hier gewesen sind. Denkt darüber nach, was ihr zum großen Festzug des Lebens beitragen könnt. Was wird euer Geschenk sein? Wie werden wir uns gemeinsam als Teil der Erde in diesem Universum an der großen Schöpfungsgeschichte beteiligen?«

Wir näherten uns schweigend dem Medizinrad, diesmal nicht von Granit und Steinen beschwert, sondern mit dem Gewicht der Verantwortung. Und der Ehrfurcht. Dies ist unser Augenblick. Hier werden wir einzeln, wird unsere Seele angesprochen und aufgefordert.

»Den Menschen auf der Artenebene neu zu erfinden, aus der Lebensgemeinschaft heraus, mittels Geschichten und gemeinsamen Traumerfahrungen.« Diese Worte Thomas Berrys, die Geschichten, die die Gesteinsschichten erzählen, hallten in mir nach. Ich spürte die Anwesenheit der Ahnen, der mutigen Erfinder neuer Lebensformen.

Vierzehn junge Frauen gingen langsam auf das Rad aus schimmernden Steinen zu.

Schweigend umschritten wir es im Uhrzeigersinn. Ich sah zu, wie sie ihre Opfergaben darbrachten. Raben kreisten über uns. Und der Wind.

DANK

Dieses Buch habe ich von Freundschaft und Großherzigkeit umgeben geschrieben.

Auch wenn ich bereits als Kind eine Verwandtschaft zu Land, Tieren und Pflanzen empfand, wuchs dieses Gefühl, als ich erwachsen war, zu einer Liebe für die Erde heran, zu einer leidenschaftlichen Hingabe an den Schutz, die Schönheit und das Wohlergehen der Erde und an einen Dienst, der sich der Förderung der Beziehung zwischen Mensch und Erde widmet. So gesehen, hat die Erde dieses Buch geschrieben; ich bin einfach nur eine Frau, die die Erde schreibt.

Ein Buch entsteht aus einem Kreis konstanter, großzügiger Unterstützung der vielen Bedürfnisse des Herzens, der Seele und des Körpers. All den Menschen und Gemeinschaften, die mir Hilfe boten, bin ich zu Dank verpflichtet.

Von Herzen danke ich meiner Familie: meinem Vater, der mich ermutigt hat, so oft wie möglich zu schreiben; meiner Mutter, die meine Worte wunderschön fand; meiner Tante Rose als meiner Patin, die vertrauensvoll für mich betete; und Regina, Susan und Monica, die mir als treueste Freundinnen und Schwestern stets zur Seite standen. Auch wenn vieles in unserer Familie meist nicht direkt ausgesprochen wird, sind Worte stets etwas Heiliges gewesen. Wir haben von früh an Wahrhaftigkeit, Freundlichkeit und Respekt erfahren und bemühen uns selbst nach bestem Vermögen mit einer guten Prise Humor und jeder Menge Liebe darum.

Die Sisters of St. Francis, Oldenburg, Indiana, haben mir 2003 gestattet, einen Vertrag mit Riverhead Books/Penguin Random House zu unterzeichnen. Sie haben mich in den zwanzig Jahren, die seither vergangen sind, in vielerlei Hinsicht ermutigt und unterstützt. Liebe Schwestern und assoziierte Mitglieder, ohne euch und ohne eure Gebete hätte ich dieses Buch nicht schreiben können.

Jake Morrissey hat als mein Lektor bei Riverhead Books, einem der Verlage von Penguin Random House, in all den Jahren, in denen ich an meiner Arbeit oder an meinen Fähigkeiten gezweifelt habe, an mich geglaubt.

Meiner lieben Freundin, der Autorin Sister Helen Prejean, bin ich zutiefst dankbar dafür, dass sie mich Jahr für Jahr in ihrer unnachahmlichen, begeisterten Cajun-Art im Schreiben ermutigt hat.

St. Wendel, Indiana

In einer kleinen Grundschule in ländlicher Umgebung lernte ich, den Geist und die Herzen meiner Schüler zu fördern und meine eigenen Schreibfertigkeiten durch das Unterrichten weiterzuentwickeln.

Kansas City, Missouri

Die Zusammenarbeit mit Eltern und Erziehungsberechtigten, die sich für die Erziehung der Kinder engagierten, lehrten mich, an eine hoffnungsvolle Zukunft zu glauben. Und gemeinsam gaben wir eine Schulzeitung heraus.

Im Land der Crow

Dank sei

- meinen Crow-Eltern Gwennie und Larry Plain Bull sowie Laurie, Dorcella und Fred dafür, dass ihr mich in eure Familie und in euren Clan aufgenommen habt. Danke, dass ihr eure Weisheit mit mir geteilt und mich so sanftmütig unterrichtet habt. Und danke für die vielen schönen Zeiten bei euch zu Hause und im Crow Fair Camp.
- George Bull Tail für die Namensgebungszeremonie und den Crow-Namen. Beides wärmt mir nach wie vor täglich das Herz.
- Charlene Laverdure als großzügiger Sekretärin und Lehrerin für deine Führung und unschätzbare Unterstützung.
- Rose Turnsplenty und Familie für so viele Zusammenkünfte und Feiern, dass ich sie gar nicht alle aufzählen kann!
- Dorothy Spotted Bear, Sylvia und Fred Gone sowie Bruce Spotted Bear senior. Eine Schule ist auf die Köche und Hausmeister ebenso angewiesen wie auf die Direktorin, die unendlich von eurer Freundschaft und den Gesprächen und Gebeten mit euch profitiert hat.
- Heywood und Mary Lou Big Day für all die Schwitzhütten und Mahlzeiten, dafür, dass ich bei euch zu Hause am Pryor Creek sein durfte, für alles, was ihr mich gelehrt habt!
- Pater Randolph Graczyk, dem Sprachlehrer und guten Freund. Deine Seelsorge hat mir geholfen, mich im Land der Crow zu Hause zu fühlen.
- Allen meinen Schülern, allen Geistlichen, Lehrerinnen und Mitarbeitern von St. Charles. Ihr bleibt mir ein steter Segen im Leben. Danke!

Im Land der Northern Cheyenne

Mein Dank geht an:

- Schwester Vonda, Schwager Francis Limpy und euch Kinder Rocky, Brenda, Karla und Tish. Im Herzen höre ich oft deine Stimme, liebe Schwester, und lerne kontinuierlich weiter von dir, wie ich ein besserer Mensch sein kann. Ich denke an dich, wann immer ich Kartoffeln schäle.
- Marcelline Timber und Charles Little Old Man für all die Schwitzhütten! Danke für die Lieder, Lehren und Gebete. Danke für all die Besuche und das Kochen im Sundance Camp.
- Charlotte und Tom Rockroads. Ihr habt mir gezeigt, was es heißt, mutig und freundlich zu sein, und mich gelehrt, mich stets an möglichst viel von dem zu erinnern, was die Alten sagten.
- Carolyn und Larry Martin und April Martin Chalfont für die gemeinsame Vision eines gesunden Ortes für Frauen und für die Bereitstellung des Landes. Ich fühle mich privilegiert und gesegnet, dass ich dort leben durfte.
- Wilhelmina Schmidt für die wunderbare Stimme aus schönem Herzen und schöner Seele. Für all das Singen und unsere gegenseitigen Besuche werde ich immer dankbar sein!
- Bruder Conrad Heinen, den Erbauer des Gewächshauses und der Veranda, und die Gemeinschaft der Prayer Lodge, für alle die unterschiedlichen Arten, auf die wir das Brot gebrochen haben.

Springbank Retreat

Liebe Schwester Trina, die acht Jahre, in denen wir alljährlich gemeinsam Retreats und Gemeinschaft gefeiert haben, halfen mir, meine Gedanken und Worte zu sortieren und zu verfeinern, sie kreativ und ansprechend anzuordnen und in einem unterstützenden Umfeld anzufangen, sie aufzuschreiben.

Einem unschätzbaren Freundeskreis sei Dank:

Dorie Green als ausgezeichneter Autorin, die mir geholfen hat, meine Worte auf den Punkt zu bringen; Pat Feldsien, die mich von früh an redigiert und überzeugt hat, dass ich etwas zu sagen hatte; Rose Vines, die mit liebevoller Güte und vollendetem Geschick eine Menge unglaublicher Arbeit geleistet hat, um Ordnung in mein Chaos aus zahllosen Seiten zu bringen; Schwester Pat Bietsch, die mit Sanftmut jahrelang das Zusammenleben mit einer sich abquälenden Autorin ertragen hat; den Schwestern Marge Wissman und Barb Piller für eure liebenswürdige Gastfreundschaft, wann immer ich einen erfrischenden, stillen, glücklichen Ort benötigte; den Schwestern vom La Claire Convent, die mich stets bei sich willkommen geheißen haben. Ihr alle durchdringt mit eurer liebevollen Freundschaft mein Leben und mein Werk. Ihr habt das Buch mit auf die Welt gebracht! Danke.

Und euch restlichen lieben Freunden danke ich für all die Besuche, Wanderungen, das gemeinsame Campen, Kochen, das Träumen von kosmischer Güte, die Kartenspiele und Powwows, das Gärtnern, die endlosen Fahrten auf den Straßen Montanas, Washingtons und Louisianas im Zusammensein, in Oldenburg bei Exerzitien, Treffen und gemeinsamem Spaß, bei den Planungen für die Prayer Lodge, für Retreats und Gebete oder Koch- und Nähkurse. Ihr wisst, dass ihr gemeint seid. Ich liebe euch und danke euch, dass ihr diese Seiten genährt und mich durch alle Krisen begleitet habt.

Ich hoffe, dass ich euer aller Güte, euren Einfluss und eure Lehren würdig in das habe einfließen lassen können, was ich geschrieben habe. Ihr habt mir den Weg beleuchtet, ich bin ihn gegangen. Die Stolpersteine stammen nur von mir.

Und schließlich, mit einem Lächeln im Herzen:

Ein riesiges Dankeschön voller Liebe an euch alle, die ihr mir unglaubliche Mahlzeiten, Gespräche und besondere Orte der Schönheit, des Friedens und der Sicherheit zum Schreiben zur Verfügung gestellt habt:

- die Benediktinerinnen von San Benito
- die Holy Names Parish, Sheridan and Story, Wyoming
- die Sisters of St. Francis, San Damiano Retreat Cottage, Oldenburg, Indiana
- Barbara und den verstorbenen Karl Fischer samt Familie
- Denny LeBoeuf
- Larry und Carol McEvoy und Familie
- die Familie Barker und Leigh Scardina von Grand Isle, Louisiana
- Lin und Jim Roscoe und Familie
- Rose Vines und Lillie Eyrich
- die Ucross Foundation für das unbezahlbare Aufenthaltsstipendium zum Schreiben!

ÜBER DIE AUTORIN

Judy Grathwohl ist seit 1963 Franziskanerschwester **Marya** und engagiert sich politisch. Sie arbeitete in verschiedensten US-Communities als Lehrerin, unter anderem mit Afroamerikaner*innen und lebte fast 20 Jahre lang bei den indigenen Völkern Crow und Northern Cheyenne. Sie ist Gründerin von »Earth Hope. People and Earth are One«, einer Organisation, die Projekte zum Naturschutz und zur Renaturierung verfolgt. Marya Grathwohl ist zudem hoch engagiert im Kampf gegen den Klimawandel und hat u.a. als Beraterin für erneuerbare Energien gearbeitet. Außerdem hat sie ein eigenes Kosmologie-Programm aufgesetzt, mit dem in Gefängnissen gearbeitet wird. Geboren in Cincinnati, Ohio, lebt sie heute in Billings, Montana, und leitet regelmäßig Pilgerreisen zum Medizinrad in den Bighorn Mountains, Wyoming.